作者简介

党东耀 郑州大学新闻与传播学院教授，博士，硕士生导师，美国访问学者。从事广播电视学、媒介融合和传媒经济学等方向的教学和科研工作。曾在广电媒体和广西大学等高校工作，担任广西壮族自治区本科高校新闻传播学类专业教学指导委员会秘书长，原新闻出版总署西南地区人才培养基地及中国东盟文化（传媒）产业培养基地办公室主任。现致力于国家社会科学基金项目等多个项目的研究，先后获得原广播电影电视部电视节目质量奖和省级社会科学优秀成果奖等奖项。

西部省级媒体媒介融合模式及机制研究

党东耀◎著

人民日报学术文库

人民日报出版社

图书在版编目（CIP）数据

西部省级媒体媒介融合模式及机制研究 / 党东耀著.
—北京：人民日报出版社，2019.1
ISBN 978－7－5115－5809－1

Ⅰ.①西… Ⅱ.①党… Ⅲ.①传播媒介—研究—广西
Ⅳ.①G219.276.7

中国版本图书馆 CIP 数据核字（2019）第 017199 号

书　　名：西部省级媒体媒介融合模式及机制研究
著　　者：党东耀

出 版 人：董　伟
责任编辑：梁雪云
装帧设计：中联学林

出版发行：人民日报出版社
社　　址：北京金台西路 2 号
邮政编码：100733
发行热线：（010）65369509　65369846　65363528　65369512
邮购热线：（010）65369530　65363527
编辑热线：（010）65369526
网　　址：www.peopledailypress.com
经　　销：新华书店
印　　刷：三河市华东印刷有限公司

开　　本：710mm×1000mm　1/16
字　　数：244 千字
印　　张：14
印　　次：2019 年 6 月第 1 版　　2019 年 6 月第 1 次印刷

书　　号：ISBN 978－7－5115－5809－1
定　　价：85.00 元

序 一

媒介融合作为一个具有多层相面意义的概念，正发展成为一种探索的实践和一种影响深远的理念。毫无疑问，这是一个新闻学与传播学领域的具有重要性和紧迫性的时代课题，任何有关这一课题的研究和讨论不只意义巨大，而且需要理论勇气和负责任的学术态度。国内外研究者对此做出了不少学术努力，而探索它的模式和机制恰恰是最有张力的空间。

西部地区以广西为代表的省级主流媒体在突破生存困境中的经验和探索为研究者提供了也许并不具有代表性但却极具典型性的文本。党东耀博士以科学严谨的态度，对广西乃至西部媒体正在推进的媒介融合实践做了认真的考察和研究，并阐述了独到的见解和认识，为学界和业界奉上一份沉淀数年的成果，值得我们仔细学习和思考。

如果仅仅把媒介融合看成一种传播现象和业务实践，那就一定会使媒介融合的认识和研究狭隘化、贫困化，实践的运作也不可能走得更远更深入。党东耀博士的研究，我感到至少有三个突出的特点。

首先理论创见比较敏锐。理论发展的生命就是突破。作者始终坚守媒介融合是一种理念和实践的存在，"媒介融合需要网络空间的新思维，而媒体融合的内在逻辑是基于网络空间和现实空间的融合"，"媒介融合变革是内容之变、制度之变、观念之变"，"媒介融合的过程本质上是一个媒介的重构过程"。而作者据此对"媒介融合"的模式和机制的理论构建有了独到的探索和思考。

其次是学术视野比较开阔。任何理论创新都是对他人成果的借鉴和发展，而真正的借鉴必须有广阔的视野和丰富的知识为背景。作者为研究媒介融合已有的成果，充分利用到区内外、国内外学习和研究的机会，广泛阅览学界媒介融合相关文献，广泛接触新闻业界媒介融合的实践探索，力争涵盖国内和国外的研究、西部和中东部的经验成果。

再次是媒介实践的研究支撑。媒介融合已经发展成为一场声势浩大的实践，对媒介融合的研究如果要达到应有的高度，产出更有指导意义的成果，就一定要与广泛的实践和对实践的观察思考以及经验认知紧密地结合起来。可以看出，党东耀博士全面地接触了广西主要的省级媒体和出版单位，力图展示出广西在媒介融合实践上的探索和亮点，梳理出广西媒介融合的进程和模式，为西部乃至全国这个方面的继续推进提供借鉴。

历史学家科林伍德（R. G. Colingwood）曾把历史学家与普通读者的区别，看成如同训练有素的猎人与对森林一无所知的游客。广西传媒业的"媒介融合"应该说呈现了一个后发展欠发达的民族省区传媒改革的典型文本，我们都是这场变革的见证人。因而也希望党东耀博士的这部著作能以一双训练有素的眼睛让我们看到媒介融合未来的走势和趋向，以使其走得更远。

作者对广西主要媒介的深度调研和考察不仅仅是一个学者的学术追求使然，更是作为一个曾经生活和工作在这里的人对这片土地用心、用意、用言、用行的奉献和回报，其为此付出的努力展现了对广西深沉的人文情怀，以及对广西各级媒体未来发展的美好期待。作为一位曾经在高校从事教学和科研工作的同行，在党东耀博士出版该书前写几句话，不过是想表达对一个潜心学术研究者的肯定，对一个给与广西深情眷恋者的感谢。我也希望他在新的工作岗位上继续保持朴实的作风，追踪媒介融合学术研究的前沿，深化这方面的认识。

是为序。

商娜红

2018 年 5 月于南宁

序 二

当今，随着传媒技术的快速发展，互联网得到广泛普及。多种多样的新媒体形式涌现出来，提供了更多传播信息的途径，人们的生产方式和交往方式正发生着革命性变化。媒介融合是随着信息技术的快速发展而出现的传媒业态，它改变了当今新闻传播业的生态环境和发展路径。因此它是当今新闻传播学的一个前沿课题，也是新闻传播实践中必须面对的主要问题。

党的十八大以来，党中央将互联网思维置于做好新闻舆论引导工作的重要地位，重视互联网思维、实现媒体融合变革等成为关键词。2014 年 8 月，中央全面深化改革领导小组第四次会议审议通过了《关于推动传统媒体和新兴媒体融合变革的指导意见》，习近平总书记为媒体融合发展指明方向，就是"坚持传统媒体和新兴媒体优势互补、一体发展"和"坚持先进技术为支撑、内容建设为根本"。"互联网思维""互联网 +""媒介融合"等理念逐渐从实务层面上升为我国全面深化改革的重要国家战略，上升到党和政府顶层设计的高度。媒介融合从一个学术概念演化成一种明确的传媒发展路径，媒介融合既需要媒介融合理论的指导，也需要实践的总结。

从国家级主流媒体来看，人民日报组建"中央厨房"、新华社推进全媒体集成报道、中央电视要打造"台网融合一体化"等，再造新闻生产流程，探索多媒体报道的多种形式，将融合的基因注入媒体发展的血液，已逐渐成为一种自觉。省级媒体集团及其所属的省级党委机关报、广播电视台在我国的媒体体系中是不可或缺的一个重要方面，在国家治理体系、文化体系和信息传播安全等方面发挥着桥梁和纽带作用。当前既面临着发展的难得机遇，又面临着严峻的挑战，省级主流媒体也开展了积极的探索和实践。

广西的文化体制改革从2002年开始，循序渐进地开展了对文化、广播电视和新闻出版等部门的改革，通过自主创新取得了一系列成功经验。"一带一路"倡议的提出赋予广西崭新的定位，要求发挥广西与东盟国家陆海相连的独特优势，加快北部湾经济区和珠江—西江经济带开放开发，构建面向东盟的国际大通道，打造西南、中南地区开放发展新的战略支点，形成21世纪海上丝绸之路和丝绸之路经济带有机衔接的重要门户。在此背景下，广西日报、广西人民广播电台、广西电视台、广西广电网络公司以及广西出版传媒集团有限公司等省级媒体在自治区党委、政府的领导下，在区委宣传部的直接指导下在媒介融合方面做了大量工作。

本研究历经数载，倾注了党东耀老师多年的心血。基于广西在新媒体和传统媒体融合的实践，对广西省级主流媒体在媒体融合上的探索进行了详细的考察和分析，涵盖了报纸、广播、电视、网络和出版等主要媒体形式，借鉴了东中部发达地区主流媒体的经验和做法，从而归纳和提炼出有关媒介融合的规律，揭示出媒介融合的发展趋势，建立起媒介融合的普遍模式和机制。同时对广西媒体自身的特点和要求也给与了解读，对于西部省级媒体也是有益的启示和借鉴。

本研究从传媒产业的规模经济效应，产业价值链延伸和泛生态系统的建构等角度对媒介融合的模式和机制进行了深度的理论解读，对媒介融合的动力、运行、运营、管理等机制以及运营、跨界、发展等模式进行了深度概括。因而，具有很强的理论价值和应用价值。我有幸在本专著正式出版之前，先睹为快，十分欣喜，是为记。

董广安

2018年5月于郑州

前　言

　　"媒介融合"是当今新闻传播学的一个前沿课题，也是新闻传播实践中必须面对的主要问题，它改变了当今新闻传播业的生态环境和发展路径。本书具有很大的学术价值和实践应用价值，主要表现在：（1）构建"媒介融合"的模式和机制，可以在学理上达成共识，形成相对完整的学术体系。在对媒介融合实践经验总结的基础上，本书对媒介融合厘清了概念，划分了范畴，把握了实质，可为媒介融合的发展趋势提供理论支撑，具有重要的理论意义。（2）构建"媒介融合"的模式和机制，可以寻求到其中的共性，掌握一致的规律。报业、广电等媒介融合的具体形式尽管不同，但是在特殊性中包含着普遍性，新闻产品的生产、新闻人才的培养、新闻产业的发展、新闻组织的重组都具有共同的路径。只有遵循这些模式和机制，融合媒介才能够实现可持续的良性发展，解决当前传统媒体面临的困境和问题。因此本书可以更好地指导实践。

　　本书的主要观点是：当下，面对新媒体的冲击和挑战，传统媒体虽然身处"阵痛时刻"，但也是面临重塑的一个"机遇期"。在这种背景下，"媒介融合"不仅日益成为学术界讨论的话题，也成为新闻界实现变革的途径。为走出传统主流媒体"断崖式"下滑的窘境，传统媒体必须"革新图存"，强化互联网思维，走融合变革之路，从而提升主流媒体的竞争能力，保持主流媒体的主导位置。

　　本书对广西省级主流媒体和出版集团在新媒体和传统媒体融合上的探索和实践进行了详细的考察和分析，同时借鉴了东中部发达地区主流媒体的经验和做法，从中归纳和提炼出有关媒介融合的发展规律，以省级媒体为研究对象研究了媒介融合的机制，涵盖了报纸、广播、电视和出版等主要媒体形式。通过对其在媒介融合上的探索及理论研讨，发现了媒介融合的运行机制，即通过整合资源、技术创新和资本运营，调动内容、技术、资本、人才等要素从而推进媒介融合。同时也特别指出，媒体单位微观运行机制有赖于国家和省级各级管理部门的顶层设计，需要进行新闻传播管理的规制改革，以形成激励机制，有效地促进各级媒体单位的媒介融合探索。本书的创新之处就是认为机制是媒介融合的推动力量和保障力量，从传媒产业的规模经济效应、价值链延伸和生态系统的建构等理论角度对媒介融合进行了深度的解读，从而科学地总结了省级媒体的媒介融合的实践和探索，从个性中得出了普遍性的媒介融合机制。

本书建立起媒介融合的动力、运行等机制以及运营、跨界、发展等模式，并揭示出未来媒介融合的发展趋势。本研究主要建树是紧紧把握媒介在数字化、网络化、移动化、一体化上的探索和创新，对传统媒体和新媒体在媒体发展中的地位和作用进行了准确界定，对网络、两微一端等新媒体形式的发展趋势进行准确把握，对主流媒体进行融合的一般模式提出了"资源整合、打通节点、找准接口、中央智慧、多屏互动"的建议。在方法上对访谈、考察和文献材料进行受众、效益等范畴的定性和定量分析，揭示媒介融合的共性，凝聚核心规律，最后构建媒介融合产业化的普遍性模式和机制。

本书指出，媒介融合正面临内容同质化严重、盈利模式不明显、人才模式不合理、体制问题难以突破的问题，这些是媒介融合面临的普遍性问题。同时，广西由于区域发展的原因，具有自身地方媒体的具体情况，在该方面正面临资本严重不足、技术保障不强、品牌营销技能薄弱的问题，这是广西媒体媒介融合面临的特殊性问题。广西区外媒体媒介融合的启示是：在媒介融合的理念层面，都表现出高度重视新媒体的发展战略，大力提升新媒体的地位，将其由传统媒体附属的地位提升到和传统媒体同等的地位；在媒介融合的组织架构层面，都结合自身实际，积极探索融合发展的规律以及相适应的组织再造和生产流程再造，实施了打通高层管理环节，组建指挥中心的组织架构，从而强化新媒体的媒体基因，能够担负主流媒体的责任；在媒介融合的盈利模式层面，都积极建设新型主流媒体，打造新型媒体集团，拓展主流媒体舆论阵地，推进国有资本控股的新媒体融合发展平台。本书还对媒介融合进行了理论分析，认为媒介融合改变了传媒产业形态，传统媒体的发展路径有了很大的改观，从发展模式上看，使得传媒产业从追求规模经济转向追求范围经济模式，拓展了传媒的产业链条，媒介产业转向全价值链模式，完善了传媒的生态，媒介关联打造泛生态位模式。归纳全国各地媒介融合的实践，媒介融合的途径大致有两个：一是组建多媒体融合集团，实现集团内媒介融合的联动发展。把传播集团多媒体资源，进行机制、体制上的重新建构，在集团内部实现融合运营，在此基础上与其他传媒集团进行联合，拓展在移动互联网等领域的融合，实现媒介大融合。二是寻求社会合作，建构联合式跨媒体合作联盟。不同的媒介组织可以根据不同的市场需要和合作方的具体情况选择，打造资源分享型和全面合作型两种模式。媒介融合运营模式的内在因素与关键环节是：内容必须不断创新，渠道必须多元共生；以传统媒体为主体，新媒体为延伸；必须不断深化体制模式改革，实现双赢。

本书指出：随着信息技术的不断发展，媒介融合是一个不断发展的过程，这个过程和互联网的进化路径紧密相关，建立在互联网的进化阶段之上。"以用户为中心，媒体整合资源、拓展渠道、丰富形式、优化流程，必将充分释放'融合红利'"。媒介集团融合变革应把握互联网发展的趋势和方向，应注重政府的宏观顶层设计和媒体微观设计，探索建立融合集聚平台、强化内容融通生产、探索一体化盈利模式、打造全媒体人力资源、实施价值链战略管理的媒介融合模式，走出一条最适合自身发展的媒介变革路径。

因此，本书给出的政策建议是要找到适合省级媒体的媒介融合运营模式。首先，要做到加强数字基础设施建设，找到传统媒体与新媒体的接口。其次，注重新媒体组织架构的设立，并在相关政策的推动下，有效吸纳和使用更多的新媒体人才。媒体媒介融合路径的演进模式是：媒介融合意识的确立；数字基础设施的建设；传统媒体与新媒体接口的联通；新媒体组织架构的设立；相关政策的推动；新媒体人才的吸纳和使用。

目　录
CONTENTS

第一章

绪　论

第一节　研究背景及意义

一、研究背景

（一）传统媒体面临着新媒体强有力的挑战和冲击

当今，随着传媒技术的快速发展，互联网得到广泛普及，多种多样的新媒体形式涌现出来，提供了更多的传播信息的途径，人们的生产方式和交往方式正发生着革命性的变化。传播主体更加多元，传播内容更加丰富，传播渠道更加多样，传播速度更加迅速，传播范围更加广泛，给传统媒体造成了巨大的危机。当今，一方面是互联网的迅猛发展，宽带互联网和移动互联网已经成为人们上网的主要渠道，另一方面则是传统媒体的式微，继报纸之后，广播与电视也受到了网络媒体的强烈冲击。

2012 年，美国的互联网和手机已超越广播和报纸，成为仅次于电视的第二大新闻来源。美国市场研究公司于 2012 年 10 月公布的调查结果显示，移动装置拉动《纽约时报》和《华尔街日报》等网站的平均流量上涨 9%；平板电脑、智能手机的普及进一步拓展了受众获取信息的途径。美国用台式电脑或笔记本经常浏览新闻的比率达 70%，智能手机用户中也有 51% 会用手机浏览新闻，把浏览新闻作为主要使用目的之一的平板电脑用户比率为 56%。① 据美国报业协会的调查，2004—2011 年，美国的报纸种类从 1457 种降至 1382 种，全美报业的周工作日总发行量从 4688 万份降至 4032 万份，周日发行量从 5775 万份降至

① 李宓. 美国新媒体加速迈进移动时代 ［J］. 新闻前哨，2012（06）.

4851万份。① 由此可见，互联网时代美国传统报业的受众、发行和广告量呈急剧减少之势。

同样，"中国传统报业的受众正在大量流失，报业的广告、发行、印刷量大幅下降。中国广告协会报刊分会研究报告显示，2015年1月至5月传统媒体广告下降5.8%，其中报纸广告降幅为32%"。② 对中国传统报业而言，广告是其得以生存的根基，报业广告的大幅下滑，严重动摇了其生存的根基，迫使传统报业感受到了前所未有的危机，并且这种危机感正日益增强。

视听服务正在重新被定义，大用户、大融合、大数据、大生态意味着大视频时代的到来，传统的广播电视向新的视听形式与业态转型，WEBTV、IPTV、手机电视相继出现，视听服务正向跨平台、多屏幕、全媒体的大融合时代迅速迈进。这大大改变了用户收听观看内容的习惯。受众可以点播、连续观看，打破了传统广播电视的线性播放模式。而且受众已经从单向传输内容的接受者变成了双向互动的参与者、多维度的体验者。以DV和微电影为代表的自媒体视音频形式成为网络视频的重要部分，以至于受众已经转变为内容的创造者和传播者。

"从艾瑞咨询发布的《2013年度中国网络广告核心数据》中可以看到：2013年中国网络广告市场规模就已达到1100亿元，同比增长46.1%。2013年在平面媒体中，不仅报纸广告下降8.1%，杂志广告也进入下降行列，降幅达到6.8%。整个互联网视频广告在飞速发展，从2008年开始，视频广告势如破竹，广告市场规模达到70亿-80亿元。"③ 互联网视频广告逐年增长，所侵占的就是传统媒体广告市场，电视广告正在向网络视频迁徙，这表明传统媒体的最重要盈利来源逐渐地被新媒体抢占，面临着严重的生存危机。

2017年1月22日，中国互联网络信息中心（CNNIC）第三十九次《中国互联网络发展状况统计报告》显示，"截至2016年12月，我国网民规模7.31亿，互联网普及率达到53.2%，超过全球平均水平3.1个百分点，超过亚洲平均水平7.6个百分点。其中，手机网民规模达6.95亿，占比达95.1%，增长率

---

① Newspapers Circulation Volume［EB/OL］. http：//www. naa. org/Trends - and - Numbers/ Circulation - Volume/Newspapers - Circulation - Volume. aspx，2014 - 01 - 22.
② 贺林平，罗艾桦. 受众思维倒逼各级各地主流媒体融合提速［N］. 人民日报，2015 - 08 - 21.
③ 黄杨. "大视频"时代来临［EB/OL］. 环球财经，http：//doc. qkzz. net/article/ 14a5cf6c - 0933 - 42fa - 8578 - 665be531992c. htm，2012 - 12 - 20.

连续 3 年超过 10%"。①

这表明，新媒体还在以加速度向前发展，对传统媒体的冲击已成事实并且还在加深，互联网新格局下传统媒体有被边缘化的危机。新兴媒体的裂变式发展让信息传播碎片化，也让人们接收信息的习惯发生变革，受众获取新闻不再是依靠某种单一的媒介载体，而是多元媒介。传统媒体必须寻求转型，不但要探索和发展新媒体，还要立足自身的信息优势，建立传统媒体和新媒体的融合平台，形成融多元媒介于一体的融合模式既是现实的又是紧迫的任务。

（二）传统媒体焕发生机的振兴之路在于媒介融合

从媒体承担的社会功能来看，传统媒体面临被边缘化的危险必然也会面临话语权的丧失。作为主流媒体不但丧失了网络空间的舆论引导权，还会丧失生活空间的话语主导权。从媒体的变革来看，从网站到博客到微博、微信等自媒体，进一步改变着人们接收信息的渠道，改革了内容的传播方式。

媒体融合需要网络空间的新思维，而媒体融合的内在逻辑是基于网络空间和现实空间之间的融合。重视互联网思维、实现媒体融合变革等成为媒介关键词。在 2014 年 8 月，中央全面深化改革领导小组第四次会议审议通过了《关于推动传统媒体和新兴媒体融合变革的指导意见》，习近平总书记为媒体融合发展指明了方向。那就是"坚持传统媒体和新兴媒体优势互补、一体发展"和"坚持先进技术为支撑、内容建设为根本"等。"'互联网思维''互联网＋''媒介融合'等理念逐渐从实务层面上升为中国全面深化改革的重要国家战略，上升到中国党和政府顶层设计的高度，已经从一个学术概念演化成一种明确的传媒发展政策。"② 这是对主流媒体提出的新要求，也开启了中国"媒介融合元年"。

当下，传统媒体虽然身处"阵痛期"，但同时也是一个"机遇期"。"媒介融合"成为连接传统媒体和新媒体的桥梁，成为新闻传播界实现变革的途径。"强化互联网思维、推动传统媒体和新兴媒体在内容、渠道、平台、经营、管理等方面的深度融合，已成为重大理论命题和媒介实践。"③ 媒介融合是场大变革，面对传播环境的新常态，传统媒体必须探索适合自身的融合发展之路。

---

① 第 39 次《中国互联网络发展状况统计报告》发布［N］．人民日报，2017 - 01 - 23．

② 严利华，喻发胜．"＋互联网"与"互联网＋"：行业性期刊转型策略探究［J］．出版发行研究，2015（10）．

③ 习近平．推动传统媒体和新兴媒体融合发展 强化互联网思维［EB/OL］．http：//tech．gmw．cn/2014 - 08/19/content_ 12624346．htm．

（三）主流传统媒体大力推进媒介融合的探索和实践

从国家级主流媒体来看，"人民日报组建'中央厨房'烹饪新闻美味，新华社推进全媒体集成报道，光明日报成立融媒体中心打造全新传播体系，经济日报加紧构建'快在微博、深在报纸、广在网络'的立体传播格局……无论是分拆'小灶'，组建'大灶'，打通编辑部门的界限，还是再造新闻生产流程，探索多媒体报道的各种可能，将融合的基因注入媒体发展的血液，已逐渐成为一种自觉"。①

同时在媒介融合的潮流下，省级党报集团正不断探索融合变革。媒介融合推动着省级党报集团从新闻传播理念、内容生产、媒介管理等多方面进行转变。2014年8月以来，省级党报集团新媒体产品呈现"井喷式"发展，传统主流媒体不断发力，受众市场越来越细分，跨界合作不断步入正轨……媒体的内涵和外延已经远远超出了人们的想象。媒介融合变革带来了内容之变、制度之变、观念之变。②

省级媒体集团及其所属的省级党委机关报、广播电视台在中国的媒体体系中，是不可或缺的一个重要方面，在中国传播体系中起着承上启下的作用，在中国的国家治理体系、文化体系和信息传播安全等方面发挥着桥梁和纽带作用。传统媒体转型和新媒体再发展的呼声越来越高，面临着难得的机遇，又面临着严峻挑战，随着互联网技术和智能手机等移动终端的普及，省级主流媒体需要媒介融合理论的指导。

"一带一路"倡议的提出，赋予广西新的定位。2015年3月8日，"两会"期间，"中共中央总书记习近平指出，随着国家推进'一带一路'建设，广西在国家对外开放大格局中的地位更加凸显。要加快形成面向国内外全新的开放合作格局，把转方式调结构摆在更重要的位置，做好对外开放的大文章。'一带一路'建设规划对广西的定位，是发挥广西与东盟国家陆海相连的独特优势，加快北部湾经济区和珠江—西江经济带开放开发，构建面向东盟的国际大通道，打造西南、中南地区开放发展新的战略支点，形成21世纪海上丝绸之路和丝绸之路经济带有机衔接的重要门户。"③

为此，广西致力于建设以中国—东盟信息港为重点的基础设施通道，积极

---

① 陈凌. 人民日报评论员观察：让媒体在融合中变革 ［EB/OL］. http：//opinion. people. com. cn/n/2015/0820/c1003 – 27488507. html.

② 媒体融合一年 细数五大亮点 ［N］. 人民日报, 2015 – 08 – 13.

③ 习近平总书记参加广西代表团审议侧记 ［N］. 广西日报, 2015 – 03 – 09.

落实"一带一路"倡议的实施,实现互联互通,媒体承担着重要的使命和任务。近年来,广西在文化体制改革以及媒介融合方面也作了大量的探索,在某些方面,还走在了全国的前列。广西的文化体制改革自 2002 年开始,循序渐进地对文化、广播电视和新闻出版等部门实施改革,通过自主创新取得了一系列的成功经验。广西日报成立了传媒集团,是拥有党报《广西日报》和都市报《南国早报》以及其他系列报的多个纸质媒介的主流媒体群。2006 年 1 月 1 日,广西日报社主办的第四媒体广西新闻网成立,使广西日报传媒集团报网融合的发展更进一步,同时也延伸了广西日报传媒集团的信息链、价值链和产业链,对构建全媒体和融媒体时代报网融合的完整链条具有重要的理论意义和现实意义。① 广西广播电视信息网络股份有限公司通过率先实现数字化统一平台建设和发展数字增值业务,两次获得全国文化体制改革先进企业称号。接力出版社率先完成转企改制,成为全国首家单体转制改企的出版社,被原国家新闻出版总署首批授予"全国百佳图书出版单位"。它们在媒介融合业务及模式探索上都作出了重要贡献。这些媒介融合实践为加强对媒介融合的学理性和实践性研究打下了基础。

地方主流媒体如何搞好媒介融合,也引起了广西各级政府行业管理部门、各级新闻媒体、高校新闻传播学者的高度注意,2017 年 6 月 30 日,在广西地方媒体媒介融合研讨会上,与会的政府领导、业界领导和专家学者进行了广泛交流,对广西媒介融合的问题和对策进行了深入探讨,一致认为应该继续加大对广西地方媒体媒介融合的研究,促进广西主流媒体媒介融合向纵深发展。2017年 2 月 21 日,广西全区推进媒体深度融合工作座谈会召开,会议深入学习贯彻中宣部推进媒体深度融合工作座谈会精神,全面部署全区媒体深度融合发展工作。与会人员现场观摩了广西日报传媒集团、广西人民广播电台、广西电视台媒体融合发展情况。22 日至 24 日还参加了全区媒体融合业务培训。② 这次培训增强了推进深度媒体融合的使命感、紧迫感,增长了媒体融合业务知识,进一步厘清了思路、明确了方向。③ 同时也达成了一个共识,那就是广西主流媒体的媒介融合还处于初始阶段,还有大量的工作要做。这表明,媒介融合刻不容缓,无论是学术界还是新闻业界,无论是理论研究还是媒体实践都必须加快探

① 杨婵娟. 媒介生态学视野下的报网融合研究——以广西日报传媒集团为例 [D]. 2014.
② 广西加快推进媒体融合发展步伐 打造新型主流媒体 [N]. 广西日报, 2017 - 02 - 22.
③ 全区媒体融合业务培训班在南宁举行 [N]. 广西日报, 2017 - 02 - 25.

索的步伐。

二、研究意义

当前的研究核心是广西在新媒体和传统媒体融合的实践基础之上，借鉴和对比其他发达地区的探索和经验，构建起"媒介融合"的模式与机制。这具有很强的理论价值和实践应用价值。

构建"媒介融合"的模式和机制，可以在学理上达成共识，形成相对完整的学术体系。"媒介融合"是当今新闻传播学界的一个前沿课题。在对媒介融合的历史和路径的考察、对媒介融合的驱动因素和利益分配的探究、对媒介融合中的问题与教训的反思、对媒介融合实践经验总结的基础上，厘清概念，划分范畴，把握实质，可为媒介融合的发展趋势提供理论支撑。

构建"媒介融合"的模式和机制，可以寻求到其中的共性，掌握一致的规律。报、台、网、微、端等不同媒体形式的融合方式尽管有所不同，但是在各种融合形式的特殊性中包含着普遍性，新闻产品的生产、新闻人才的培养、新闻产业的发展、新闻组织的重组都具有共同的路径。只有遵循这个模式，媒介融合才能够实现可持续的良性发展，解决媒介融合面临经营与管理的新问题，才能更好地指导实践。

对于后发的广西传媒来说，如何在严峻的媒体发展环境下将共性和个性结合起来，实现"弯道超车"，保持良好的快速发展之路，承担建设广西"一带一路"目标任务的舆论引导，意义重大。

第二节   研究目标、内容及方法

一、研究目标

在数字技术革命的推动下，一方面，电信网、计算机网和有线电视网实现三网融合；另一方面，电信业、广电业和出版业的边界日益模糊，三大产业的内容生产、传输平台和接收终端不断走向融合。"在媒介融合背景下，突破的是各自产业界限，打乱的是各自管理体系，从而产生新的产业链条，形成新的管理体系。所以，媒介融合要求允许突破各自产业界限进行交叉，突破各种政策

的限制，从媒介融合的各个层面架起通道，使之能够互通互联。"① 这就有必要
研究媒介融合的模式问题。

本书认为媒介融合本质上是一个媒介的重构过程，是一个"媒介融合"的
模式和机制构建问题。所谓的"媒介融合"就是一个重新构建新媒体与传统媒
体在新闻传播事业和产业中地位的问题，是一个价值链和产业链分配的问题。
因此，媒介融合的模式和机制在宏观上就是针对各种媒介形式的价值链和产业
链条进行精准配置的问题，在微观上是对新闻采编系统、平台和流程进行有效
管理的问题。

当前，媒介融合从整体上讲还处于起步阶段和初级层面，但从进程上讲，
媒介融合正在向深度融合转型，媒介之间的融合已经从报纸与网络之间，广播、
电视与网络之间的融合向报、台、网、微、端一体的多层次融合体系发展。但
由于现有媒体经营管理模式相对落后，影响了媒介融合的推进，也制约了传媒
产业的发展。

宏观上，"目前全球的传播监管政策主要是根据媒介技术来加以分类和管
制，主要分为针对印刷出版业、针对广播电视业和针对电信业三大类。在传统
管制政策中，电信领域主要采取结构性管制，即主要针对基础设施加以管制，
注重其社会普及性而在印刷出版、广播电视领域则主要采取内容管制，注重其
社会文化功能"。② 新的媒介融合形态对传统传媒管理政策提出了严峻的挑战。

微观上，媒介融合涉及对新媒体的认识，对传统媒体的再认识。媒体组织
必须充分了解和认识新媒体的传播特点及传播属性，必须明确传统媒体在新的
媒介生态下其作用和地位的变化，面临的机遇和挑战，找到双方的接口，从而
发挥各自的传播优势，体现协同效应。如果对这些方面认识不足，或者认识有
误，都会延迟或者错过媒介融合的最佳时期，致使传媒事业发展受到影响。

二、研究内容

本书研究的基本思路是：从模式和机制理论视角出发，在总结广西媒介融
合的实践基础上，建构省级媒体媒介融合模式和机制。这主要包括媒介融合的
运营、跨界和发展模式等，媒介融合的动力机制、运行机制等。

---

① 万敏. 我国报业跨媒介经营路径论析［D］. 河北经贸大学，2011.

② 李红祥. 我国未来传媒规制政策的价值取向——媒介融合下美英传媒法材变革的启示
［J］. 新闻界，2010（01）.

通过对广西省级主流媒体以及主要的出版集团媒介融合实践的考察和调研，总结出广西媒介融合的运营模式和机制体系，再和其他地区的主流媒体实践经验进行比较。主要内容是分析广西在新媒体和传统媒体融合上的经验和做法，在总结出诱致性变迁和强制性变迁相结合的规律基础上，从而归纳和提炼出有关媒介融合的规律，建立起媒介融合的普遍模式，揭示出媒介融合的发展趋势，同时对广西自身的特点和要求也给予解读。具体包括以下方面。

（一）广西新媒体和媒介融合的现状

对广西日报集团的广西新闻网、早报网、手机报、两微一端等新媒体及报网融合情况进行考察；对广西电视台的网站、移动电视频道、数字移动频道，广西人民广播电台北部湾在线以及两微一端进行考察；对广西广播电视信息网络股份有限公司的网络数字化转换、高清互动电视、宽带互动网络进行考察；对广西师范大学出版社及所属贝贝特电子音像出版社数字出版、广西接力出版社数字出版等进行考察。

（二）广西新媒体和媒介融合的实践经验

对上述媒体单位的实践进行梳理和综合，对其进行数据和资料分析，从理论层面总结其经验，认识其不足，明了每个特定的媒介在数字化、网络化、移动化的探索和创新，对网站、微博、微信、客户端等新媒体形式在广西的发展趋势进行准确把握。

（三）广西和其他地区媒介融合的比较

对东中部著名的报业和广电省级媒体进行考察。主要包括南方报业传媒集团的探索、上海报业集团的探索、湖南广电集团的探索、上海文广新闻传媒集团的探索等，再结合人民日报、中央电视台的实践进行比较分析，以准确把握媒介融合的不同地域特征和经济发展特点。

（四）媒介融合的模式和机制构建

对上述材料的平台、内容、投资、人力、盈利等范畴进行定性和定量的分析，并通过与专家交流和访谈，请专家评估等方法，揭示媒介融合的共性与个性，揭示核心的规律，最后构建媒介融合产业化的普遍性模式和特殊性要求，制定出媒介融合的模式体系。研究框图如下。

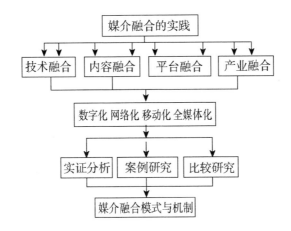

三、研究方法

　　媒介融合是新媒体和传统媒体的互融,基于不同介质和技术的新老媒体具有不同的接口和交集,因而在形式上呈现出多样性,但是数字化、网络化、产业化、一体化是各种形式的本质,也是媒介融合的核心。这意味着新媒体和多种传统媒体具有不同的核心竞争力,在新闻和信息的生产方式上具有"差异化"。融合的实质是两者能够在统一的平台上,实现新闻和信息生产的"规模化",延伸价值链和产业链,从产业间的分工走向产业内分工。这鲜明地体现在媒介融合的实践和路径中。发现和总结这个共性,就能构建起媒介融合的统一模式和机制。本书的技术路线如下。

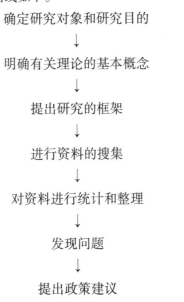

本书的实施方案重要的是案例调研、材料整理、数据分析、现状评估、提出对策。因此，本书采用如下研究方法。

（一）实地调研法

本书将选取广西日报集团、广西人民广播电台、广西电视台、广西广播电视信息网络股份有限公司、广西师范大学出版社、广西出版集团等典型的具体个案进行深入细致的实地考察和调研，获得第一手的材料和数据。

本书选取以上单位作为研究对象，研究的内容是有关集团内媒介融合的情况，所选取的案例具有一定的代表性。在国内，多数报业集团都是由当地一家省级党报为主报，以都市报、行业报等报纸作为子报、子刊的构架。而广电行业，多数以一家省级卫视主导，以其他多个频道、频率为架构。随着网站的日渐繁荣，各地区一般都辅以一个大型的网站作为集团报网、台网融合的窗口，两微一端的崛起，使这些媒体可以建设多媒体矩阵。广西日报传媒集团、广西广电等作为广西地区最大的报业集团和广电传媒，这些年在报网、台网融合及多媒体矩阵上面做了大量的探索，不仅是在西部，就是在全国报业、广电中也是独树一帜的。广西出版业也取得了良好的成绩。这为本研究提供了丰富的素材，本书对它们媒介融合的实际情况进行了分析，并在理论研究的基础上对其存在的问题进行剖析，并在此基础上探寻其发展模式和机制，从而揭示行业内媒介融合的情况，对未来发展策略给出建议。

（二）文献研究法

通过查阅有关新媒体、报网融合、台网融合、数字出版以及媒介融合相关的文献，厘清研究脉络。在媒介融合的文献整理中，主要是对所获取的文献进行鉴别，对模棱两可的概念加以辨析，从而形成科学的认识。

广泛涉猎个案单位的技术方案、经营措施、管理文件、会议记录和其他相关材料；政府相关部门的社会文化政策、经济产业政策、法律法规；学术专著以及有关权威机构发布的数据等。对实地采访调查的资料进行分析、整理，成为本研究重要的材料支撑。

（三）专家咨询法

采访并访谈广西日报传媒集团等单位的管理和业务人员。对媒介融合的发展现状和媒介经营的现状，在报纸、网络、手机报、微信、微博以及微信方面的进展作全面的了解。同时进行专家访谈，对广西区党委宣传部、新闻出版广电局的相关部门的管理者进行访谈，以获得更加宏观的指导。在写出调查报告之后，向本学科相关专业的专家、学者和行业内的专家、学者进行咨询，并请他们对报告进行评估和指导，在此基础上，充实调查内容，完善调查报告。

（四）比较分析法

一方面对区内各代表性单位作横向比较，分析其异同。另一方面与发达地区省份如上海报业集团、上海文广新闻传媒集团、南方报业传媒集团和湖南广电集团等进行比较，以做好借鉴。再结合人民日报、中央电视台的实践等进行研究，拓展研究的视野。在此基础上，以广西的实践为主干，分析和借鉴国内外的先进经验，提出对策建议。

广西的媒介融合探索及由此带来的文化体制改革实践为本研究提供了丰富的案例，是本书的强力支撑。广西大学新闻传播学院西南人才培训基地和中国东盟传媒（文化）产业基地建设，一大批区内外、国内外的知名专家、学者成为该基地的专家；自治区党委宣传部与广西大学共建新闻传播学院，使区内新闻宣传、新闻媒体的领导成为学院的直接领导。在这些专家和领导的支持下，本书进行了大量的专家咨询，并且到相关媒体进行调研，为本书提供了坚实的科研基础。

第二章

媒介融合的研究及实践

第一节　媒介融合概念的提出

《现代汉语词典》中对"融合"这个词的解释是"几种不同的事物合成一体"①。

20 世纪 60 年代，传播学者麦克卢汉在《理解媒介》中提出了"媒介即讯息"和"媒介是人的延伸"两条理论推断，揭示了技术的巨大影响力，也为媒介融合理论提供了逻辑起点。

一般认为，媒介融合思想的萌芽是由 1978 年美国的尼葛洛庞帝提出的：计算机工业、印刷出版业以及广播电视业将会在数字化的浪潮下呈现出交叠重合的发展趋势。他用三个重叠的圆圈来描述计算机工业、印刷出版业和广播电视业三者的技术边界，认为三个圆圈的交叉处将成为成长最快、创新最多的领域，并且这三个圆圈呈现出叠加和重合的发展趋势。

作为一个学理概念，媒介融合最早应该是由美国马萨诸塞州理工大学的伊契尔·索勒·浦尔提出的。1983 年，他在《自由的科技》一书中提出了"形态融合"，认为数码电子科技的发展是导致历来泾渭分明的传播形态聚合的原因。② 他作出了一个新的预测：历来泾渭分明的传播形态界限趋于模糊。这一概念把"媒介"理解为以大众传播媒介为代表的"形态"，由于其提出之时网络尚不成熟，它存在这样的局限：对媒介融合的想象更多在于将电视、报刊等

---

① 中国社会科学院语言研究所词典编辑室编. 现代汉语词典（第 7 版）. 商务印书馆，2016：1107.

② 陈红玉. 勿表面理解媒体融合［J］. 青年记者，2014（24）.

传统大众传播媒介融合在一起，实际上指的仍然是彼此间的互补、合作。① 浦尔的概念注重科技的发展，在某种程度上延续了尼葛洛庞帝的思路，但是比尼葛洛庞帝又前进了一步，尼葛洛庞帝着眼的是计算机工业、印刷出版业和广播电视业，是一种更广范围的不同产业间的融合。而浦尔则将其推进到大众传播媒介的形态，指出了数字化是大众传媒媒介融合的基础性前提。浦尔将媒介融合看作一个"媒介间界限日渐模糊"的进程，本意是说各种媒介呈现出多功能一体化的趋势。

随着研究的深入，不少学者也提出了自己的观点。美国新闻学会媒介研究中心的主任 Andrew Nachison 将"融合媒介"定义为：印刷的、音频的、视频的媒介组织在战略和文化上的一种联盟②。他所指的"媒介融合"是各种不相同的媒介组织之间的一种合作③。2003 年美国西北大学教授戈登归纳了美国当时存在的五种"媒介融合"（"新闻业融合"）类型。

所有权融合（Ownership Convergence），大型的传媒集团拥有不同类型的媒介，因此能够实施这些媒介之间的内容相互推销和资源共享，如美国佛罗尼达坦帕市的媒介综合集团（The Media General company），美国俄亥俄州的新闻电讯集团（Dispatch Media Group），都是将各自在同一地区所拥有的报纸、广播电台、电视台和网站进行了融合。

策略性融合（Tactical Convergence），是指所有权不同的媒介之间在内容上共享，如分属不同媒介集团的报社与电视台之间进行合作，相互推介内容与共享一些新闻资源。

结构性融合（Structural Convergence），这种融合与新闻采集和分配方式有关，如美国《奥兰多哨兵报》决定雇用一个团队做多媒体的新闻产品，使报纸新闻能够加工打包后出售给电视台。在这种合作模式下，报纸的编辑记者可能作为专家到合作方电视台去做节目，对新闻进行深入报道与解释。

信息采集融合（Information - gathering Convergence），这主要指新闻报道层面上一部分新闻从业者需要以多媒体融合的新闻技能完成新闻信息采集。前文谈到的"超级记者"的工作便属此类。

---

① 吕珍慧．媒介融合及其悖论［D］．华南理工大学，2011.
② 许日华，郭嘉．密苏里大学新闻学院副院长人民大学谈媒体融合．人大新闻网站，2006 - 4 - 11.
③ 蔡雯．新闻传播的变化融合了什么——从美国新闻传播的变化谈起［J］．中国记者，2005（09）.

新闻表达融合（Storytelling or Presentation Convergence），这主要指记者和编辑需要综合运用多媒体的，与公众互动的工具和技能完成对新闻事实的表达。①

显然，这五种类型前三种是按"媒介组织行为"划分的，后两种是根据从业人员的类型来划分的。可见，对于媒介融合，包括狭义和广义两种概念，狭义的概念是指将不同的媒介形态"融合"在一起，产生"质变"，形成一种新的媒介形态，如电子杂志、博客新闻等。而广义的"媒介融合"则范围广阔，包括一切媒介及其有关要素的结合、汇聚甚至融合，不仅包括媒介形态的融合，还包括媒介功能、传播手段、所有权、组织结构等要素的融合。②

第二节　媒介融合的研究态势

一、国内外的研究现状

"媒介融合"已成为当今新闻传播学和信息技术学的一个前沿课题。"媒介融合"的研究经历了技术融合角度的研究、新闻采编技能融合角度的研究、媒介组织结构融合角度的研究、媒介文化融合角度的研究、媒介产业与所有权融合角度展开的研究等阶段，各阶段之间相互连接又相互渗透，已经发展成为一个"非常广阔的研究领域"。③ 当前，"媒介融合"在新闻传播学科的国内外研究现状如下。

（一）力图找寻媒介融合的准确定义

在"媒介融合"的概念界定方面，章于炎、乔治·肯尼迪、弗里兹·克罗普（2006）在论证媒介融合的优势方面，界定了媒介融合的定义：媒介融合是大众传播业的一项正常的项目或是一个渐进的发展过程，它整合或利用处于单一所有权或混合所有权之下的报社、广播电视媒体，以增加新闻和信息平台的数量，并使稀缺的媒体资源得到最优配置。在规模经济和范围经济的作用下，这些融合的媒介形式以被重新包装的媒介内容，将提供给受众更大的信息量，从而实现领先竞争对手、获得盈利、提供优质新闻的目的，并最终在数字时代

① 刘欣. 媒介融合背景下的媒介生产集成管理研究［D］. 湖南大学，2011.
② 邢仔芹. 媒介融合的现状及对传媒业的影响［D］. 山东大学，2009.
③ 毛雷君. 媒介融合视角下报网互动的研究——以宁波日报报业集团为例［D］. 复旦大学，2010.

的媒体竞争中保持优势地位。① 蔡雯（2006）指出，随着数字技术和广泛运用与网络传播的迅猛发展，传媒形态的推陈出新与传媒产业的整合重组已是当今全球性的话题。在这一变局中，新闻传播也正应势而动，从规则、流程到渠道、方式都在发生巨变。突破传统的载体藩篱，以"融合新闻"赢得竞争，成为新闻传播发展的必然走向，新闻传播发展的必然趋势。② 李良荣、周宽玮（2014）认为，媒体融合是指各种媒介形态的边界逐渐消融，多功能复合型媒体逐渐占据优势的过程和趋势。它既包括异质的媒介形态融合在一起而生成新的媒介形态，也包括媒介系统内部各要素、大系统与子系统，以及不同媒介系统的要素与要素之间的融通与整合。③

（二）力图准确把握"媒介融合"的层次和阶段

托马斯·鲍德温等所著的《大汇流——整合媒介信息与传播》提出：电信、有线电视、广播和计算机业以前都是各自为政，现在都汇流到了一起。特别是美国联邦政府于1996年颁布新的电信法，开创了一个数字化时代，继而引发了大的汇流（Convergence）。许颖在《互动·整合·融合：媒介融合的三个层次》（2006）中指出了"媒介融合"的三个层次：媒介互动、媒介整合、媒介大融合。彭兰在《从新一代电子报刊看媒介融合走向》（2006）一文中认为媒介融合带来的传媒业的变革主要表现在业务形态融合、市场融合、载体融合和机构融合。

（三）高度重视媒介内容的融合和新闻传播融合技能的培养

在国外，奎因与费拉克合著的《媒介融合：跨媒体的写作和制作》研究了在融合环境下编辑如何表达和撰写新闻稿等相关技能。在国内，蔡雯在《媒介融合前景下的新闻传播变革》（2006）一文中，分析了媒介融合对新闻传播造成的影响，进而提出了"融合新闻"的概念。

（四）媒介融合产业研究成为当前研究的热点

凯文·曼尼在《大媒体》中提出的"大媒体"（Mega - media）的概念，指的是传统大众传媒业、电信业、信息网络业都要统合到一种新产业之下，传媒

① 章于炎，乔治·肯尼迪，弗里兹·克罗普. 媒介融合. 从优质新闻业务、规模经济到竞争优势的发展轨迹［EB/OL］. http：//www. wowa. cn/T_ view_ inf. asp? view_ id = 28624，2007 - 07 - 01.

② 蔡雯. 媒介融合前景下的新闻传播发展——试论"融合新闻"及其挑战［J］. 国际新闻界，2006（05）.

③ 李良荣，周宽玮. 媒体融合：老套路和新探索［J］. 新闻记者，2014（0）.

业将不分领域地全面竞争。王菲在《媒介大融合》（2007）一文中通过分析融合过程中产业链的变化去探讨媒介融合规律。傅玉辉的《大媒体产业：从媒介融合到产业融合》（2008）一文以中国和美国大媒体产业的比较研究为参照标准，指出中国大媒体产业发展要素，即推进技术融合，推动制度融合，推动市场融合以及推动产业重组。

其中技术融合的研究属于信息技术的范畴。数字技术打破媒介壁垒，将各种形态的内容——文字、图像、影像、声音等表示成统一的数字信息，传媒的各种产品形式可以低成本地重新包装、相互转化，因此，当前媒介融合在技术融合层面仍然重视的是各个媒介形式的数字化以及相对应的媒介数值化标准的制定。

具体到广西，黄著诚主编的《省级电视台经营创新战略研究：广西电视台个案分析》（2008）分析了"广西有线数字电视运营个案"，指出广西的数字电视发展，可以分为"网络整合、整体转换和业务内容"三块。主要研究广西广电如何从技术融合层面完成有线电视网统一的数字化平台的建设。黄健的《出版产业论》对"中国网络出版业"进行了介绍。黄健在《政府在数字出版产业发展中的作用》一文中指出，数字出版有六大基本特征：资本集中度高、掌握先进技术、版权结构多样、产业整合性强，促进出版业的产业链的重组向内容提供商转型。主要着眼于从宏观的层面推进数字出版，涉及广西的数字出版实践着墨不多。

从国内外及广西的研究现状来看，随着国内外学术交流的加大，国内外对媒介融合的研究层面基本同步，媒介研究进入多元化。但这些研究仍然存在以下突出问题。

第一，"媒介融合"概念本身以及"数字电视""数字出版"等子概念在学术上尚未形成一个清晰明确的定义，不断加入媒体群体当中的新兴媒体形式，将可研究个案的范围边界扩展到了无限远之外，各种"媒介融合"形式的划分标准无法一致。

第二，"媒介融合"的模式不具有可借鉴性，也赶不上时代发展的步伐，如"数字电视"中，既有"青岛"模式又有"杭州""佛山"等模式，报网融合有"全媒体"模式，还有"中央厨房"模式，各种实践的普遍性和借鉴性还值得研究。

本书从媒介模式的角度入手，认为媒介融合是一场前所未有的业务变革和产业革命。从业务变革角度来说，媒介融合是在数字技术和网络技术的背景下，以信息消费终端的需求为指向，由内容融合、网络融合和终端融合所构成的媒介形态的演化过程。其中内容融合是指属于不同媒介形态的内容生产，依托数字技术形成了跨平台、跨媒体的使用，利用数字化终端，形成多层次、多类型的内容融合产品，如数字出版、手机报等。网络融合具体是指电信网、广电网、互联网三个传输渠道的融合。① 终端融合是计算机、通信、电子消费产品的融合，即3C融合，如同时具备上网、看电视、娱乐等功能的电子产品等。从产业革命角度来说，这一革命颠覆了传媒市场的原有体系，传媒产业从纵向一体化向横向一体化演化，市场结构从高度垄断的市场向竞争性垄断市场演变，政府规制从纵向分业规制向横向分层规制转变。这使得传统的传媒模式在媒介融合的背景下处于不适应的状态，必须重新构建媒介融合模式。

可见，随着媒介技术的发展，"媒介融合"已经成为一个无处不在、影响巨大的现象。一方面，随着卫星技术、数字化技术和网络技术的进步，以及这些技术在广电、通信领域的全方位渗透与应用，传统媒介的界限渐渐模糊，新媒体形式层出不穷，媒介终端可实现功能逐步强大。另一方面，社会经济及文化潮流的发展与进步引发社会阶层的"碎片化"，并由此延伸到市场的"碎片化"和受众的"碎片化"，大众时代过渡为分众时代，媒介受众由以往的单向阅听人的角色转变为需要为其量身订制娱乐、资讯服务的用户。② 媒介与消费者的互动更加充分，传媒产业正以专业新闻和自媒体内容相结合的方式满足消费者的需求。

二、研究的发展趋势

随着传播技术的发展，未来媒介间融合到什么程度，或者最终融合的媒介是什么样子还是个未知数。从目前的态势看，至少可以从技术、内容和经济三个层面来加以界定。

（一）技术融合

媒介融合首先表现在技术的融合，媒介融合的根本和直接诱因是数字技术的成熟。新一代数字技术、广播技术、信息技术的快速发展是媒介融合的直接推动力。因此，媒介融合表现出鲜明的技术特征。目前技术融合主要体现在通信、广播电视与网络和其他媒介等方面。首先，数字技术的大量应用，为画面

---

① 周怡敏. 电视媒体品牌的新媒体推广策略［D］. 广西大学，2011.
② 童胜. MH报业集团的全媒体流程再造［D］. 中南大学，2010.

和声音的传递提供了新的方式，信号压缩技术的应用使媒介传播大容量的信息内容和服务成为可能。其次，数字与压缩技术的融合，促进传播基础设施融合，使传播呈现多媒体化和多渠道化。最后，计算机数据处理能力的升级、切换功能的加强、光纤的广泛应用等，都将促进接收终端的融合。

（二）内容融合

媒介融合的途径很多，内容从物理形态上看，可以分为文字、声音、图片、图像等；从媒介载体上看，可以分为报纸、广播、电视、互联网、手机等媒体上的内容。同样的内容可以通过不同的媒介进行传递，不同的服务平台可以提供同样的内容。数字化信息的灵活性为传统服务的升值带来可能性；同时带来一系列新的服务和应用，这为人们的日常生活和媒介的接近提供了巨大的便利。随着技术的进一步开发与应用，媒介使用者潜在服务要求的增多，越来越多的媒介服务将成为可能。

（三）经济融合

媒介融合改变了内容的生产模式与传播模式。媒介融合在内容上实施集约化生产，不同类型的媒介从各自独立经营转向多媒介联合经营，以最大限度地降低生产成本。经济融合主要体现在产业方面。垂直整合和水平整合是媒介企业为了在数字化的时代求得生存和发展而采用的两大主要策略。通过整合，原先各自独立的媒介可以相互分享对方先进的技术、产品内容和受众市场，从而达到资源的合理配置。媒介产业的融合一方面将促使每一个传统媒介企业发生结构性的改变，并将强化这些融合的媒介企业在产业市场中的地位。另一方面正如埃利罗蒙所说："产业的融合，最终将导致全球传播和信息市场的改变。"①

受众的细分化、数字技术的迅速发展、跨媒体所有权等都有可能成为媒介融合发生的主要原因。媒介融合带来的新闻传播的发展趋势如下。

第一，新闻业务互相进入，媒介形态趋向融合。媒介技术的不断发展，不仅催生了新媒体，也由此产生许多信息传播方式，使得媒介形态加速演变，也使得不同媒介间的依存关系、功能边界发生变化。媒体间的界限变得越来越模糊，其他行业与新闻业的界限也变得越来越模糊。

第二，新闻集团多媒体化，成为市场格局主导者。多媒体新闻集团利用多种传播手段，细分市场需求，进行资源结构重组，从产品经营转向经营产品线或产品群（如频道、产品线、报纸）等。

---

① 李红祥. 论媒介融合下的传媒管理制度创新［J］. 新闻爱好者, 2009（16）.

第三，政府实施政策创新，加快传媒结构调整。政策规则是制约新闻媒介运行模式的重要外部因素。根据各种情况和信息分析，政策规则将可能向更有力地推进新闻出版广播影视业深化改革方向变化，这意味着新闻改革进入了一个新的历史阶段。①

媒介融合使得媒介变革体现在多个层面：业务形态融合表现在多媒体日益兴起；市场融合表现为产品相互嵌入多元组合；载体融合体现出发行渠道的"合"与接收终端的"分"，而机构融合属于更高层次的再分工。从发展历程来看，经历了以下阶段。

第一阶段是传播手段融合，即媒体利用新技术发展新媒体，改造传统媒体，通过不同传播手段在大传播平台上进行整合，通过媒介之间的内容相互推销和资源共享，报纸、广播电视、网络全部共用一套班子，由"多媒体编辑"统一策划。

发布平台聚合是指不同媒体汇集于一个平台上进行传播，多角度及时满足受众信息需求。在一个平台上既可发布文字、图片，也可发布音频、视频，打破了原来单一的发布平台，提高了新闻素材的多次利用率，节省了采访成本。南都在全媒体集群构想中，实施"线索库即报料平台 + 原创库即素材平台 + 中央库 + 应用库"四个平台聚合方式，有效地整合了各种资源，提高了工作效率。并且原创库、应用库、中央库三者之间实现双向循环互动，而不是单向流动。

第二阶段是媒介形态融合。随着不断发展的新技术，所有的媒介信息会会聚在一个平台之上，出现一个完全具有兼容性和包容性的新型媒介，集文字、音频和视频于一体，集报纸、广播和电视的特征于一体。

这被称为"全媒体"或者"融媒体"。是在具备文字、图形、图像、动画、声音和视频等各种媒体表现手段基础之上进行不同媒介形态（纸媒、电视媒体、广播媒体、网络媒体、手机媒体等）之间的融合，产生质变后形成的一种新的传播形态。是信息、通信及网络技术条件下各种媒介实现深度融合的结果，是媒介形态大变革中最为崭新的传播形态。

第三阶段是资本融合。具有不同媒介的传媒集团可以在资本市场上完成对其他媒介集团的收购或者兼并，从而实现价值链的整合，使不同的媒介直接获得接口，进而发生媒介融合。

---

① 陆小华. 中国传媒发展十大趋势［J］. 新闻记者，2001（11）.

时代华纳是世界上最具影响力的媒体公司之一。按照其获利来源可将公司事务分成四个主要基本方面：有线电缆网络事业，主要获利来源为有线电视节目制作；出版事业，主要获利来源为杂志、书籍的出版和直销；娱乐事业，主要获利来源为电影出品、电视制作、音乐制作与出版等；有线电视事业，主要获利来源为有线电视系统。作为传统媒体的典型代表的时代华纳，拥有 CNN、卡通电视台、华纳兄弟电影公司和《人物》杂志、《财富》杂志、《娱乐周刊》等著名报刊，媒体内容极其丰富。

第四阶段是组织融合。随着上述融合的推进，在资本或者在行政的推动下，使不同的媒体结合成一个共同体，进而拥有了报纸、广播、电视、网络和手机等多种媒介形式，拥有全媒体的价值链和产业链。

美国《奥兰多前哨报》与时代华纳有线电视台合作开设一个 24 小时本地新闻频道，组建了一支多媒体编辑队伍。这些编辑大多数具有广播背景，他们在两个新闻编辑部之间进行协调，与文字记者沟通，将报纸内容转化成电视新闻，变成一个多媒体的编辑部。

由此，媒介融合研究的发展趋势表现在不同媒介直接的融合方式以及由此带来的组织和规制的变革。这需要加大对报网融合、广电与网络融合的研究力度，这里的网络包括宽带固网和移动互联网。而这从机理上讲体现在数字出版和三网融合上，这是未来媒介融合研究的重点。

在数字出版上，当今图书出版发行的载体在媒介融合趋势下已经开始由过去的书本杂志延伸到了网络端以及移动端。通过建立网站和相应的数据库进行内容出版和信息经营，手机的功能也拓展并开发出读报刊杂志、看电影等新业务，形成了独具特色的手机图书出版行业。但是内容的提供者——媒体单位和内容的发布者——电信的利益之争也影响着数据库、手机报和客户端的发展。

未来媒介融合发展的核心是"三网融合"，即广播电视网、电信网与互联网的融合，相同的服务和内容既可在广电网又可在电信网上被提供。目前，我国已经具备进一步开展三网融合的技术条件、网络基础和市场空间，加快推进三网融合已进入关键时期。[①]"三网融合"面临的最大问题不在技术层面，而是产业利益冲突所导致的不同媒介的界定、接口以及市场监管体制问题。未来的研究趋势是从媒介融合、媒介市场边界变化导致产业利益冲突的视角出发，探析在产业利益冲突中如何促进产业融合并推动公平竞争的市场监管模式的构建，

---

① 陈超. 浅谈三网融合技术 [J]. 卫星电视与宽带多媒体，2010 (03).

这对实现媒介真正的融合具有决定性作用。

第三节　媒介融合引致的媒介变革

媒介融合不仅是一个学理性的概念，更是一个实践性很强的概念，学者的研究无不依赖于或者交织于新闻工作者的实践。

一、西方传媒业的媒介融合变革

（一）融合新闻

媒介融合使一种新的新闻传播模式"融合新闻"（Convergence Journalism 或 Multiple – journalism）产生了。融合新闻与传统的单一媒介的新闻传播活动有着巨大差异，其主要特点是将多种媒介的新闻传播活动整合进行，采用多媒体、多渠道的方式传播新闻。

"融合新闻"是从应用新闻学的角度对媒介融合发展的研究。"融合新闻"又称"多样化新闻"，主要指利用多媒体手段进行新闻传播活动。不同的媒体如报纸、电台、电视台和网站及手机等，集中在一个信息操作平台上，统一策划、相互协调、取长补短，根据各自媒体和受众特点对信息进行分类加工，发挥各自的传播优势，有针对性地传播给特定受众。

西方媒体最早尝试将旗下的报纸、电视、网站作为一个整体，共同完成重要新闻的采集与发布，就是"融合新闻"的最初案例。媒介综合集团作为美国最早应对传播科技发展而进行跨媒介融合的试验田，它的经营运作与管理一直为传播学界与业界广泛关注。它的内部管理突出体现在集中办公、资源共享、整合营销和融合生产四个方面。

1. 集中办公

2000 年 3 月，媒介综合集团拨款 4000 万美元在佛州坦帕市建造了一座传媒大厦，取名"坦帕新闻中心"。将旗下的《坦帕论坛报》及其网站 Tampa Bay Online、WFLA 电视台还有集团网站 TMO. COM 的总编们集中办公。传媒大厦一楼是 WFLA 电视台的两大生产棚，二楼是 WFLA 电视台和 TMO. COM 的新闻室，三楼是《坦帕论坛报》的新闻室和 TMO. COM 的总编室，四楼则是 WFLA 电视台的总编室。令人感兴趣的是在二楼有一间很大的"多媒体新闻编辑室"，办公室中央安放了一张圆形的"超级办工桌"，以便三类媒体的编辑们一起办公。这样做的目的是"便于公司通过各种媒介平台生产和发布新闻"。正是这种合作,使报纸的深度、电视的及时和网络的互动融合在一起。

2. 资源共享

坦帕媒介综合集团经营的最大优势就是资源共享,主要体现在两个方面。一是新闻资源共享。坦帕媒介综合集团的报纸、电视、网站的编辑记者通过日常性的互动相互分享对方的新闻线索、思想与创意;同时媒介间可以稍作修改甚至未经任何变动发布对方的内容产品。二是设备资源共享。集团内各媒介,对新闻中心的生产场地、机器设备共同使用。这样可以避免各媒介间的重复建设。通过资源共享,大大降低了生产成本,体现了跨媒介集团化运作的极大优势。

3. 整合营销

坦帕媒介综合集团的整合营销主要体现在:一是报纸把合作电视台或者网站的标志放在其版面中,电视台在其新闻节目中向观众提供其合作报纸或者网站对某一新闻事件的有关报道,通过这些方式,不同媒介通过一定的语言与视觉元素相互推广对方的新闻产品;二是积极与广告代理公司合作,以优质服务、套餐策划、大宗优惠等手段将广告吸引到集团在各地的报纸、广播电视和网络公司。代理公司足不出户,就可以将某一广告通过媒介集团刊登在其旗下的报纸、广播电视和网站等多种媒体刊播广告,以达到在该地区密集覆盖的目的,同时可获得折扣优惠。

4. 融合生产

"坦帕新闻中心"将来自其旗下不同媒介的记者、编辑和其他从事策划、摄影、摄像的新闻工作人员重新组合成一个新的新闻团队,共同策划、采写、制作新闻。制成的新闻产品在相互合作的媒体间以不同的形式进行发布。这样做的目的是充分整合不同新闻媒介的自身优势以达到最大的传播效果。

当前,新媒体的冲击与传统媒体的衰退在深刻推动美国等西方传统媒体生产和传播机制的创新变革,在这样的媒介环境中,任何媒体组织要想争夺到足够维持其生存和发展的注意力,绝不能仅仅依靠某一媒介,而"媒介融合"正是其中最重要的路径之一。在形态上,美国各类传统媒体都在不同程度上加快了数字化转型,通过调整组织架构、重组采编流程、再造新闻编辑室等措施,将网上多媒体内容制作与线上线下的互动纳入核心程序,新闻作业越来越打破既有的媒介界限,竭力将新闻信息以不同形态在不同媒介中及时充分地传播出去,以弥补报纸等传统新闻时效性的不足,提高内容的竞争力,吸引住人数不断下滑的受众。

美国南加州大学安利伯格传播学院教授 Larry Pryor 总结说，"融合新闻发生在新闻编辑部中，新闻从业人员一起工作，为多种媒体的平台生产多样化的新闻产品，并以互动性的内容服务大众，通常是以一周七日、每日 24 小时的周期运行"。① 戴默等学者提出了"融合连续统一体"这个新概念。② 他们根据自己掌握的美国和其他国家的媒介的实际情况将"融合新闻"分为以下几种模式③：

交互推广（Cross-promotion）指作为合作伙伴的媒介相互跟对方推广自己的内容，如电视介绍报纸的内容。

克隆（Cloning）指作为合作伙伴的媒介不加改动地刊播对方的内容。

合竞（Coopetition）指作为合作伙伴的媒介之间既有合作也有竞争，如一家报社的记者编辑在某电视台的节目中对新闻进行解释和评论，某一媒介为自己的合作伙伴提供部分新闻内容等。但是合作的媒介之间依然存在着相互戒备，在电视上露面的报纸记者不愿意透露那些构成报纸独家新闻报道的关键信息。

内容分享（Content sharing）指作为合作伙伴的媒介定期交换线索和新闻信息，并在一些报道领域中进行合作，如选举报道、调查性报道等，彼此分享信息资源，甚至共同设计报道方案，但各媒介的新闻产品仍然是由各自的采编人员独立制作的。

融合新闻的特点表现为以下几方面。

新闻载体数字化。数字技术和通信技术的飞速发展，使得媒体的边界逐渐模糊，传播终端呈现数字化特点，电信服务商和互联网服务商纷纷介入传播终端的领域中，与传统媒体融合在一起，推出各种数字移动终端作为新闻内容的载体，进入人们的信息生活中。所以，媒介融合的结果，就是除了报纸、广播和电视外，电脑、手机、iPad、iPad 电子报、电子杂志等数字载体也能让人们随时随地以不同方式接收到所需要的信息。④

新闻业务整合化。"融合新闻"突破传统媒体的限制，整合所有的媒介进行统一规划并实现资源共享，从而建立新新闻采编流程。基本流程是集中主要力

---

① 蔡雯. 融合：新闻传播正在发生重大变革［J］. 新闻战线，2009（6）.

② 蔡雯. "融合新闻"：应用新闻学研究的新视野［J］. 淮海工学院学报（社会科学版），2007（03）.

③ 蔡雯. 从"超级记者"到"超级团队"——西方媒体"融合新闻"的实践和理论［J］. 中国记者，2007（01）.

④ 报业实现媒体融合的再创新——畅游传媒 分享未来［J］. 中国传媒科技，2009（03）.

量去采集新闻素材，再根据细分受众的接受特点来加工，制成不同的新闻产品，最后通过不同传播渠道来传播给受众。

视觉传达多样化。融合新闻利用多媒体技术将文字、声音、图片、图像和 Flash 集于一体，因此在视觉传达上将更加丰富多样、形象生动。① 对新闻的深层报道和分析，我们可以从文字中去查看；对新闻事件的动态变化，我们可以借助图像进行直观了解；对深奥难懂的科技新闻等，还可以通过 Flash 和计算机模拟使其通俗易懂。所以人们可以采取看、听、视等多种接收方式，使视觉传达方式更加人性化和便捷化，降低了人们接收新闻的难度，将人们从传统的报纸、电视等媒体的限制中解脱出来。②

（二）收费墙（Paywall）

如果融合新闻着眼于媒介融合背景下新闻信息综合使用的话，那么收费墙则是探索媒介融合背景下，如何提升这些新闻信息的价值，使不同媒介形式之间相互协同而不是相互制约，主要着眼于媒介融合背景下新闻信息的价值回报问题，以应对传统的报业收入急剧下降的态势。

收费墙发生在报纸网站向网络媒体转型的过程中，收费墙，是阻止非付费订阅用户看到网页内容的一个屏蔽系统。"收费墙"是网站为了保护收费内容，只供付费用户浏览而专门设置的付费门槛。不少西方大型报纸已经在网站上设置了不同等级的"收费墙"，有些允许读者每月免费阅读 10 篇文章，有些则只许读者阅读几段，想要读全文就得付费订阅。但是随着移动互联网的快速发展，如何向通过网络和移动设备获取新闻的用户收费也因此成为一个突出问题。收费墙不只是在报纸的网络版，或者报纸的网络媒体上设置，还引入手机移动媒体的客户端和视频信息，成为媒介融合下的一种信息收费方式。

首开网络版内容收费先河的是默多克的新闻集团。该集团旗下的《泰晤士报》和《华尔街日报》等主要报纸的网络版从 2010 年 7 月起建立"收费墙"。此后，包括英国《金融时报》和美国第一大都市报纸《纽约时报》在内的许多英美报纸也进行了同样的尝试。《纽约时报》是美国发行量第二大的日报，发行量超过 100 万份。自 2011 年设置"收费墙"后，该报新增了 32.5 万名数字订阅用户。《纽约时报》向每位数字订阅用户收取每月 35 美元费用，后者可以查阅网站上所有信息。非付费用户仍可以每月免费阅读 10 篇报道。如今，"付费

---

① 报业实现媒体融合的再创新——畅游传媒 分享未来［J］．中国传媒科技，2009（03）．
② 徐晓敏：融合新闻：中国新闻传播业的新转型［J］．新闻窗，2007（03）．

墙"模式在全球范围内进入试验阶段，有些媒体对所有网络内容进行收费，有些则采取"计量收费墙"的模式，即报纸对网络内容设一个门槛，给予定量的试用期或免费阅读量，超过这个门槛再收费。

在"收费墙"的具体使用中，有"硬"收费墙和"软"收费墙两种方式。"硬"收费墙模式下，非订阅用户只能看到最少量的网页内容，甚至无法看到网页内容；而"软"收费墙模式对用户可见内容的限制则更加灵活，如每月允许用户查看精选的一些免费内容或免费查看一定数量的文章，或者允许读者查看某本书的几页内容或某篇文章的几段内容。

英美大多数报纸所采用的收费模式，均是由《金融时报》首创的"频次模式"，即在收费之前先为网站用户提供一定数量的文章。《金融时报》允许读者每月阅读10篇网络版报道，超过这一数量就会让用户付费订阅。《泰晤士报》的收费规定是：用户只要注册就能阅读全部内容，但免费期只有一周，之后的收费标准是每天1英镑（约合10元人民币），一周2英镑（约合20元人民币）。《华尔街日报》的收费模式最为严格，所有用户只有在支付了每周3.99美元的费用后才能阅读网络新闻。此外，美国其他报纸如《波士顿环球报》和《达拉斯晨报》则实施完全不同的收费策略，即对深受读者欢迎的体育版等热门版面免费，其他版面则需付费才能阅读。一些报社还采取一揽子模式，即印刷版订户也能免费获取网络版内容。

2013年6月20日，《纽约时报》宣布对客户端实施"收费墙"，如果不是缴费订户，最多免费阅读三篇文章（所有类别新闻累计统计）。当然，非订户仍然可以阅读到首页，以及新闻摘要。而在此之前，《纽约时报》已经对电脑版网站实施了严格的收费墙计划，而在移动客户端上，《纽约时报》之前较为"慷慨"，非订户网民，可以免费阅读客户端中的"要问"新闻。受到新"收费墙"影响的客户端是《纽约时报》包括以下平台的APP：iOS、安卓、Windows Phone 7.5及以上版本、黑莓10，另外包括Flipboard中的《纽约时报》数字版。《纽约时报》提供了印刷版、PC网站版和多种移动客户端版本相互捆绑的订阅方案。

《纽约时报》上的免费视频可以在所有桌面和移动设备上观看，客户端上的视频内容，仍将向非订户开放。这些视频由讴歌和微软提供赞助，并且这些视频已经发布到了Youtube等其他频道上，因此再在网站上实施"收费墙"就没有意义。公司希望加大对视频内容的投资，加大视频战略，最终目的是围绕旗下的作者建立原创视频，如《纽约时报》的《36小时》旅游专栏。将著名作者变成视频品牌，以迎合获取更多网络广告投资的要求，《纽约时报》的视频产量将逐步升高。

无论实施何种收费制度，这些做法都会带来网络读者人数下降的通病。有分析人士指出，"收费墙"带来的收入几乎可以忽略不计，根本弥补不了广告收入下滑导致的损失。相关统计数据显示，《纽约时报》自从设置"收费墙"以来，网站访问量已经下降了大约10%，页面浏览量下降了大约20%。①

尽管这一运营模式或将能给陷入困境的报纸业带来一线曙光，但在设立收费墙和付费阅读方面，全世界成功的案例寥寥无几，其中美国《纽约时报》依靠优质内容获得了初步的成功。

分析家表示，这种模式并不适合所有的报纸网络版，只能适用于像《纽约时报》这样的高质量报纸。实践证明，只有拥有优质独家新闻内容的报纸或报社，才能进行网络版收费，目前，英国《金融时报》、美国《华尔街日报》网站均采用收费墙模式，不过他们拥有财经领域的大量独家报道，这是非财经报纸所做不到的。创新媒体咨询公司的胡安·塞尼奥也认为，报纸在网上寻找新的收益模式的同时，也应该重新整顿他们的印刷版，抓住符合读者思维方式的题目，注意分析和讲故事，使报道更加中肯，提高报纸发行量。

不过，在线微支付可能成为报纸未来的生存模式。在谷歌的支付产品"钱包"中，有一项使命是进行实验，如果在支付极度简单的基础上，网民是否会为浏览一个网页付费。与传统的耗时长久的注册相比，这种点击一次即可付费的模式更加简单。在谷歌提供的例子中，一个网页的部分文字，可以提供读者免费阅读。而另外一部分文字暂时无法看到，读者点击一次，即可用谷歌钱包完成支付，此后这些隐身的文字将会显示出来。以高清电影而著称的视频网站Vimeo，也开始接纳微支付。网民欣赏完视频之后，可以自行决定是否付费，网站收入取决于用户的满意程度。

在国内，2006年，《温州日报》成为我国最早采用在线收费发行数字报的单位。此种方式可以实现内容在数字化出版领域里的有效增值。温州日报报业集团是国内数字报纸"收费第一家"。2007年4月8日，温州日报报业集团的"数字报纸网上发行营销系统"开始应用。集团旗下的《温州日报》《温州晚报》《温州都市报》《温州商报》在温州新闻网上实行收费，每份报纸的订阅价

---

① 王军.《洛杉矶时报》网络版开始收费［EB/OL］. http：//finance. people. com. cn/GB/70392/17311162. html.

格是 160 元/年，任意两份则为 260 元/年，任意三份则为 320 元/年，四份都订阅则为 380 元/年。截至 2010 年年初已拥有收费订户 5000 余人。2009 年，集团在欧洲新增数字报纸销售 5000 多份。到 2010 年，在欧洲的全年数字报纸发行量达到 2.6 万份，收入 59.1 万美元。中国报协还将其开发的数字报纸发行系统作为一个行业标准向全国进行推广①。

《上海证券报》是行业报中尝试数字报收费的先锋。2011 年 6 月 1 日，改版后的《上海证券报》电子版开始收费阅读，全年 240 元，赠送一整年中国证券网公告解读频道的阅读权。同时发行上证读者卡，对团体用户实施优惠。②

二、我国传媒业媒介融合的实践

（一）全媒体化

相比"媒介融合"的理论概念，中国新闻业界讲得更多的是"全媒体化"。目前，学界普遍认为，从 2008 年开始，中国新闻传媒行业开始有意识、规模化地出现了"全媒体"的尝试，众多媒体决策者不约而同地喊出了"全媒体战略"或"全媒体定位"的口号。

2006 年 1 月，解放日报报业集团推出了著名的 4I 战略：手机报（i - news）、网络数码杂志（i - mook）、电子报（i - paper）、公共新闻视屏（i - street）。2007 年，宁波日报报业集团开发了集内容生产、业务处理、决策管理和客服服务以及网络支持五个平台合而为一的多媒体数字化运营平台，形成了多媒体新闻体系。

2006 年，原新闻出版总署启动"数字报业实验室计划"，2007 年，原国家新闻出版总署启动了全媒体数字采编发布系统工程建设，确定了南方报业传媒集团、中国安全生产报、烟台日报传媒集团等，进行数字复合出版的研发和试点。

2007 年，烟台日报传媒集团启动"全媒体数字采编发布系统"的研发，定位为"纸媒转型与全媒体流程再造"，通过优化原有的产品生产流程，推动集团从报纸生产商向内容供应商转型。2008 年组建全媒体新闻中心，"全媒体数字采编发布系统"通过了国家新闻出版总署的专家验收，被认为是"纸媒转型过程中的标志性事件"。

---

① 陈国权．温州数字报纸的"收费墙"尝试［J］．中国记者，2012（6）．
② 朱广盛．地市报"收费墙"之路怎么走？［J］．中国记者，2013（6）．

　　"全媒体"的英文为"omnimedia"，为前缀 omni 和单词 media 的合成词。烟台日报认为，所谓"全媒体"，主要从传播途径和传播介质而言，是媒体形态的一种复合，它包括报纸、广播、电视、网络、手机、户外视屏、电子纸移动报等多种媒体形态，具有融合性、系统性和开放性的全媒体，强调不同媒介形态之间的"复合"，视传统单一媒体为全媒体的重要组成部分，并凸显传统媒体的价值核心和意义。在内容制作上，侧重于强调生产流程的再造，打造内容产业化链条，最大限度地发掘新闻信息的内涵，以多种形式表达，从而满足市场"小众化"趋向的需求。

　　烟台日报全媒体中心从产品结构、组织架构设置和运作流程三个方面展开建设，具体来说，包括以下内容。

　　产品结构：为满足转型需要，烟台日报对产业架构作了调整，建立起包括平面报纸、手机报、多媒体数字报、电子版移动报、户外视屏等多种形态的媒介产品结构。主要产品种类有《烟台日报》《烟台晚报》和《今晨 6 点》三家日报，这是集团的核心主营业务；打造新媒体产品群，"六网三报一码一社"，即第一新闻网、中国酒业新闻网、黄海数字出版网、水母网、烟台人购物网、光速资讯网（六网），手机报、多媒体数字报、电子版移动报（三报），黄海数字出版社（一社），二维码（一码）。通过以上产品组合，建设报纸、手机和网络三者联动整合的超级全媒体中心。此外，日报集团更新了品牌标识，以集团英文缩写"YMG"作为新品牌，用于全媒体传播。

　　组织架构：在组织架构上，烟台日报集团围绕全媒体中心设置了新的结构层级，包括总编室，负责指挥中心新闻生产，协调子媒体之间的关系；采访部门，负责日常采访；数据加工部门，负责稿件标引、背景资料搜集、针对大事件的前期资料整理以及视音频素材的编辑整理等工作。

　　此外，集团还特设了一个灵活机动的 YMG 特别工场，专门负责报道突发或重大新闻事件。该组织由全媒体新闻中心负责，日常解散，遇重大或突发新闻事件报道任务，则从各形态媒体临时抽调人员组成报道小组。

　　运作流程：烟台日报"全媒体数字采编发布系统"建有不同数据库，通过对每个数据库进行功能差别定位，实现资源的加工、共享。

　　由于中心组织架构设有总编室、采访部门和信息部门，各自职责不同，因此整个中心的运作流程是，记者归全媒体新闻中心管理，采访统一事件，但展现方式不同，有文字、图片、音频和视频等。记者将初步制作的产品放入中心数据库，由各子媒体根据自身需要选取不同类型产品，进行再度深加工，在不同形态媒体上展示。这样既避免了产品同质化现象，也最大限度地利用了新闻信息资源，满足不同受众群体的需求，最大限度地实现市场覆盖。整个新闻中心如同集团内部的通讯社，而各子媒体就是一个个独立的编辑部门，只是由中心总编室协调管理。

另外，为满足全媒体中心新闻报道和制作的需求，日报集团向每位记者发放包括笔记本电脑、智能手机、照相机、摄像机等在内的硬件设备，以适应中心追求全天候信息滚动播报的要求，最大限度地追求信息的及时播放。在这一全媒体数字平台中，集团记者采集的同一个内容包含文字、图片、音频和视频等素材，进入全媒体数据库，经过二次加工和二次编辑，然后由各媒体各取所需进行选取，再通过深加工生产出各种形态的终端新闻产品，通过不同的传播渠道发布。初步实现了一次采集、动态整合、多个渠道、多次发布的数字化传播。①

烟台日报全媒体中心数字平台的搭建，不仅改变了传统报纸运作的观念，由营销报纸向内容供应商的角色转变；也再造了全新的更符合市场需求的新闻产品制作流程，实现了产品深加工、多形态展示。

从烟台日报传媒集团"打响第一枪"开始，可以说国内大中型的报业集团、广电集团都开始大张旗鼓地进军全媒体化，走媒介融合的道路。

作为我国"数字报业实验室计划"首批成员的宁波日报，为应对新媒体发展带来的重大竞争压力，率先在全国报纸行业中提出"数字化"转型的发展战略，制定了《宁波日报报业集数字报业发展规划（2007—2010 年)》和《宁波日报报业集团数字技术平台建设规划》，宁波日报集团在中国宁波网的基础上，重点打造四个新媒体，分别是：互动多媒体报《宁波播报》、手机报、电子版报纸和户外电子屏。在这些产品结构的基础上，宁波日报集团着力打造全媒体数字技术平台，以满足集团全方位的新闻产品需要。这个数字技术平台包括"两网、三库、五平台"，其中"两网"是内网和外网，内网用于集团内部连接，外网即集团接入外部网络系统；"三库"即多媒体内容库、业务运营库和管理库；"五平台"即内容生产平台、业务运行平台、客户服务平台、决策管理平台和网络支撑平台。在这个数字技术平台中，集团的日常业务要在五个平台中展开。其中，网络支撑平台是其余四个平台的技术支撑，新闻产品的生产在内容生产平台上实现，在这个平台里进行新闻的采访、编辑、制作、发布和管理，实现

---

① 吕道宁. 解读烟台日报传媒集团全媒体模式［J］. 城市党报研究，2010（02）.

信息的多种表现形式加工，在传统媒体和新媒体之间实现信息共享，融采编部门于一体。同时实现与受众的无障碍沟通，扩大集团影响力；业务平台主要负责广告发行和网络营销；客户服务平台则是针对受众群体收集资料数据，为受众提供体贴的"客户服务"；而决策管理平台主要负责监控集团的业务运行，提供决策分析，也进行人力资源和财务方面的管理。

此外，宁波日报集团为推动手机报的发展，于 2007 年 7 月 1 日正式推出"宁报动码"手机二维码项目，这是由宁波日报、宁波晚报、东南商报三家报纸联合开发的，其 WAP 网站由中国宁波网编辑发布，在动码剪报、视频下载、实时新闻、新闻互动、商家促销认证等新业务上有较大突破。经过一段时间的探索，2009 年 1 月，宁波日报集团成立了全媒体新闻部，向全体记者发放摄像机、数码相机、笔记本电脑、录音笔等设备，实现全天候滚动式全媒体播报。同年 5月，集团成立 3G 事业部，负责手机电视和手机报业务，实现及时、多媒体互动的新闻播报。6 月，集团建设的全媒体数字技术平台接受国家相关部门验收通过。

深圳广电集团也全力实施全媒体化战略，力求建立一个具有全媒体的内容提供商，初步构建一个覆盖广播、电视、平面、户外、网络新媒体、移动终端的一站式全媒体整合营销平台，成为一个全媒体资源提供商。与其他大多数的广电集团全媒体有所不同，深圳广电集团的全媒体平台着重营销主体的统一性，建立集团的广告管理中心。这是深圳广电集团营销模式的一次变革，一方面是将所经营的资源由单一媒体转为全媒体平台，另一方面将面对客户的产品也从单一媒体品种转化为跨媒体组合品种。通过一站式全媒体的整合营销平台，解决媒体碎片化时代的客户多样化需求。上海东方传媒有限公司积极在新媒体布局，旗下通过有线网络内容集成平台的文广互动，通过电信网络提供 IPTV 内容服务集成平台的百事通，以及并入百事通的、通过手机数字媒体集成内容平台的东方龙和直接通过互联网提供网络电视服务的东方宽频等，是东方传媒有限公司掌握内容、占领渠道的"媒介融合"之举。

（二）中央厨房

人民日报全媒体平台，俗称"中央厨房"，是人民日报社融合发展的核心平台，由业务平台、技术平台、空间平台三部分构成。2016 年 2 月 19 日，人民日报全媒体平台（中央厨房）正式上线运行，这是人民日报融合发展的重要里程碑。同时，中央厨房软件系统将开放使用，帮助整个媒体行业加快融合发展进程。

当今，人民日报已发展成为拥有报纸、杂志、网站、电视、广播、电子屏、手机报、微博、微信、客户端等10多种类别、数百个终端载体的媒体集团。不同的媒体形式有着不一样的工作方式和生产节奏，整个集团的生产流程必然要进行改造，才能使新老媒体协调发展、深度融合。通过流程再造，使新闻生产更有效率、更符合当代新闻传播的特点，能够更好地满足用户需求，从而提升媒体的影响力，使传统主流媒体成为实力强大的新型媒体集团。

人民日报全媒体新闻平台是集图片、视频、音频、H5互动、动漫游戏制作于一体的全新内容生产和分发体系。"中央厨房"创造了由指挥员、信息员、采集员、加工员、技术员、推销员等岗位构成的一套全新业务流程，对每个岗位赋予新的职责要求。"中央厨房"技术系统由六个模块构成，为内容生产团队提供多种有效工具。"中央厨房"的空间形态不是简单静态的，而是基于一套系统，与用户、记者、采编、内容生产团队进行无缝隙对接和合作的业务流动空间，充分体现开放、合作、共享理念。

人民日报中央厨房所构建的是一个开放的、公共的技术运营和资本平台，它集成资源、集中力量、集合特色，从"融合态"的业务需求倒推技术模式，软硬件系统具有稳定性、兼容性、可操作性强的特点。作为一个开放的内容生产和全球分发体系，人民日报中央厨房通过流程再造、结构调整，进行用户关系的重构，探索策划、采访、编辑、播发的"自我革命"。

中央厨房是推进媒体融合发展的全媒体大平台，追求"一体策划、一次采集，多种生成、多元传播，全天滚动、全球覆盖"的生产特点。生产丰富多彩的新闻大餐。中央厨房形成了全新的内容生产、协作、分发业务模式。作为业务平台，中央厨房紧扣媒体融合的时代背景，创新媒体融合报道流程与机制，实现了新兴媒体与传统媒体、网上与网下、母媒与子媒、国内媒体与国外媒体的四个"联动"。

该平台拥有一套成熟完善的运行机制，将传统意义上的采编人员重新定义为指挥员、信息员、采集员、加工员、推销员、技术员等岗位。指挥员针对重大选题进行策划与指导，要全面统筹人民日报旗下所有媒体的相关报道，而不仅仅是一张报纸；其他各"员"进行有效的分工合作，采集员是前方记者，除了写成品稿件，还必须提供多种多样的素材给后台；加工员是服务前方记者，但与传统编辑不一样——他的职能不是改标题，而是对内容进行深度加工，同时参与制作视频、H5、游戏等内容产品；技术员是"智商担当"，工种覆盖美编、UI、UE设计，H5程序开发员，视频编辑，在人民日报全媒体平台上，这个职能由数据新闻可视化实验室承担；推销员则把产品推向各个终端、海内外合作媒体；信息员是信息中枢，对接与回收各类需求，可自动联想"点菜员"。最终送达人民日报旗下各发稿终端以及有合作关系的国内外媒体终端。如下图所示。

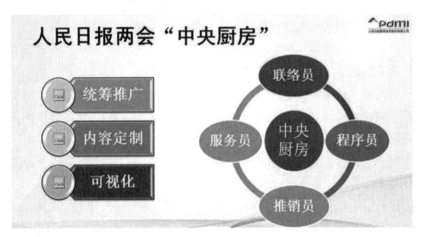

人民日报"中央厨房"流程图

"中央厨房" 1.0 版本由六个功能模块组成。具体每个系统的功能如下。

报纸版面智能化设计系统：提高报纸版面整体编排效率；向用户提供融即时版面规划、内容编排、审核批阅、信息查阅等功能为一体的智能化设计工具。

新媒体内容发布管理系统：面向高端用户的网站内容管理软件，允许非技术人员进行内容发布。实现内容一站式管理、一键式发布。

可视化产品制作平台：支持编辑在线制作与发布可视化产品，如 H5。

传播效果评估系统：监测传播效果，进行统计分析与定向监测、跟踪反馈等。

此外，还有内部用户管理系统、互联网用户管理系统两大系统，共同为全媒体平台的业务运行提供强有力的技术支撑。从整个平台的建设路径来讲，"中央厨房"采用互联网化迭代式开发的建设模式，即建设出一个子系统就推上线使用，在不断优化这个子系统的同时，并行地做其他子系统的研发生产，不断迭代上线，逐步构建大平台。这些技术特性符合中央厨房对互动工作空间的硬件设备要求，能够满足未来与地方及行业媒体、大数据公司、地方政府、大型机构和大型企业共同建设内容协作生产，全球分发的融合大平台的需求，有助于提高工作效率和产品竞争力。

人民日报社各媒体，以及系外的一些商业媒体、商业网站，对于优秀新闻产品的需求量很大，但人民日报新闻的生产能力和供给能力不足。所以在内容生产和传播技术层面，"中央厨房"不仅考虑了人民日报旗下各个子媒之间如何融合打通，还顾及媒体行业内部的通联合作和内容分享，并进一步辐射到媒体产业和其他产业的业态合作，在更广泛的生态体系中实现真正的跨界融合。在信息来源上，"中央厨房"的建立可以扩大数据新闻报道团队，视频报道团队等，争取提高优质新闻生产的数量和效率，满足各个新闻渠道的要求。在分发上，"中央厨房"能量不容小觑。在国内与各大渠道合作，主动拓展内容传播渠道；更值得一提的是，"中央厨房"还与众多国外主流媒体建立了畅通的沟通和发稿渠道，也善于将海外社交媒体账号作为海外推送主阵地。

人民日报全媒体平台（"中央厨房"）与河南日报报业集团有限公司签署战略合作协议。根据协议，双方将在全媒体平台建构、技术创新、智库咨询、新媒体内容生产、区域"中央厨房"建设、对外宣传渠道拓展等方面全面合作，以引领传媒技术，推动流程重构，建设新媒体平台，打造新型主流媒体。人民日报"中央厨房"与美国硅谷 Prysm 公司（溥美）和大恒科技达成三方协议，将其视觉工作环境解决方案纳入"中央厨房"的硬件系统，使"中央厨房""亮"了起来。远程协作和移动设备互通的难题得到解决，无论团队成员身在何处，都可以整合一切形式的视频、图像和文本，并在个人桌面、移动设备和演示屏幕上跨平台分享。

（三）三网融合

三网融合已经超出一个媒介集团内部的媒介融合探索，是应对信息技术带来的信息产业巨大变化的媒介融合，通过这种媒介融合，可以形成现代大媒介产业。

所谓三网融合，在国外也被称为三重播放（Triple Play），就是在同一个网上实现语音、数据和图像的传输。"三网融合"意味着任何一张网络都可以做其他两网的事情。对用户而言，就是指只用一条线路可以实现打电话、看电视、上网等多种功能。数字化技术把原本泾渭分明的电信、广电、电脑的技术边界消解了，突破传统产业的边界。

2008 年，国办发〔2008〕1 号文中明确提出推进三网融合，鼓励广播电视机构利用国家公用通信网和广播电视网等信息网络提供数字电视服务和增值业务；2009 年 5 月 19 日，国办发〔2009〕26 号文《关于 2009 年深化经济体制改革工作意见》，要求"落实国家相关规定，实现广电和电信企业的双向进入，推动'三网融合'取得实质性进展"。2010年1月13日，国务院常务会议通过了《推进三网融合的总体方案》，标志着我国三网融合进入实质性推进阶段。2010年10月，国家《十二五规划纲要》提出，要全面实现电信网、广播电视网、互联网"三网融合"。2011年6月，国务院办公厅下发了《关于印发三网融合试点方案的通知》（国办发〔2010〕35号），公布首批包括上海、北京、南京、武汉等在内的12个三网融合试点城市，拉开三网融合试点的序幕。

第一次试点除长株潭作为区域代表、绵阳作为中小城市的代表存在外，基本上都是省级或副省级城市等大城市，基本上已完成有线电视网的双向网络改造，当地有线电视用户数量达到一定规模，而且当地经济收入水平较高，多元化视听节目的市场需求较大。某些地区还有一家有线网络的上市公司，能够为省网整合甚至跨地域的全国性整合提供资本支持。第一批三网融合试点城市和地区都制定了相应的规划和方案，采取了必要的举措，在原有的基础上创造了上海模式、杭州模式、深圳模式、武汉模式等多种三网融合的模式，进行了有益的探索（如下表所示）。

第一批试点城市三网融合模式

试点城市	融合模式	合作平台	合作双方	主要内容
上海	上海模式	百视通	上海电视台、上海电信	上海文广百视通负责与内容播控；上海电信则落实对IPTV信号的传输
杭州	杭州模式	华数集团	杭州广电、杭州网通	华数通过有线电视网络向用户传输直播信号，利用IP数据城域网回传互动、点播信息指令
深圳	深圳模式	深圳广信公司	深圳广电、深圳电信	广电IPTV集控平台与电信传输网的对接；完成与央视总平台的对接
武汉	武汉模式	合资公司	武汉广电、武汉电信	武汉广电与中国电信武汉分公司各占合资公司的50%股份

　　三网融合在第一阶段 12 个城市的试点中，克服了行业壁垒和合作障碍，已经取得了重大进展。① 但还没有建构起具有普适性的模式，广电与电信的双向进入仍是试点中关注的重点，监管体制仍然是三网融合发展的最大问题。

　　2011 年 12 月 31 日，国务院公布包括天津、重庆、广州、西安等在内的 42 个三网融合第二阶段试点城市名单。第二批试点城市的推出是对第一批的深入和拓展。第二批试点城市增加了中西部城市的分量以及中小城市的分量，表明三网融合的试点正从东部向中西部推进，从大城市、发达城市向中小城市，欠发达城市推进。相比之下，第二批和第一批试点城市的硬件和软件条件都有差距。试点门槛的大大降低，凸显了推进三网融合的紧迫性，这要求三网融合试点城市根据自身具体发展状况，在学习借鉴基础上，创新发展方式，同时必须从理论基点上对三网融合进行更大深度的分析和研究，在三网融合模式和监管上取得实质性突破（如下表所示）。

第一、二批试点城市对照表

试点城市数量		第一批	第二批
地域分布	东	10	17
	中	1	13
	西	1	12
城域规模	大	1	9
	中	2	30
	小		3
信息化程度	高	12	12
	中		21
	低		9
行政层级	省（副省）	8	9
	地（省会城市、地级级）	2	30
	县（直管）		3

　　2015 年 8 月 25 日，《国务院办公厅关于印发三网融合推广方案的通知》指

---

① 刘金良，苗圩. 三网融合一阶段试点已取得重大进展［N］. 人民邮电报，2012 - 03 - 07.

出"推进三网融合是党中央、国务院作出的一项重大决策。近年来，各地区、各有关部门认真贯彻落实国务院关于推进三网融合总体方案和试点方案有关工作部署，试点阶段各项任务已基本完成。在总结试点经验的基础上，加快在全国全面推进三网融合，推动信息网络基础设施互联互通和资源共享，有利于促进消费升级、产业转型和民生改善"。① 从而将三网融合向全国推进，三网融合进入了全面铺开的阶段。

从三网融合的业务层面来看，包含了两个阶段。

第一阶段，IPTV业务开展阶段。IPTV（Internet TV）又被称为基于宽带的网络互动电视，原本是一种基于电信部门的增值业务，现已成为电视传播的另一个渠道。作为三网融合过程中的一项关键性业务，IPTV业务一直是广电和电信两大阵营博弈的焦点。通过上海模式，电信运营商更多地承担网络传输、内容分发等任务，广电则进行内容的制作和发布，并获得集成播控平台等控制权。这些都是寻求三网融合突破的有效尝试，在实践中对促进三网融合业务发展起到了重要的推动作用。但由于对广电的核心业务冲击很大，围绕IPTV业务电信和广电的矛盾频发，2011年10月，原国家广电总局下发了关于严禁通过互联网经机顶盒向电视机终端提供视听节目服务的通知。

第二阶段，宽带互联网阶段。2012年10月，深圳市天威视讯股份有限公司率先获得国家工信部同意开展基于有线电视网的互联网接入等业务后。2014年至2015年广西广电网络公司、陕西广播电视集团有限公司、湖北省广播电视信息网络股份有限公司、重庆有线电视网络有限公司、黑龙江广电网络公司先后获工信部同意开展基于有线电视网的互联网接入等业务，使得广电的有线网络可以开展互联网数据传送增值业务、国内IP电话业务等，以及可以开展宽带互联网业务。

2016年5月，工业和信息化部向中国广播电视网络有限公司颁发《基础电信业务经营许可证》，批准中国广播电视网络有限公司在全国范围内经营互联网国内数据传送业务、国内通信设施服务业务，并允许中国广播电视网络有限公司授权其控股子公司中国有线电视网络有限公司在全国范围内经营上述两项基础电信业务。

中国广播电视网络有限公司成立于2014年，注册资本为45亿元。中国广电

---

① 国务院办公厅关于印发三网融合推广方案的通知［EB/OL］. http：//www. gov. cn/zhengce/content/2015 - 09/04/content_ 10135. htm.

是国家三网融合政策的一个产物，按照规划，中国广电成立后将整合全国有线电视网络为统一的市场主体。中国广电获颁许可证，并赋予其宽带网络运营等业务资质，成为继中国移动、中国电信、中国联通后的"第四大运营商"，同时也是广电系"三网融合"的推进主体，为全面推广三网融合，进一步扩大电信、广电业务双向进入的深度和广度，促进市场竞争提供了条件。

三网融合带来的直接结果是多屏互动和多屏合一。跨屏、转型、融合引领广电业态变革和重构。可见，推进广电和电信业务双向阶段性进入是三网融合的重点。自三网融合已上升为国家战略的高度之后，广电和电信通过战略合作、成立合资公司等模式创新推进三网融合。随着广电总局和工信部相关牌照的发放，完成了各自进入对方业务的法定程序。至此，三网融合加速广电和电信的双向进入和同业竞争，三网融合进入了一个广电和电信在产业内分工的格局。

此外，随着融合平台的建立，新闻媒体还在大数据、云平台和电子商务方面进行了探索。

"大数据"是对巨量资料、浩瀚信息的另一种描述。随着国内主流媒体对新闻融合平台的建设，新闻各类信息的传播业进入了大数据时代，信息的内涵已不仅仅是消息等新闻，而且是各种各样的数据。"新媒体的本质就是数据分析。我们已经从信息时代走到了数字时代和智能时代，如果数据被赋予背景，它就成了信息；如果数据能够提炼出规律，它就是知识；如果数据能够借助于各种各样的工具在分析的基础之上为我们提供正确的决策，它就是资源。"解放日报报业集团社长尹明华在近日举行的中国传媒大会上如是说。① 这就要求媒体必须适应新的信息生产和传播方式，以多元化媒介来承担信息传播的职能。大数据技术的战略意义不在于掌握庞大的数据信息，而在于对这些含有意义的数据进行专业化处理。在于提高对数据的"加工能力"，通过"加工"实现数据的"增值"。生产、分析、解读数据，探索一条为受众和用户提供分众化服务和体验的媒体发展之路，将成为媒体竞争的必备技能。

依靠大数据、云计算等信息技术深层挖掘信息内容，将不同媒介形态集中到一个多媒体数字平台上，实现报纸、广播、电视、电脑、手机等信息终端的一体化，生成一种全新的媒体产品与服务。新华网与中国统计信息服务中心早在 2012 年就展开战略合作，从政务微博研究，到城市网络形象排行榜，到中国

---

① 张意轩，于洋．大数据时代的大媒体［DB/OL］．http：//cpc. people. com. cn/n/2013/0117/c83083 - 20231637. html.

品牌口碑研究报告的几十期的发布，均已经产生了较好的社会影响力和社会效益。数据新闻与分析是大数据在新闻媒体的重要运用。中青舆情大数据新闻与分析成为中国青年报在全媒体转型与未来新闻竞争中的重要载体。中青舆情在中国青年报有《在线故事》《青年调查》《法治社会》和《经济》《教育》等版面落地，在 PC 端中青在线里有中青舆情频道，在移动客户端冰点暖文 APP（中国青年报）首屏设有舆情专栏，实现了全媒体贯通。① 浙报集团 2016 年开始投资数据分析项目，将目光放在了未来社交网络的数据深度挖掘上。

平台级的媒体电商业务也在广泛探索中。浙报集团旗下的钱江晚报发起"窝里快购"电商平台，通过整合媒体原有的版面资源、发行渠道资源等，搭建针对杭州本地市民生活消费产品的电商平台，整合了物业公司等民营机构充分共享旗下的社区渠道资源平台，共同建设起一个区域垂直电商平台。青岛日报、成都商报等媒体，借助身份优势以及电商业务的早期介入经验积累，承担了淘宝、天猫等成熟电商平台的地方馆运营任务，一方面实现了对一个区域电商产品和业务的深度介入以及进行资源整合的优势，另一方面又通过服务获得了一定的收入。徐州日报、杭州日报等，通过自有渠道和合作渠道，建立起遍及其城市和乡村的实体电商体验店，通过媒体平台进行流量导入，进行特色产品的线上传播，线下实体店体验成交的方式实现区域内的特色商品的 O2O 电商业务。②

传播技术的不断发展使得报纸、广播、电视、网络、手机等媒介不断走向联合，媒介融合逐渐成为传播发展的必然趋势。在此过程中，报纸、广播、电视与网络媒介、手机媒介深度融合，产生出多种新的媒介形式，一方面，逐渐形成自身的新闻表达特点，丰富了信息传播渠道；另一方面，也开始了多种形式的盈利模式探索，进行媒体经营的创新。

从媒体的探索中可以看到，尽管媒介融合的概念还没有得到更加精确的界定，但是可以确定媒介融合当前的内涵是媒体形态多样，传播信息内容融合，发布平台一体，特征是数字化、网络化、移动化和全媒体化。2014 年 8 月 18 日，中央全面深化改革领导小组第四次会议审议通过的《关于推动传统媒体和新兴媒体融合发展的指导意见》，将融合发展推向新的高度。

---

① 李剑平. 大数据新闻与分析支撑全媒体转型——中国青年报全力打造"中青舆情"新媒体平台的实践与思考 [J]. 新闻战线，2015（19）.

② 栾春晖. 媒体电商，是时候爆发了 [J]. 新闻战线，2015（7）.

第三章

广西报业的媒介融合探索

广西日报传媒集团的"媒介融合"经历了报网融合和报纸与新媒体融合两个阶段，广西日报紧扣媒介发展的方向，跟随新媒体发展的步伐，在媒介融合上作了大量的探索。

第一节　报业媒介融合的阶段和形式

一、报纸与网络的融合阶段

报网融合可以理解为"报纸和网络媒体的融合"，报网融合已经成为当今媒介融合的主要方式之一。

在融合语境中，报网互动的本质就是融合①。但是"动"与"融"是两个不同的概念。"互动"指的是两者之间相互作用、相互影响的关系，其作用的主体有两个——报纸和网络，两者是两个独立的个体之间进行的合作和互动，这个层次上的互动特点是报纸和网络之间是泾渭分明的，虽然在内容或销售层面出现了某种程度上的交叉②。而融合这一概念涉及的层次相对更加深广，它不仅是指报纸和网络在业务层面上进行互动和交流，更主要的是在所有权层面上的整合和统一，以及各种资源的调度和分配，属于深层次的合作。

第一阶段：报纸版面触网发布的电子版阶段。

报业涉足互联网是报网融合的初始阶段。这始于《中国贸易报》在1995年首先将自己的新闻搬上互联网，这不仅标志着中国国内第一家日报上网发行，

---

① 吴海民. 报网互动是个战略问题［J］. 中国传媒科技，2007（06）.
② 许颖. 互动、整合、大融合—媒体融合的三个层次［J］. 国际新闻界，2006（07）.

也揭开了国内媒体大批上网的序幕①。这一年也成为中国网络媒体元年，之后，《人民日报》《广州日报》《杭州日报》等各大报纸纷纷创办了自己的网络版，开始了报纸的网络化、电子化、数字化进程。

起初报网融合仅仅是报纸与网络开展的简单的内容层面的合作，即将报纸上的新闻原封不动地搬到网上发布，几乎不需要任何创新。当时的报业，普遍认为网络只是一个扩音器，将报纸的内容在网上发布为的是更广泛地传播内容。报网融合只停留在简单复制报纸新闻的层次。归结原因，互联网发展初期网络硬件和软件环境的制约造就了这种初级的报网融合，也难怪报纸网站会这样定位。

第二阶段：报纸网站实施内容整合的网络版阶段。

20世纪末，国内重要的主流媒体都相继有了自己的网站，如"人民网""新华网""光明网"和"中青网"等。这一阶段，报网融合不同于初级阶段中的简单复制粘贴，报业集团开始利用网络在信息容量、传播速度上的优势，除转载刊发母报上的内容外，还扩充设置了网站特有的栏目，并对报纸的新闻进行加工，做成带有网络特点的网络新闻；特别在重大事件的采编过程中，网站还增加了一些采编程序，如增派现场采访人员，加大事件纵向发展的报道，增强了热点事件的深度报道，使得网络媒体的优势日趋显现。

这个阶段，属于在"电子版"的基础上发展壮大起来的"网站版"，使得之后的报网融合出现了质的飞跃。但总的来说，许多报纸网站还仅仅是传统纸质媒体的一个附属品。

以上阶段是以办报思维来创办网络，把网络简单、片面地理解体现为报纸形态和内容的网络化延伸。最早的电子报，随后自办的报纸网站，其实是一种典型报纸形态和内容的数字化，并没有从本质上给报纸的采编经营带来革命性的转变。

第三阶段：报业整合探索独立存在的整合版阶段。

自网络媒体兴起后，几乎国内所有的大型报业集团，都已建立了自营网站，众多传统报纸纷纷与网络"联姻"，呈现一派全新面貌，报纸的网络化正方兴未艾。网络与传统报业的这种"联姻"在现阶段激发出了巨大能量。传统媒体从现有体制中获得的新闻采编权，拥有海量的内容资源，如何把这些资源转化为

---

① 魏倩. 传媒改革30年大事记［J］. 传媒，2008（11）.

财富，也是新媒介与传统媒介融合经营的重要一环。① 在操作层面上，国内传媒跨媒介经营多以互联网为平台，报纸、电视、广播等媒介各办各的新闻网站，分别实现报纸、电视、广播等传统媒介与新媒介的合作，打破了单质媒介传播的局限，积极地进行文字、视频、音频多媒介融合传播的实践。报纸、电视、广播等多家异质媒介联合创办新闻网站，通过大规模的报纸、电视、广播等异质媒介的网上合作，整合新闻资源，更有竞争力地参与竞争。北京九家新闻媒体和上海新闻媒体加上网络媒体共同组建的北京"千龙新闻网"和上海"东方网"，也是一种跨媒介经营方式良好的开端。②

这些网站的重要特点首先是脱离了对某一个媒体单位的依赖，其次是信息内容和符号形式来自报业、广播和电视不同的媒介形式。从而形成了一个相对独立的网络媒体，并逐渐开始探索自己的信息采集和发布模式，这既是一个网络媒体成长的过程，也是一个报网互动、报网融合走向成熟的过程。

报网融合的优势包括：（1）报纸和网络从独立经营走向联合运作，在新闻信息的采集发布上可以最大限度地降低新闻生产成本，减少人力、资金和设备的重复投入；（2）报纸和网络媒体在资源共享的基础上凸显自身的特点，利用不同类型媒介特点的差异，生产出个性化新闻产品，来满足细分的受众需求。同时，两者之间的强势联合又会牢牢占据市场，形成强大的竞争力，于是"报网融合"已经成为新传媒时代不可逆转的潮流。这些网站的探索也为报业构建自己的全媒体平台打下了基础。

二、报纸与手机的媒介融合阶段

网络媒介被称为"第四媒体"，而手机媒体作为继报纸、广播、电视、互联网之后出现的"第五媒体"，给传播渠道和受众的信息接收渠道带来了新的传播技术的革新。朱海松在《第五媒体：无线营销下的分众传媒与定向传播》中指出："第五媒体是以手机为视听终端、手机上网为平台的个性化即时信息传播载体，它是以分众为传播目标，以定向为传播目的，以即时为传播效果，以互动为传播应用的大众传播媒介，也叫手机媒体或移动网络媒体。"③ 具体形式有手机报纸、手机视频、手机广播、手机电视等。

---

① 谢宁倡. 数字时代报业的跨媒介经营［J］. 青年记者，2007（16）.
② 殷俊，代静. 浅论跨媒介经营［J］. 新闻爱好者，2006（08）.
③ 朱海松. 第五媒体：无线营销下的分众传媒与定向传播［M］. 广东经济出版社，2005.

起初，第五媒体的主要媒介融合对象是报刊。2001 年，日本第二大报《朝日新闻》在日本东京本社的编辑局内建立了即时报道中心，将突发事件的即时报道通过《朝日新闻》的手机媒体《每日播报》向受众传播，实现了报刊媒介与手机媒介的信息共享，向媒介融合进一步跃进，而这一融合模式进一步推动了手机报的产生。手机报成为继报业网络版之后报业走向电子媒体界的又一重大举措，是报业开发的另一种新媒体方式。

手机报是依托手机媒介，由报纸、移动通信商和网络运营商联手搭建的信息传播平台，它的实质是电信增值业务与传统媒体报纸的结晶。手机报将传统的新闻内容通过技术平台以短信或彩信的形式发送到广大用户的手机上，从而开发了手机上的发送短信新闻、图片和 WAP（上网浏览）等新功能，用户可以通过手机浏览当天发生的各种新闻、大事件，可以实现点对点的传播和交流。

"手机报的最大特点就是阅读不受时空限制，随时随地获得最新信息，具有内容精要、形式新颖、更新迅速、阅读便捷、互动性强等传播优势。"[1] 同时，手机报推出与手机功能配套的一系列定制功能，与手机用户绑定，大大开拓了自己的发展空间。《环球时报》《凤凰周刊》等积极与手机媒体融合，直接植入在未出售的手机上，成为其原始的软件配置，从而使信息的传播面更加广泛。手机报在内容上也有所创新，打破了机械地搬运报纸内容到手机的这种单一模式，呈现出自身所具有的丰富多彩的传播特点。

由此可以看出，手机报是一个典型的媒介融合的媒介产品，内容由报业集团提供，发布渠道则由电信运营商提供，运营商也可以生产一部分非新闻类的信息，使自己部分实现媒体化，具有了媒体的功能，而且手机报的收入也由两者共享。手机报拓展了传统报业的发展与盈利的空间，在发行费和广告费外又增加了一条新的盈利渠道。

手机报曾经是一种重要的报网融合形式，但是随着 4G 技术的推出以及智能手机的普及，尤其是移动互联网的形成，已经成为一个过去式了。随着 Wbe1.0 向 Wbe2.0 的转型，而让位于手机网站、手机视频、博客、微博、微信和客户端等新新媒体。用户可以通过关注传统媒体的微博来查阅新闻，不仅有文字信息还有海量的图片，甚至还可以观看视频，也可以通过关注微信，点击查阅相关信息，而二维码的出现，使得报网融合的程度进一步加深，用户通过扫描二维码获取文字、音频、视频、高清大图甚至 3D 影像等丰富的多媒体信息，真正带

---

① 罗建华. 报业的两个新增长点：手机报纸和免费报纸 ［J］. 中国报业，2006（6）.

来了视听盛宴。

从移动手机报的实践看，手机主要通过三种手段实现赢利：一是对手机报的彩信定制用户收取包月订阅费；二是对 WAP 网站浏览用户采取按时间和流量计费的手段，广大手机报用户可以享受网上看报、冲浪等各项服务；三是像传统媒体一样，吸引许多客户来获取广告的投放。①

网络和手机跟传统报纸分别属于新媒体和旧媒体，报网互动的这个过程表明，它们之间的关系是相辅相成的，它们在互动中发展，这种互动有竞争、合作与融合，增加了传播渠道、扩大了营销平台，更有效地开发和拓展市场。

第二节　广西日报传媒集团的报网融合

在媒介融合的过程中，广西日报传媒集团在经营好现有报刊媒体的基础上，充分重视新兴网络媒体发展，积极通过创新，加快新媒体的发展步伐。在早期采取了一系列措施：一是组建广西新闻网；二是持续推出报刊的数字报，拓展手机用户报刊市场，积极探索新形势下传统媒体与新媒体的优势互补之路。随着宽带互联网和移动互联网的快速发展，集团将着眼点放在手机网站、微博、微信、魔码和客户端等新新媒体的探索上，并致力于全媒体平台和新媒体矩阵的建设上。

一、新闻网站的发展历程

（一）广西新闻网的演进

广西新闻网是由国务院新闻办批准、自治区党委宣传部主管、广西日报传媒集团主办的全国重点新闻网站，是广西发布新闻量最大、最具权威性的新闻门户网站，是外界了解广西、获取广西本地新闻及信息的最佳桥梁和窗口，也是广西唯一一个集网络视听、微信、微博、掌上终端（APP）、手机广西网、手机报和网络论坛等多种媒体形式于一体的新闻门户网站。同时，广西新闻网也是广西日报传媒集团唯一一个数字出版转型示范项目。② 如下图所示。

---

① 万玲．手机报怎样才能盈利——以《四川手机报》为例［J］．新闻世界，2011（1）．

② 广西新闻网简介［EB/OL］．http：//www. gxnews. com. cn/include/copyright/webInfo. htm.

　　2006 年 1 月 1 日广西新闻网成立，定位为"聚焦广西　网联世界"。它汇集广西日报传媒集团旗下广西日报、南国早报、当代生活报、南国今报、今日广西、广西画报等各大媒体新闻资源，及时高效地全面提供广西的新闻，具有最丰富的资讯源，是广西最大的互联网资讯平台。目前，广西新闻网 PC 端设有新闻、房产、汽车、旅游、健康、财经、文化等 30 多个频道，以及 100 多个固定专栏，报道广西社会、经济、文化、生活等各个方面最新、最权威、最丰富的信息资讯。在移动互联网端，手机广西网以近 30 个固定栏目的优势成为广西第一个手机门户网。每天更新新闻 500 多条，各类信息 2000 多条。同时，网站还是《广西日报》和《南国早报》数字报的发布平台，《广西日报》和《南国早报》数字报可以点击浏览。广西日报社独资企业广西新桂网信息传播有限公司全面负责广西新闻网的商务运营。

　　广西新闻网突出新闻内容的时效性、国际性、地方性，强化网站的服务性和多平台互动性，逐渐形成了自己的办网特色，成为广西最大的互联网资讯平台，而且在全国重点新闻网站中也享有较高的声誉。2009 年，广西新闻网在全国地方重点新闻网站流量排名中位列第 9 名，在全国新闻网站市场份额排名中位列第 23 名①；在互联网实验室发布的《2011 年 5 月中国新闻网站市场份额统计本文》中，广西新闻网在"中国新闻网站 Top50 市场份额统计"中排名第 25 位。② 2011 年 8 月，广西新闻网"红心向党——庆祝中国共产党成立 90 周年"专题获得了中央对外宣传办公室和国家互联网信息办公室颁发的"庆祝中国共产党成立 90 周年互联网宣传报道"优秀页面奖。③ 另据艾瑞咨询集团发布的报告，2011 年 1 - 11 月广西新闻网有效浏览时间在全国新闻门户网站的排名一直稳居前十名，2011 年 11 月位列全国第 8 名。④ 2015 年，广西新闻网以精湛的采编技术，获得中央网信办颁发的"2015 年全国两会网络宣传集体奖""2015 年全国两会网络宣传创新奖"。⑤

特色新闻是地方新闻网站生存和发展的基础。广西新闻网通过开设原创新闻、时政报道、政论评论、深度报道、现场报道以及新闻报料热线等，不断加大网站新闻内容的建设，以新闻内容的权威性、地方性及国际性，逐步树立起了自身地方主流新闻网站的品牌。⑥ 为了满足分众个性化新闻需求，广西新闻网首先开设地方特色频道。广西新闻网共开设了全部市区 14 个地方频道，及时报道广西各地发生的重要新闻。同时成功推出"中国—东盟在线"中英文双语网站。广西新闻网通过全面报道、宣传和推介广西，正确引导了舆论，提升了广西的影响力和美誉度，加强广西与国内外，尤其是广西与东盟国家的沟通，促进广西社会、政治、经济和文化的发展，推动富裕文明和谐美丽新广西的建设，都起了非常重要的作用。

广西新闻网红豆社区定位为"广西人的网上家园"，拥有活跃的城市论坛、稳健的"思辨广西"板块和包容的桂声评论频道而成为广西最具影响力的强势网络论坛，拥有注册会员 260 万。红豆社区已成为广西目前最活跃和最具影响力的网络社区，设有广西 14 个城市论坛，这些城市论坛既满足了当地网友的信

① 赵歧阳. 广西日报传媒集团发展战略研究 [D]. 广西大学，2012.
② 邹迎九. 地方重点新闻网站的发展策略——以广西新闻网为例 [J]. 新闻知识，2012 (4).
③ 广西新闻网重大主题宣传报道屡获中央有关部门嘉奖 [EB/OL]. 广西新闻网，2011 - 08 - 24，http：//news. gxnews. com. cn/staticpages/20110824/newgx4e55174e - 4053861. shtml.
④ 邹迎九. 地方重点新闻网站的发展策略——以广西新闻网为例 [J]. 新闻知识，2012 (4).
⑤ 广西新闻网简介 [EB/OL]. http：//www. gxnews. com. cn/include/copyright/webInfo. htm.
⑥ 邓燕洪. 广西新闻网竞争战略研究 [D]. 广西大学，2011.

息交流需求，也为各级党委政府与网民进行有效交流沟通提供了一个平台。既取得了很好的社会效果，又树立了良好的网站社区品牌形象。如下图所示。

广西新闻网红豆社区拥有成熟的 Web2.0 技术，博客作者能更自由地安排自己的博客网页、设计自己博客的视觉风格、完善个人博客空间，形成一个基于用户个人的、本土化的、功能强大的话语空间以及个人魅力展示平台。①

广西网络电视是广西新闻网的网上电视台，2010 年 3 月 31 日，广西新闻网"广西网络电视"频道全新改版，开设了新闻、访谈、健康 、趣闻、拍客、红豆下午茶等多个栏目，力求打造成"广西最大的互联网视频资讯平台"，如下图所示。

广西新闻网"广西网络电视"频道还开设有"高端访谈"栏目，与广西厅局级及以上领导及各界领军人物面对面地探讨有关政策及热点事件。② 广西新闻网自 2010 年 1 月 24 日起还推出了广西新闻网 RSS 聚合新闻服务，使广大网友能够更方便、快捷地阅读广西新闻网的各类新闻报道。广西日报新闻网还是广西日报集团数字报刊的平台，广西日报、南国早报、生活报等广西日报集团所属报纸和期刊的数字版在上面发布，当天就可以观看。如下图所示。

---

① 广西新闻网红豆社区即将推出博客服务［EB/OL］. http：//media. gxnews. cn/staticpages/20061207/newgx457774da－893211. shtml.

② 广西新闻网红豆社区即将推出博客服务［EB/OL］. http：//media. gxnews. cn/staticpages/20061207/newgx457774da－893211. shtml.

（二）《南国早报》网站运营

南国早报是广西日报社主办的省级都市报，2008 年 3 月，在《南国早报》的支撑下，一个崭新的新媒体——南国早报网应运而生，成为广西新闻网的子网站。如下图所示。

该网站设有南国早报、南国微生活、南国微服务、小南南同城信息等栏目，以及新闻、论坛、报料、博客、汽车、家教、相亲交友、房屋租赁、打折团购、换客交换等频道，将都市市民最关心的事件集结在一起，不但整合了《南国早报》以及广西新闻网的资源，还充满原创色彩。① 南国早报网依托《南国早报》原有的群众基础，发展初期便受到了许多《南国早报》忠实读者，特别是年轻

---

① 2009 年 广 西 报 业 发 展 综 述 ［EB/OL］. http：//blog. sina. com. cn/s/blog＿508e8cc30100h4m8. html.

读者的关注和支持，因此根基稳，群众基础比较厚实。

南国早报网及时意识到了日新月异的新传媒时代需要的不仅是能"转载发布新闻"的新媒体，也意识到了仅靠母报的扶持、转载新闻已不能满足受众的需求，因此开始在原创栏目上下功夫，2008年7月，在《南国早报》上正式开辟了"报网联动"板块，把南国早报网记者采写的原创网络新闻也搬上了传统的纸质媒体。内容主要围绕南宁市民关注的网络热点话题，极大地调动网友关注度、参与度，在论坛上寻找热点话题、发现新闻线索。经过不断调整和改变，它已经不是《南国早报》的简单翻版，而是充满浓烈的都市味道，满足了众多市民的口味。而且《南国早报》将该网站的热点重点事件在报纸上呈现给读者，使得新闻网络化，增强媒介和网络受众的互动，为南国早报网的发展壮大起到了很好的铺垫和辅助作用。

随着南国早报网的知名度、影响力不断提升，编辑记者们开始从南国早报网爆料系统里选取网友爆料进行报道，这样一来，"报网联动"不仅是联系《南国早报》和南国早报网之间的纽带，更是媒介联系网友的渠道之一，大大增强了网友互动的积极性，可以说"报网联动"是南国早报网和《南国早报》报网融合的结晶。"报网联动"的出现不仅使得纸质媒体和网络媒体达到了很好的结合，而且还加强了报纸受众和网络受众的联系，及时把握住了正在急速增长的网民受众这一群体，同时使得传统媒体的新闻更活，又使新媒体南国早报网更加深入人心，影响力得到大大的提升。2009年南国早报网日点击量超过了300万人次，已经成为南宁乃至广西最有影响力的网络媒体之一。

纵观南国早报网和"报网联动"的历程，可以发现报网融合是在摸索中前进的。创办初期的"报网联动"板块，其新闻大多是网友比较关注的热点话题、社会新闻等类型的题材，除了比较"网络化""平民化"之外，其他和南国早报网的一般社会新闻没有太大区别。后来，随着网站的不断完善和采编技术的进步，"报网联动"板块增加了以访谈、摘选网友热评等互动性较强的采写形式，开设的如南宁拍砖、网友关注、网友投诉、网友评报、网络热点、网友行动等具有鲜明的网络元素的特色板块，进一步增强了媒介与受众的联系。南国早报"报网联动"紧紧抓住报与网的结合，在新闻的"网络性"和"互动性"以及"时效性"上有了一定的突破。一般情况下，"报网联动"板块上出现的新闻，在南国早报网的网站上会更详尽，更"网络化"。例如，网友的反馈、重大热点事件的后续报道、跟踪报道等题材除了在"报网联动"版面上刊登外，还可以在南国早报网上开设专门的新闻专题，运用超链接等形式使事件的来龙去脉更清晰、更全面、更深入，在新闻的传播形式上，更具优势、更灵活。

南国早报旗下有三个微信公众号，"南国早报""南国微生活"和"南国微服务"。"南国早报"和"南国微生活"的微信公众号是订阅号，主要用于推送当地社会生活新闻，"南国微服务"则是服务号，提供当地的便利服务。南国早报实行订阅号与服务号相结合，三个微信号是互相贯通的，在页面都能搜寻到各自微信号推送的信息。南国早报有专门的新媒体中心负责微信公众号的运营，每天都会推送一次新闻，新闻的条数在4-6条。南国早报微信公众号上推送的新闻并不是直接从报纸上的原样复制粘贴，而是从标题、图片、内容都经过编辑与排版，使之符合微信用户的阅读方式。新闻推送与"微服务"相结合的模式，不仅能增加粉丝，同时开启了纸媒在新媒体利用的新型盈利模式。① 南国早报于2010年开通手机客户端，是广西日报集团报系中最早开通客户端的。

二、手机媒体和移动互联网的探索

（一）手机报和手机网站的建设

2006年，广西日报与三大电信运营商合作，推出了《广西手机报》，积极进军"第五媒体"。集团先后推出了《广西日报》《南国早报》《当代生活报》《法治快报》《南国今报》《健报》等数字报；先后打造了《八桂手机报》《南国手机报》《柳州手机报》《梧州手机报》等一批新媒体。2011年，集团在百色市开通了《百色党建手机报》，并将此模式推广覆盖到广西14个市。②

2011年2月18日，由广西新闻网全力打造的手机新媒体频道"广西掌媒"（http：//sj.gxnews.com.cn/）正式上线，这标志着广西手机新媒体时代的到来。广西新闻网旗下的手机新媒体包括广西手机报、南国手机报、八桂手机报等5份手机报，以及掌上广西、掌上红豆两大手机网站。③ 这表明，手机媒体将手机报和手机网站整合在一个平台。

这5份手机报整合了广西日报传媒集团旗下《广西日报》《南国早报》《当代生活报》《南国今报》《健报》及广西新闻网等报刊杂志和互联网的信息资

① 李书甜. 都市报微信公众平台运营模式浅析——以《南国早报》微信公众号为例[J]. 传播与版权，2015（10）.
② 王丽芳，陈尤英. 创新力构筑核心竞争力——广西日报传媒集团改革发展观察 [J]. 中国报业，2012（2）.
③ 广西掌媒频道正式上线 订阅手机报玩转"掌上广西"[EB/OL]. 广西新闻网，2011-02-18，http：//www.gxnews.com.cn/staticpages/20110218/newgx4d5e7552-3614160.shtml.

49

源，朝着综合新闻、服务资讯、精品专刊、彩信杂志等多元化方向发展，致力于打造好看、有用的手机报。掌上广西、掌上红豆两大手机网站以立足广西、面向全国的定位，努力打造当地信息资讯最权威、准确、及时和全面的门户网站。两大手机门户网站每天汇集广西时政、经济、社会、文体等各方面新闻资讯，还有国际国内、娱乐体育精彩呈现以及众网友分享精彩评论等。①

广西新闻网"广西掌媒"频道为了帮助读者解惑、维护其权益，还专门设立了"热线·建言献策"栏目，读者可以通过发送手机短信或网上留言的方式参与该栏目。通过手机报互动，手机报与报纸、手机报与网站联动报道，广西新闻网有效地将报纸读者、网站社区网民与手机报的用户联合起来带动新闻报道，实现了良好的报道效果。

（二）开通微博、微信

2013 年 6 月 8 日，广西日报法人微博与微信同日上线，广西日报新浪法人微博（@广西日报）、腾讯法人微博（@广西日报社）及微信（gxrb2013）正式开通运营，② 第一时间将广西最权威、最新鲜、最优质的资讯传递给广大网友。

广西日报法人微博及微信将秉承权威领主流、沟通凝力量的理念，坚持传播权威信息，传递主流声音，与广西共同成长。广西日报法人微博、微信内容设计以传播广西日报观点和信息为主，兼顾重大活动和服务类信息，并将适时组织开展微访谈、微直播、微调查等活动，关注社会热点，回应公众关切。它将成为广大读者、网友获取广西新闻，了解广西最新热点资讯，并与党报进行交流互动的重要园地。③ 通过发布微博新闻，新闻媒体的信息得到二次传播。新闻媒体以这种方式与微博合作，让用户认可自己所推送的微博新闻，从而引起他们对母媒体的"关注"，这样不但没有分流新闻媒体的受众，反而增强原有受众的黏性，扩大自己的影响力，进一步提高母媒体的点击率，最终实现盈利。如下图所示。

---

① 广西掌媒频道正式上线 订阅手机报玩转"掌上广西"［EB/OL］. 广西新闻网，2011 - 02 - 18，http：//www. gxnews. com. cn/staticpages/20110218/newgx4d5e7552 - 3614160. shtml.

② 广西日报法人微博微信上线，广西新闻网 - 广西日报［EB/OL］. 2013 - 06 - 08，http：//www. gxnews. com. cn/staticpages/20130608/newgx51b25f2e - 7772144. shtml.

③ 广西日报法人微博微信上线，广西新闻网 - 广西日报［EB/OL］. 2013 - 06 - 08，http：//www. gxnews. com. cn/staticpages/20130608/newgx51b25f2e - 7772144. shtml.

　　广西日报新媒体在事关广西政治经济发展大局，事关民众利益的事件上屡屡发声，网络问政、舆情监督、互动交流亮点频现，微博、微信粉丝数量飞速增长。

　　（三）上线"广传魔码"

　　2013 年 11 月 8 日，广西日报传媒集团上线"广传魔码"一款结合了二维码（QR）和增强现实技术（AR）的手机客户端，成为全国省级日报中首家将二维码与增强现实技术相结合的省级党报集团，在传媒业与广告界都产生了较大影响。"广传魔码"在报纸与网络之间搭建了一座桥梁，使报纸成为一张能同时呈现文字、图片、声像并与读者实时互动的"动态报纸"。这一产品，成为架设于报纸与移动互联网间的一座桥梁，成为推动传统党报与新媒体融合的敲门砖，广西日报传媒集团借此"试水"与新媒体的融合。①如下图所示。

"广传魔码"的上线，使广西日报传媒集团由此成为全国首家打破传统纸媒阅读界限，全面整合、应用 QR、AR 技术的省级党报传媒集团。广西日报传媒集团旗下多家报纸，利用"广传魔码"的技术，将部分稿件由单一的文字形态转化为视频、音频甚至 3D 影像等多媒体形态，让读者以立体、交互的方式阅读报纸，在报纸上看视频新闻、听歌、购物、投票、玩游戏……新闻更新、更快、更全面，广告内容更新颖、更有趣，实现全媒体的立体传播。②

三、全媒体时代与新媒体矩阵

（一）全媒体采编平台

2012 年 5 月 26 日，广西日报传媒集团举行全媒体采编平台开通仪式，全媒体采编平台正式启用。全媒体采编平台的建设，得益于国家"东风工程"的实施。"东风工程"是国家扶持资助少数民族地区新闻出版单位加强文化设施建

---

① 李启瑞，宋春风. 转型：新媒体基因＋传统媒体灵魂——广西日报传媒集团推动媒体融合的思考与探索［J］. 中国记者，2014（07）.

② "魔法报纸"与广西日报腾讯微博发布厅同日驾到［EB/OL］. http：//www. gxnews. com. cn/staticpages/20131108/newgx527c98fc－8941119. shtml.

设，加强内部文化和新闻宣传的惠民工程。在"东风工程"政策和资金的支持下，广西日报传媒集团加快实施全媒体战略。该全媒体采编平台是目前广西报业最先进、最全面的新闻信息生产平台，一线的记者可以第一时间从采访现场利用电脑、手机或其他移动终端，利用 3G 等移动网络发回文字、图片、视频等多媒体新闻，发布到报纸、网络、手机、移动媒体上。①

在这个平台上，媒体编辑则可以通过各种固定或移动终端，远程采集编发各类多媒体信息签发到新闻采编平台，拓展编辑内容的深度和广度，进一步提高编采发质量和效率，打造一条"内容多源采集—内容编辑加工—内容多次发布—内容数据存储—内容多次出售"的内容产业化链条，完成多终端、多平台的信息采集、加工、存储、发布和内容资源的整合，实现集团内报纸、网络、移动终端等多媒介的战略聚合，提升媒体的核心影响力和竞争力。

广西日报传媒集团旗下广西日报、南国早报、当代生活报、南国今报、南国健报、南国城报、广西新闻网、南国早报网、广西手机报、红豆社区、广西网视等媒体，1000 多名采编人员成为全媒体采编平台的首批用户。利用高效协作的全媒体平台，目前集团各子媒每天可同时在线编辑处理稿件 140 万字、图片 1200 张、视频 200 条。②

（二）新闻客户端和新媒体矩阵上线

2014 年 12 月 22 日，广西日报新闻客户端和新媒体矩阵全新上线。这标志着广西日报传媒集团新媒体发展初步完成了法人微博、微信公众号、新闻客户端"三位一体"的移动传播布局，发展为融合报纸、刊物、网站、客户端、微博、微信、魔码、手机报、网络电视等多种传播形态的现代化全媒体矩阵，广西日报媒体融合发展进入新阶段。③

广西日报新闻客户端，是新闻资讯专家，是广西第一政务资讯平台。通过打造可信、简约、亲和的风格，做有品质的新闻，提供一流的体验，成为广西移动互联网上深具公信力和影响力的主流新闻门户、权威观点引擎、聚合信息

---

① 广西日报传媒集团启用全媒体采编平台［J］. 新闻前哨，2012（07）.
② 广西日报传媒集团启用全媒体采编平台［J］. 新闻前哨，2012（07）.
③ 抢占媒体融合发展新高地　广西日报新闻客户端上线［EB/OL］. http：//news. gxnews. com. cn/staticpages/20141222/newgx549832c0 - 11856547. shtml.

平台。①

2016年1月5日，广西日报客户端3.0版本正式上线。广西日报客户端在移动互联网平台深耕广西原创新闻的生产与传播，权威发布政务资讯，以不可替代的权威性、公信力，以高品质的主流新闻、有影响力的价值导向，确立在移动互联网时代的高端主流媒体地位，做好自治区党委、政府重要新闻最迅捷、最权威的发布与解读，成为移动端服务政情民生的新桥梁、新平台；并与梧州等市县展开紧密合作，实现地市资讯面向全区干部群众精准、鲜活的"掌上发布"。

客户端共分三大板块，分别是"新闻""发布""我的"。"新闻"浏览板块是广西日报客户端的基础板块；"发布"是自治区党委、政府新闻发布的重要平台，及时、准确传达权威声音；"我的"则是用户管理板块，主要提供用户注册与认证、用户互动等功能。用户还可在每篇新闻后，进行评论留言，分享给微信好友、朋友圈、QQ、微博等社交媒体平台。新版本客户端对个性化订阅进行了完善，通过顶部的按钮进入个性化订阅的管理页面，用户可在"头条""本地""政要""热评""微信"等新闻频道进行选择，保留或删除频道，定制专属于自己的新闻客户端。

随着传播力、影响力的日渐提升，如今广西日报客户端已成为"广西新闻第一发布平台"。

广西日报客户端找准自己的定位，围绕"四个紧扣"做文章——紧扣党委、政府的工作大局、中心任务，紧扣广西经济社会发展的重大主题，紧扣广大读者关心、关注的热点、难点、疑点问题，紧扣集团自身发展的需求，以不可替代的权威性、公信力，以高品质的主流新闻、有影响力的价值导向，确立在移动互联网时代的高端主流媒体地位。广西日报客户端牢牢围绕这个定位，一方面，精选聚合广西本地的文字、视频新闻内容，以及微博、微信等社交媒体平台上本地用户的UGC内容，并针对用户地理位置进行精准推送；另一方面，做好原创内容的"精加工"，精心打造"市长书记去哪儿""领导在忙啥""一本政经""读图广西"等原创栏目。②

① 抢占媒体融合发展新高地 广西日报新闻客户端上线 [EB/OL]. http://news.gxnews.com.cn/staticpages/20141222/newgx549832c0-11856547.shtml.
② 叶乐阳. 广西日报客户端：打造广西新闻发布第一平台 [J]. 中国记者，2016（1）.

四、广西日报集团的媒介融合历程

可以看出，自20世纪90年代开始，广西日报社就已启动了信息化、数字化工程，从告别"铅与火"进入"光与电"，告别纸与笔进入数字化，到今天全媒体平台的开通启用，广西日报传媒集团一步一个台阶，以科技创新带动媒体变革，推进以报网融合为中心的媒介融合。

广西报业传媒集团在媒介融合的变革道路上经历了如下变革。

首先，较早地认识到网络的出现，在技术和内容上极大地促进了传统媒体的变革发展。因此，注重向数字化的转型，实现新闻采访系统的电脑化和印刷系统的计算机化。其次，及时建设新闻网站并保持其持续发展。将传统媒体新闻内容照搬上线，以传统媒体为依托和主体，传统媒体的信息在网络媒体上得到充分的展现。以网络媒体为延伸和附属，网络媒体以多媒体、超链接、大容量为特点，推进网站在新闻采访和文本发布上形成自己的风格。再次，实现了新闻的视频化播出，推进视频、音频、网页设计等技术不断发展。最后，随着移动互联网迅速发展，智能手机上的各种应用层出不穷，广西日报推进和手机的融合，使报纸、固网和移动网络"三位一体"，相互依托、相互支撑。

这样广西日报集团促进了传统媒体与新媒体的互动关系，传统媒体和新媒体之间无缝对接的态势日趋明显，最终将形成一体化。

广西日报传媒集团现已构建了平面媒体、网络媒体、移动媒体全覆盖的多媒体传播格局，并已成为广西新媒体产品形态最齐全、影响力和传播力最强、人员配备最完备、技术力量最强、与自治区及各级党委和政府配合最紧密的传媒机构。由此可以看出，广西日报从报网融合到手机与报纸融合，到打造全媒体平台，媒介融合的平台已经多元化，不仅依托于自身建立的新闻网网络平台，还依托电信的移动互联网，以及新浪和腾讯的微博平台，实现了多平台上面的多元化信息发布。为服务"一带一路"建设，为做好区委区政府的新闻报道和宣传工作奠定了良好的基础。

为进一步打造互联网时代的核心竞争力，广西日报传媒集团又启动了"广西新闻网移动新媒体"项目，通过重点建设广西手机报、移动客户端及WAP网站、广西网络电视、报业二维码应用、传统采编流程再造平台、"智慧媒体"大数据平台、中国—东盟资讯网等内容，加速推动传统媒体与各类移动新媒体之间的深度融合。① "通过该项目建设，依托《广西日报》等主流媒体的公信力和影响力，广西日报传媒集团将继续探索新闻生产与传播流程，实现报纸与网络媒体、手机媒体、社交媒体等新媒体的融合互动，实现多终端、立体化信息传播，增强传播力、影响力、公信力，提高舆论引导能力，在新的舆论格局中继续发挥主流媒体的作用。"②

① 广西日报集团新媒体. 做新舆论场中的"新党报" [EB/OL]. http：//www. chinaxwcb. com/2015 – 02/10/content_ 311669. htm.
② 广西日报. 致力发展新媒体领域的"新党报" [EB/OL]. http：//china. huanqiu. com/hot/2015 – 02/5763375. html.

第四章

广西广电业的媒介融合探索

广西省级广电媒体的媒介融合主要表现为广西电视台、广西人民广播电台实施"台网联动"，与广西广播电视信息网络股份有限公司的"双网合一"和"宽带战略"，它们在媒介融合方面探索新媒体时代广电行业价值链的拓展与延伸。

第一节　广播电视媒介融合的形式

一、广播电视媒体融合的形式

对于广电媒体来说，媒介融合的形式就是台网互动，以及网络广播和网络电视（IPTV）等。

（一）广播的媒介融合形式

传统广播与互联网结合，出现了以下几种新媒体形式。

网络广播就是通过互联网传播广播音频节目的形式，传统广播与网络等新媒体实现了内容融合，目前的网络广播有两种形式。

一是广播节目的在线直播和点播。就是利用网站实现广播节目的发布，一般依托广播电台的网站。早在 2009 年，根据媒介研究和中国电信传播研究中心发布的《中国广播电视网站研究报告》显示，全国共有广播电视网站 397 家，其中广播电台网站 131 家，广播电视综合网站 104 家，有 167 套广播频率实现了网上直播。[①]

二是专门的网络电台。2010 年 8 月，中央人民广播电台正式获得国家广电

---

① 徐军. 台网联动 相互促进——广播网站发展初探［J］. 新闻世界，2010（06）.

总局批准，建立"央广广播电视网络台"，成为以网络视听节目传播及互动服务为核心的跨网络、跨终端、全媒体的新媒体播出机构。

网络广播可在网上存储和长久留存，便于听众选择收听和重复收听，弥补了传统广播线性传播、转瞬即逝的缺陷。① 同时网络广播也使受众逐步向"用户"转变，由同步被动式的"接收"向异步主动式的"选择"转变，自主选择"在线收听"或"下载收听"。② 因此，网络广播的内容设置必须以新闻资讯、生活服务、时尚前沿、休闲娱乐类节目为主，这样才能满足用户更加多样的信息需求和日益细分的个性需求。③

手机广播是随着 GPRS、3G、WAP 等无线通信技术和服务的发展完善，依托于移动通信网和互联网，用上网手机实时收听或点播网络广播节目④。手机精巧，便于随身携带，可以随时随地收听广播，手机与网络技术结合后，集文字、图片、声音、视频于一体，受众可以用手机在线收听和点播节目。手机广播催生出涉及电台和通信运营商等多方利益的广播产业链，内容生产无疑是产业链的轴心。⑤

中央人民广播电台在手机媒体上开办了央广手机台，突出中央电台独家独创的特色，以《央广新闻》为龙头，以多种新闻资讯为特色，内容涵盖热点新闻和国际、体育、娱乐等分类新闻，突出快速性和趣味性，以海量信息、通俗易懂、快速贴近为服务标准，满足用户多元化的新闻需求。⑥

移动广播，以收音机以外的载体进行传播的广播形式，如地铁、公交、出租车等交通工具的车载广播，手机、MP3、MP4 等随身携带的广播载体，主要基于数字化播出，也是广播的一种新媒体形式。

① 申启武，褚俊杰. 媒介融合背景下广播的发展趋势［J］. 传媒，2011（06）.
② 申启武. 全媒体时代的广播发展趋势［J］. 中国广播，2012（02）.
③ 熊科伟. 广播在创新中迎接春天——第三届全国广播学术研讨会暨中国广播改革二十五周年高端论坛综述［J］. 中国广播，2012（02）.
④ 赵莹. 新兴媒体之间的较量：手机 PK 网络——浅析受众参与性的扩张［J］. 西安文理学院学报，2009，12（4）.
⑤ 熊科伟. 广播在创新中迎接春天——第三届全国广播学术研讨会中国广播改革二十五周年高端论坛综述［J］. 中国广播，2012（02）.
⑥ 熊科伟. 广播在创新中迎接春天——第三届全国广播学术研讨会暨中国广播改革二十五周年高端论坛综述［J］. 中国广播，2012（02）.

（二）电视的媒介融合形式

1. 视频网站

视频网站是指在完善的技术平台支持下，让互联网用户在线流畅发布、浏览和分享视频作品的网络媒体，主要是通过访问网址来观看视频的网站。

YouTube 是世界上最大的视频网站之一。北美科技数字娱乐线上调查报告发现，在线视频已成为美国用户日常生活的一部分，67% 的美国网民习惯在网上观看各种视频。其中发布在 YouTube 和 Facebook 等网站上的个人视频最受欢迎，点击率占被调查人群的 36%；除此之外，影视节目精选与新闻是大多数用户选择观看的主要内容。[①]

最早的视频网站主要是依托电视台所建立的网站。随着视音频节目需求的快速增长，国有电视媒体网站加速向视频网站转型。一些著名的门户网站也进入了网络视频领域，这包括搜狐视频和腾讯视频。视频网站也细分为广电网络电视类视频网站、门户类视频网站、分享类视频网站、客户类视频网站，典型代表分别是 CNTV、搜狐视频、优酷网、PPTV 等。

视频网站在自身业务拓展方面也做了大量可贵的尝试与探索，"内容自制""业务跨界"和"多屏战略"。自 2012 年下半年以来，视频网站逐渐深化各自的内容自制战略，在自制领域实施深耕战略。优酷土豆明确了"优酷出品""优酷自制综艺"和"土豆映像"三大自制战略；搜狐视频推出"梦工厂计划"，从平台战略转向"强调媒体属性"；腾讯视频也宣布将自制内容视为"未来内容战略的核心"等。在各自不同自制内容发展战略的引领下，各视频网站对于自制内容的质量也有了更高的要求。四大视频网站——优土、腾讯视频、爱奇艺和乐视视频都在不断地通过自制剧、购买大剧、打造 IP 等方式进行尝试，签约知名导演、制作人，与各种专业团队、专业机构进行合作，甚至收购专业影视剧制作公司，涉足专业化的影视剧制作都成为视频网站竞相采取的手段。在这些动作的背后，是视频网站对于内容自制战略意义的重视。

2. 网络电视

网络电视即 IPTV（Internet Protocol TV），它基于宽带高速 IP 网，以网络视频资源为主体，将电视机、个人电脑及手持设备作为显示终端，通过机顶盒或计算机接入宽带网络，实现数字电视、时移电视、互动电视等服务。网络电视的出现给人们带来了一种全新的电视观看方法，它改变了以往被动的电视观看

---

① 王翌 . 关于网络视频的国内外研究现状［J］. 新闻传播，2011（05）.

模式，实现了电视以网络为基础，按需观看、随看随停的便捷方式。

IPTV 为我们提供了很多新的技术手段和技术方式，为推动整个广电网络的技术进步和新业务的开展提供了很好的机会。IP 是一个发展趋势，IPTV 在某种意义上说不仅仅是一种技术发展方向，更代表了电信、广电和互联网三方的融合。

"互动性"和"按需观看"是 IPTV 最大的优势，它们彻底改变了传统电视单向传播的特点。IPTV 现在支持直播电视、时移电视（对直播电视的快进、暂停和快退的功能）以及基于 IP 网络的视频点播业务。基于 IPTV 的业务平台，IPTV 还能够提供可视电话、网页浏览、在线游戏、在线教育和网络交易等各种增值业务。①

3. 手机电视

手机电视是指以手机等便携式手持终端为设备，传播视听内容的一项技术或应用，利用具有操作系统和流媒体视频功能的智能手机观看电视的业务。手机电视具有电视媒体的直观性、广播媒体的便携性、报纸媒体的滞留性以及网络媒体的交互性。

可以说，手机电视是数字移动电视的一种。手机电视既是移动电视的一个种类，又是网络电视的一个种类，是网络电视和移动电视的结合体。它是一种新型的数字化电视形态，不仅能够提供传统的视音频节目，利用手机网络还可以方便地完成交互功能，更适合于多媒体增值业务的开展。②

4. 移动电视

移动电视包括在汽车、火车、轮船等交通工具上安装的电视。移动电视一般主要是指在公共汽车等可移动物体内通过电视终端以接受无线信号的形式收看电视节目的一种技术或应用。广义上只要以一切可以以移动方式收看电视节目的技术或应用，这就包括了狭义的移动电视、手机电视等。③ 安装在公交车、地铁、出租车等交通工具的公共移动载体，这种也被称为"车载移动电视"。④

其中数字移动电视是移动电视的主体。它利用数字技术发射，通过计算机网络、无线通信网、卫星等渠道发送，由地面的数字设备接收和播放电视节目，是一种时尚且新型的高科技电视产品。数字移动电视方面发展较快的有上海、

---

① 李伟. IPTV 业务模式研究［D］. 北京邮电大学，2006.
② 石晓杰. "手机电视"技术与应用研究［D］. 北京邮电大学，2007.
③ 张超. 移动数字电视技术及其应用［D］. 北京邮电大学，2008.
④ 赵芝华. 南宁公交移动电视发展现状及对策研究［D］. 广西大学，2012.

南京、杭州、无锡等城市。以杭州移动电视发展为例：杭州移动电视的终端总量现已突破 33500 辆（艘），其中公交车 3416 辆，西湖游船（水上巴士）100艘，终端覆盖率、完好率居于全国前列。它还形成了一套符合移动电视规律、有杭州移动电视品牌的节目系列，有节目直播系统，并研发、推出自己的直播节目，与广播 FM89 频道共同推出读报类直播栏目《道听途说》，建立了杭州移动电视的视觉形象识别系统（VI）等。①

这些广播电视新媒体是传统媒体的数字化形态，在传播方式与服务方式上既有传统广播电视的特点，也是以"内容＋广告"的盈利模式来支撑运营，同时相对于传统媒体的广播电视来说，具有多媒体性、交互性、开放性、时移性和分众性等新的特点。

长久以来，"PC 端"这一屏是视频网站竞相角逐的主渠道、主战场，但随着技术水平的不断发展、智能终端的日益普及，越来越多的用户开始抛弃"PC端"转而在智能手机、平板电脑、智能电视等终端上收看视频。这也促使广电媒体不断加码练就"多屏"之术。在 20 世纪 90 年代中期，从中央电视台到全国省级电视台都陆续申请推出自己的网站或网络电子版。经过多年的实践和经营，网络电视模式已日渐成熟。2001 年，整合了上海人民广播电台、上海东方广播电台、上海电视台、东方电视台和上海有线电视台等单位的上海文广新闻传媒集团，目前有两种宽频电视业务运营：东方网络电视和东方宽频。同时，电视媒体也出现了和广播、报纸等传统媒体接近组合甚至融合的过程。② 例如，上海文广集团下属的"第一财经"现在已经成为中国著名的跨媒体、跨地域财经传媒品牌。通过"第一财经"统一品牌的带动，衍生出电视频道、广播频率和报纸、杂志、出版物。此外，广播电视媒介还可以积极发展新媒体业务，如上海文广、央视试行的手机电视、IPTV 业务。③

二、广电网络公司的融合形式

对于广电网络公司来说，媒介融合的形式是"双网合一"，即将现有的有线网络改造成为既可以传输有线电视节目的节目网，又可以提供 IP 服务的互联网。

---

① 楼树军，李德江，王振强. 广播电视新媒体发展研究［J］. 现代视听，2010（07）.
② 余瑾. 从《基督教科学箴言报》看媒介融合［J］. 今传媒，2009（11）.
③ 孙玉双，路国顺. 广播电视媒介融合的途径［J］. 声屏世界，2009（09）.

三网融合涉及广电和电信两个主体。而对于广电网络公司来说，就是必须转换角色，实现双重角色的定位，实现"双网合一"，这涉及广电网络的整合和数字化转换，以及相关的网络技术的应用。

2010年3月22日，时任国家广电总局副局长的张海涛在中国国际广播电视信息网络展览会（CCBN）主题报告会上指出，"新一轮世界科技革命不断发展，数字、网络等信息技术突飞猛进，广播影视面临三网融合的新机遇、新挑战。""要加强技术创新，加快数字化转换和双向化改造，加快建设下一代广播电视网（NGB）。数字化、双向化是有线电视网开展各类综合业务的前提和基础，是有线电视网络升级的主要任务和中心工作。"[1] 2010年3月22日，时任国家广电总局副局长的田进在中国国际广播电视信息网络展览会（CCBN）主题报告会上表示，"三网融合不是网络的相互替代，不是三网合一，而是三张网络的业务融合"。[2] 2014年3月19日，中国国际广播电视信息网络展览会上，时任国家新闻出版广电总局党组副书记聂辰席进行了颁奖，并发表了题为"创新驱动，转型升级，加快广电传统媒体与新媒体融合发展"的主题报告指出："传统媒体与新媒体动态聚合的特征更为明显。在动态过程中逐步加深，催生出兼容并创新发展与服务的新模式。中央人民广播电台与中央电视台目前正在逐渐适应终端移动化、内容可视化、传播分众化的特点，运用电视直播、视频在线、微博互动多种形式并取得了良好的效果"。[3]

第二节　广西电视台的台网互动

广西电视台拥有广西卫视、综艺频道、都市频道、乐思购频道、影视频道、新闻频道、公共频道、睛彩广西交通频道、国际频道、移动公交频道、科教频道等频道。其中广西电视台卫星频道于1997年上星播出，全国覆盖人口近8亿人，落地东盟各国及香港、澳门、台湾等地区。睛彩广西交通频道，是广西区

---

① 张海涛同志在2010年CCBN中国广播影视科技发展主题报告会上的讲话［J］. 广播电视信息，2010（04）.

② 广电总局副局长田进：三网融合不是三网合一［EB/OL］. http://tech. qq. com/a/20110322/000157. htm.

③ 聂辰席. 加快广电传统媒体与新媒体融合发展［EB/OL］. http://www. broadcast. hc360. com.

交警总队与广西电视台合办的中国第一个移动交通电视新锐媒体，采用CMMB、车载电视、有线电视、网络电视多通道传播，为广西人提供专业的交通服务，如违章查询、直播路况、出行导航等。移动公交频道是南宁公交电视上的频道，以新闻和娱乐节目为主，南宁市公共交通总公司与南宁白马公共交通有限公司的公交车均有覆盖。

广西电视台的媒介融合过程可以体现在以下几个方面：首先是媒体资产的建立，其次是电视台网站的建设，以及移动频道的开播，最后是新媒体矩阵。

一、建构数字媒体资产管理系统

随着数字技术的广泛运用和网络传播的飞速发展，传媒业正在经历一场前所未有的变化，那就是媒介融合。媒介融合给传统媒体的生产管理带来了严峻的挑战，当跨媒体合作成为新闻生产活动的常态时，必然会在生产管理的理念、体制、组织、效率等方面对媒介组织提出新的要求。

媒体资产管理系统（Media Asset Management，MAM），又称为数字资产管理（Digital Asset Management，DAM）或数字媒体管理系统（Digital Media Management System，DMMS），是对各种类型媒体资料数据（如视音频资料、文本文件、图表等）进行全面管理的完整解决方案。其目的是将现有的影视节目进行数字化或数据化处理，并采用适当的方式编码，再记录到数字媒体上，达到视音频节目长期保存和重复利用的目的，以满足这些节目的制作、播出和交换的需要。对于广电行业来讲，媒体资产管理系统就是一个多媒体信息的收集、整理、存储、检索、再利用的完整解决方案。

媒体资产管理系统是广播电视为应对数字化、网络化的技术革命，顺应信息化发展的大趋势，整合自身与外部资源，依靠科技创新，将广播电视从传统媒体转变到现代媒体的一个举措，也是"内容为王"战略的体现。电视台节目内容不断丰富，涉及政治、经济、文教、社会等各个领域，节目资料中包括大量的文字、图片、图像、声音等各种形式的信息，是宝贵的历史资料，也是媒体的核心资产，更是在未来激烈的市场经济竞争中得以持续发展的基础。

电视台的音频和视频节目包含了与其相关的文稿，如新闻稿、解说词、拍摄脚本等。视音频节目和素材作为资产具有很高的价值，其中很多资料独一无二且不可再生，非常珍贵。电视台建立的目的之一是建立起一个完善的系统，保存和管理好这些宝贵的资料，并使之得到最大利用，创造良好的经济效益和社会效益。

随着媒介融合的进程，媒体资产管理系统的作用也发生了变化，从单纯的资料管理转向开发应用。它主要服务于数字、移动电视及多媒体内容的发布，它作为一个内容管理平台实现了对各类媒体资料的全面管理，涵盖了视音频等媒体资料的编目、存储、发布、检索及非编素材的转码。① 各大媒体的重要资产就是这些大量的媒体资料，它推动着广电行业不断发展，随着当今数字时代的飞速发展，新的媒体技术可以使同一内容资产以多种方式在多种环境中进行重复利用，大大增加了盈利点。② 信息资源使用由一次性利用变成多次利用，媒介内容产品销售由一次性变成多次性，媒介内容产品效益由单一化走向多重化，延伸媒介内容产品的价值链，建立媒介内容产品的整合营销传播平台。

媒体资产管理系统通过对节目资料数据化采集的上载，利用海量的存储和分级存储管理的技术对现有节目信息及资料采取可靠安全的长期保存，在有计算机辅助编目技术协助的情况下对节目资料进行编目，使用人员可通过检索系统查询到准确的节目资料，不仅可以下载，还可直接以数据形式与其他系统配合，从而满足电视台日常直播需求。例如，资源交换、资源共享、远程传输等。③

对于电视台来说，媒体资产管理系统，是通过对视音频素材采、编、存的一体化流程建设，以规范的数字存储格式与载体、规范的编目标引格式与检索，以及规范的操作流程管理与运营，可以使视频素材管理活动的各个环节通过信息流的快捷流通和有效服务，实现视频内容信息流和工作流的整合。它满足了媒体资产拥有者查找、编辑、保存和发布各种信息的要求，为媒体资产的使用者提供了在线内容和简便的访问方法，实现了安全、完整地保存媒体资产和高效、低成本地媒体资产再利用。作为电视中心网络化的关键环节，媒体资产管理系统将各个节目制作、播出及管理等子系统拓扑成一个大的局域网，再实现台内与台外网络之间的联通，从而实现整个电视网络的联合。④

广西电视台高清新闻制播网搭建于 2011 年 1 月，是广西电视台全面迈向高

---

① 倪代光.战略眼光与跨越式发展——刍议媒体资产管理四次飞跃中的科学发展理念 [J].电视研究, 2009 (06).
② 刘敬东.媒体资产链的修正与再造——以上海文广新闻传媒集团为例 [J].电视研究, 2009 (06).
③ 胡艳妮.省级电视台媒体资产管理系统 [J].西部广播电, 2009 (03).
④ 凌华生, 李绍荣, 唐晓晖.广西电视台媒体资产管理系统 [J].世界广播电视, 2005 (03).

清数字电视制作和播出的一个标志性项目。广西电视台高清新闻制播网把前期策划、现场拍摄，后期素材剪辑、渲染合成，以及最后播出与传送连接在一起。这些联系密切的活动构成了一个创造或者体现新闻价值的动态过程，即制作链。链上的三个核心部分为：网上游（素材源）、网内（非编网）和网下游（播出与交互）。①

在此基础上，广西电视台新闻制播一体网完成了制播流程总体设计。总体流程即整个新闻节目的生产业务流程，包括前期记者稿件回传、新闻收录、文稿入库、节目制作、节目播出和存储等，整个新闻制播一体网总体分为高标清采集收录系统、新闻文稿系统、高标清节目制作系统、演播室播出控制系统四大模块并与全台媒体资产管理系统进行紧密连接。②

新闻制播一体网在通过主干平台实现跨系统互联互通、协同工作的同时，应用系统内部主要完成节目的上载、编辑、编稿、配音、审查、包装，以及演播室录制、播放、外来信号收录、资料收集、编目、检索、调用、播出单编排、媒资上传下载等工作，实现应用业务系统之间全面融合为一个紧密联系的整体。相对于以往离散操作、独立运行的传统生产模式来说，现在的节目制播模式是一个全文件化、流程化、可管理的采编播网络化模式，它实现了广西电视台新闻中心高标清新闻节目的安全、高效、优质的网络化制播。③

广西电视台采编播系统实现了电视台媒体资产的同平台化、数字化、数据库化、网络化，为向网络电视、手机电视的拓展奠定了资源基础，使得电视台内网（资源网）和外网（播出网）无缝对接，为电视台网站开展电视节目的点播和直播打下了坚实的基础。

二、建设网络新媒体

2000 年，广西电视台在网络上建立了网站——广西电视网。2008 年 5 月，广西电视台对广西电视网进行全面改版，更名为"广西电视台网络新媒体"。广西电视网分设新闻、东盟、娱乐时尚、播客等 9 个频道，依托丰富的广西电视台节目资源，所有版权节目都已实现在广西电视网上规范聚合、永久保留，观众朋友可以 24 小时在线浏览和互动参与。其中"广西卫视""综艺""都市"

① 古林海，刘辉，吕广川．基于制作链的高清新闻制播网素材多格式融合方案［J］．现代电视技术，2012（02）．
② 吕广川．广西电视台新闻制播一体网全流程化实施方案［J］．视听，2013（02）．
③ 吕广川．广西电视台新闻制播一体网全流程化实施方案［J］．视听，2013（02）．

"国际"四个频道节目已经实现 24 小时在线直播，其他新闻、专题、综艺娱乐等重点栏目也可以点播，现已经成为广西最重要的新闻网站和视频节目平台之一。如下图所示。

广西电视台开办了自己的微博、微信和客户端。如下图所示。

广西电视台作为广西第一电视主流媒体,主动迎接全媒体时代媒介融合带来的机遇与挑战,在经营管理上积极转变发展方式,借助国内知名的网络新媒体推介宣传自己的名牌节目,推动电视产业大发展。

2011年,广西电视台与新浪网达成合作协议,在其收藏频道上开辟"虚拟展馆"栏目,及时更新、展出最近播出的《收藏马未都》栏目的藏友藏品。在"虚拟展馆"中,有精美的藏品全景、细节特写图片,有专门的器物视频播放,还有马未都先生在节目现场对藏品的鉴定以及评价的解说和文字评论。同时还开辟互动专区,邀请国内若干名文物专家,组成专家团队,对"虚拟展馆"内的藏品进行评论。此外,"虚拟展馆"还与栏目的微博进行互动链接,引入普通藏友和电视观众的评论。

2012年4月8日,广西电视台综艺频道正式登陆中国网络电视台(CNTV),迎来广西地面频道开启网络同步直播的新时代。在CNTV的网络直播可以随时、随地让网民收看到综艺频道的直播节目,还可以让网民在互联网中搜出想看的视频。CNTV除提供综艺频道同步电视直播外,为使用户对各时段内容的选择一目了然,CNTV在页面上还为用户提供了频道节目时间表,大大满足了用户对综艺频道的观看需要。以此为发端,综艺频道在全台率先实现了PC、平板电脑、智能手机、电视的多屏传播。以网络影响力来弥补当前以收视率为主要指标的电视评价体系的先天不足,吸取全媒体的优势特点,发展完善自己,为省级卫视地面频道在与全媒体的融合中开辟出了一条新路。①

三、移动电视频道播出

移动电视的目标受众是移动过程中的人群,包括乘坐公交车、出租车、公务车、私家车、火车、长途汽车、飞机和轮船等人群。移动电视具有覆盖广泛、反应迅速、移动性能强等优点,且清晰度高、音响效果好,让人们实现了无论何时、何地都可以像在家里一样看电视的梦想。

公交移动电视是移动电视中的一种,也是目前普及率最高,受众范围最广、最成熟的一种形态。2008年4月,由广西电视台成立的广西广电移动多媒体传播有限责任公司,主要从事公交移动电视、户外移动电视、楼宇电视、手机电视等移动多媒体广播业务。该公司主要以新闻资讯、娱乐休闲节目为主,以生活

---

① 有互联网的地方就有广西综艺频道[EB/OL]. http://news.gxtv.cn/201204/news_8308311.html.

服务为重要补充，打造集新闻、资讯、娱乐、服务于一身的新媒体。

2009年6月，南宁公交移动电视正式启动，这是由南宁公交总公司、白马公交公司集合南宁市所有公交车管理公司下属的2400台公交车与广西电视台移动频道打造的一强势媒体。在全市主要线路1380辆公交车上安装了2760个移动电视终端，覆盖了南宁市60%的公交车。通过最先进的无线数字传输技术，全天实时播出17个小时节目，为乘客提供最新的新闻、体育、娱乐休闲、生活服务等节目，并且可以提供突发事件的应急信息。截至2011年6月，由广西移动电视挑出优质的1800辆（3600多个终端）公交大巴安装了移动电视，产品所有权归广西广电移动多媒体传播有限责任公司所有。公交移动电视的模式是通过车厢内的两台19寸宽的液晶显示器，通过东芝地面数字发射系统实时接收地面数字发射的数字信号，同步清晰地传播电视节目。①

南宁公交电视媒体的优势是使用先进数字技术，实现全程同步直播，在封闭的收视环境中收看，信息可以无缝隙传达；售前拦截式广告提示，购买驱动力强，千人广告成本优于各媒体；公交移动电视成为接触时间最长的途中媒体，平均收视总时长为218分钟/周。公交移动电视的产生颠覆了以往传统媒介的接收方式，使人们在移动中可以接收来自各方面的信息。②

从节目设置可见，广西广电移动频道常规节目由文体类、服务类、新闻类节目构成，共设置节目26个，其中文娱、体育类节目为11个，占42.3%，服务指南类节目9个，占34.6%，新闻资讯类节目6个，占23.1%。从栏目设置比重看，文体类节目占据首位，服务类节目次之，新闻资讯节目又次之。除设定新闻节目外，南宁公交电视还通过下方游走新闻字幕的方式，随时更新每周的最新新闻。③

公交移动电视的实践为开展手持手机电视打下了基础，在多层次开展地面无线数字移动电视业务的同时，广西广电移动多媒体公司还积极参与手持电视业务在广西的建设和运营，现已开通了区内多个城市的手持电视信号。2016年11月28日，南宁地铁1号线开通运营，广西移动频道又在地铁上开通，除了播放有关乘坐地铁的知识和注意事项外，还及时发布新闻信息，展示南宁形象。在未来南宁地铁的大发展中，广西移动频道有了更大的发展空间。

---

① 赵芝华. 南宁公交移动电视发展现状及对策研究［D］. 广西大学，2012.
② 郑小清. 公交移动电视广告发展现状与瓶颈［J］. 中国广告，2009（09）.
③ 赵芝华. 南宁公交移动电视发展现状及对策研究［D］. 广西大学，2012.

睛彩广西交通频道（广西电视台交通频道）于 2012 年 7 月开播。以手机（车载）移动电视、广电网络数字电视 55 频道（南宁）、广西电视台网站直播频道三大平台同步播出。每天播出 17 个小时，收视覆盖全区，信息权威性强，影响力大。开办有《幸运 55》《交通 360》《马上办》《焦点评论》《出行晚高峰》《新闻直通车》等栏目。频道目前拥有全区一流的电视演播厅和节目制作中心，以及分布全区 14 个地市的记者站，技术力量雄厚，制作团队一流。此外，广西交通频道还将引进全国优秀的节目资源，丰富版面内容。频道还与区内外多家影视制作公司进行栏目合作，并根据市场行情逐步开发产业化项目。

四、打造新媒体矩阵

目前，广西电视台已构建起以八大频道内容为纽带，以网站、手机客户端、IPTV、移动多媒体、微博、微信等新媒体平台为传播渠道的立体发展格局。为应对媒体变革新形势的挑战，广西电视台明确了面向三网的媒体发展布局，提出了整合全台资源、统一运营、归口管理的全媒体发展战略。为加快新媒体的发展，成立了新媒体部，开始强化互联网思维，充分借助和运用新媒体的优势，积极推进媒体融合发展，着力打造全媒体矩阵。

广西电视台新媒体部 2013 年 3 月成立，主要职能是经营"双网双平台"，包括"广西电视网"（www.gxtv.cn）、"美丽天下网"（www.mltx.cn）、移动公交电视、睛彩广西交通，同时管理 IPTV 内容集成播控平台，以及发展互联网电视、手机电视等与新媒体有关的业务。

除了常态性地配合好台内栏目的推广，做好自身网络自制节目、微电影的品牌，还正式开启了广西电视台的电子商务时代，对电视台在新媒体领域的发展及盈利模式进行创新尝试，依托台内优势节目资源，做好"台网互动"，为节目量身打造集传媒、电商、自有品牌"三位一体"的跨界行销平台。同时，找准定位，找到电视受众与网络用户的最佳匹配方式，开发和延展出能走向市场的自有品牌。目标是通过各种新媒体技术，创新和研发新的传播方式，延展电视品牌的影响力，为广西电视台的发展及盈利模式进行创新尝试，并在新媒体领域产生新的商业价值，最终打造立体组合传播网络的"全媒体时代"构架。①

2014 年 9 月 25 日，新媒体部在"淘宝网"搭建的广西电视台"美丽天下

---

① 韦克宁. 依托母体优势 市场大有可为 [EB/OL]. http：//media. people. com. cn/n/2015/0812/c120837 - 27450649. html.

购"电子商务平台正式上线运营。平台以"看得见的商务平台"产业模式整合各方资源,迅速壮大。2014 年年底,推出特色品牌乡村游项目,项目充分整合各地旅游资源,为乡村旅游进行宣传推广外,还积极吸纳有民俗特色的名优特产、工艺品到"美丽天下购"网店中进行展销,为消费者提供"线下体验游玩,线上便捷购买"的服务。"美丽天下购"电子商务平台目前已搭建起"16 家产业联盟会员单位,28 家线下实体店,1 个农业文化产业基地"的产业框架,形成"互联网 + 媒体 + 产业"的完整链条,创新推出平台共享、合作共赢的经营理念,提供"美丽天下购"微信推广、微商城、网店、网站等平台服务,吸引商家进驻,共同开发。

打造了广西首个户外 LED 联播网。2015 年上半年,新媒体部下属的广西广电移动多媒体传播有限公司与巴士在线、柳州市公交移动电视联盟开发其他城市的媒体资源,一举打通了南宁、柳州、桂林三大广西中轴城市,公司旗下首个户外 LED 联播网与公交电视的媒体资源就此形成跨屏联动的格局。另外,公司与电信运营商将合作 iWiFi 项目,该项目覆盖广西 14 个城市,上万个热点,将引领广西市民进入城市无线互联生活。

广西电视台微信整合计划,将会对全台的微信账号,包括频道、栏目、大型活动的订阅号及服务号等统一纳入微信矩阵,"广西电视台"微信号也将升级成为服务号,侧重于微信互动、电视点播互动,加强台官网的微网站建设。

针对广西媒体融合工作现状,设计并提出广西电视台媒体融合内容汇聚平台方案。该平台将以视频业务为核心,构建与网络智能适配的开放业务平台,承载广电融合新业务,实现平台开放、业务丰富的广电级运营管理。新媒体的竞争归根到底是内容的竞争,电视台新媒体部产生于电视台这个母体,它跟母体还有着千丝万缕的联系,传统电视台拥有的是媒体的公信力、影响力和强大的节目制作团队,缺乏对客户精准的用户行为的把握和互动,所以我们现在做的就是将广西电视台积累下来的拥有版权的自制节目资源用新媒体特点和方式重新包装整合,通过内容集成,打造全媒体平台,实现多屏传播,创造广西电视台节目资源的新价值。[①]

---

① 韦克宁. 依托母体优势 市场大有可为 [EB/OL]. http://media. people. com. cn/n/2015 /0812/c120837 - 27450649. html.

第三节　广西人民广播电台的台网互动

一、北部湾之声与北部湾在线

北部湾之声和北部湾在线是广西人民广播电台实施媒介融合的一个典型案例，它发挥了广播和网络联动的优势，而且是同时在有线网和电信网中传输，三个传播渠道齐头并进，在对外传播上承担起重要的作用。

（一）北部湾之声

2009 年 10 月 23 日，我国首个区域性国际广播——北部湾之声（Beibu Bay Radio，BBR）调频台正式开播，使用英语、泰语、越南语、广东话、普通话 5 个语种和方言播报，由广西人民广播电台主办的北部湾在线同步开通。

北部湾之声前身是广西对外广播电台，由中国国际广播电台和广西人民广播电台联合开办，开创了国家级外宣媒体与地方媒体合作的全新模式。[1] 广西北部湾之声，节目立足广西，面向东南亚，使用英语、泰语、越南语、广东话、普通话 5 个语种和方言播音，采取大板块直播和线性直播方式，每天 7 时到 24 时连续播出 17 个小时。节目力求贴近国外听众，用他们熟悉的语言和表达方式，展示广西和中国的特色。[2] 广西北部湾之声在北部湾在线网站传输，全区有线电视用户，也可利用机顶盒选择"广西对外广播"收听，并通过卫星实现中国国际广播电台节目与广西对外广播电台节目的并机直播。

网络广播的优势是显而易见的，第一，它易于储存。由于数字化的应用，广播可以存储于网站，应需要随时调用重播，甚至还可以复制。第二，内容、形式丰富。广播上网后，部分节目内容可以在网页上用文字表达，也可加上图片、图像，真正实现声音、图像、文字三合一的多媒体传播效果。第三，可随时随地借助互联网收听。可见，网络技术的应用突破了传统广播信号发射地域的限制。从理论上说，通过网络，北部湾之声的节目可以流向世界各个角落。[3]

北部湾之声网络广播的主要任务是关注焦点、热点，及时传播时事要闻。

---

[1]　张孝廉. 北部湾之声开播一周年巡礼［J］. 对外传播，2011（01）.

[2]　陈俊. 回归、整合、创新、多元发展——2009 广播发展之路［J］. 青年记者，2009（24）.

[3]　许星. 浅析北部湾之声网络广播［J］. 视听，2012（3）.

这些内容既有文字内容，又有收听功能，能有效满足听众和读者的双重需要。北部湾之声网络版的新闻性栏目即 BBR 动态，排列在主页的正上方，为读者和听众带来了极大便利。同时，"同唱友谊歌"中越歌曲演唱大赛一直是北部湾之声与越南媒介合作的一个窗口，多年来中越两国歌手的友谊交流合作，堪称典范。因此，歌曲演唱大赛的宣传广告，成了北部湾之声网络广播重点宣传的主题。

北部湾之声目前设有 BBR 动态、精彩节目、精彩活动、DJ 风采等几个相对独立的板块。北部湾之声不仅拥有广泛的受众，而且利用广电丰富的多媒体资源和用户资源，随着宽带网络和移动网络的发展，推出基于宽带网络、手机3G/4G 网络、卫星及地面无线网络业务，建设多媒体信息发布、专题节目联播、网络直播室、经典点播、互动交流、用户推荐分享等宽带特色应用，实现多语种、多通道、多终端的多媒体传播服务。北部湾之声网络广播已开通简体中文、繁体中文、英语、越南语、泰语、印尼语、马来语等语种的网页，充分满足网民对信息和新闻的需求。"北部湾之声"广播还在"北部湾在线"网站上通过记者/读者来稿板块、论坛（"爱论坛"）、微博（"爱微博"）、博客（"爱博客"）以及手机客户端等方式鼓励各地听众参与节目，关注北部湾，也使得许多东盟国家的听众能够通过这些互动板块进行交流，表达思想和感悟。

广西"北部湾之声"广播注重互动性，对外宣传与营销推广两不误，注重利用多种新媒体进行对外宣传的同时也鼓励广大听众参与到节目和相关活动中，扩大"北部湾之声"广播在泛北部湾地区影响力的同时，也通过这些活动，为客户提供了营销推广的机会。

广西人民广播电台的实践表明，利用新媒体为广播拓展发展空间非常重要。这需要构建一个国际性的网络广播网站，兼具国际性、全面性、地域性。所谓国际性就是，要体现在多种语言浏览网站，多种语言收看收听新闻，外语主要为东盟各国语言；要有独特的国际新闻和国际视角。全面性就是要让浏览者浏览到各个方面的新闻，做到广播和网络很好地结合。地域性就是要充分体现本网站地域特色和优势，能为浏览者呈现新颖独特的新闻。

在媒介技术不断发展的新时期，包括网络、手机等新的信息传播方式越来越深刻地影响大众生活，各种媒体也在以不同形式呈现出多介质的融合趋势。这些对于广播媒体而言，既是机遇也是挑战，面临这些挑战，广播也不能再以短波、中波、调频广播这种单纯的传播形式存在。"北部湾之声"广播在进行对外宣传时，不仅在采编设备建设、广播信号覆盖及在东盟国家的节目落地方面加大投入，而且注重探索经营管理的新模式，通过对数字广播、网络电台、微博、3G 网络及平面媒体等多种媒体的开发利用，增加与受众的互动，强调宣传的积极性和文化性，扩大我国外宣影响力，探索广播媒体新的发展方式，力图将"北部湾之声"打造成一个区域性全媒体互动传播品牌。

（二）北部湾在线

2010 年 8 月 5 日，广西人民广播电台的广播网站、跨地区、跨行业的网络新媒体——北部湾在线正式上线。"北部湾在线的建设，是电台与新兴媒体融合互补，打造跨地域、跨行业、跨媒体发展的一次尝试，从纯粹的广播，打造新媒体，步入全媒体。"①

北部湾在线首先与北部湾之声和广西广播网进行资源内容的整合，使用汉语、英语、越南语、泰语四种语言，充分利用广西电台的媒体资源和品牌优势，以用户为中心，推出基于互联网、2G/3G/4G 手机的新媒体平台，为用户提供多媒体信息发布、视音频直播和点播、互动交流等特色应用。用户通过卫星、有线电视网络、地面无线广播、手机、MP4、笔记本电脑等固定或移动便携手持式终端，实现随时随地获取广播电视节目收视与信息服务。②

"北部湾在线"共有中文、英文、越南文、泰国文四国语言，设置了新闻频道、音频道、视频道、爱交通、爱购物、爱北圈、爱北湾、微博、博客、爱玩、爱论坛和手机网等 13 个基本模块和泛北部湾商务圈。新闻频道，主要内容是国内新闻、国际新闻、广西新闻和泛北新闻；音频道主要就是为想通过网络收听广西电台广播的网友提供链接，并且还可以收听到东盟国家电台的节目。视频道就是有电台在做活动或者是专题节目的视频或者大型节目的同步直播。比如，《阳光在线》这是一个南宁市政府和电台一起举办的节目，目的在于将政府信息公开真正做到透明化，取信于民，每一期不同的政府部门都会解读一个社会焦点。节目除了通过广播播出，还同样以网上视频直播的形式播出，这样就实现了广播视频化的效果。爱微博和爱博客模块中，都有电台各个 DJ 的微博、博客地址，喜欢他们的听众都可以关注和互动，这使得除了在节目之余，听众与主持人也可以保持联系，同时也会上传人气博友。北部湾商务圈，是专门为北部湾经济区、东盟博览会等区域性活动而开设的。东盟博览会的信息，各大东盟

---

① 孙雷军，宁黎黎. 扬帆北部湾 起航新广播——专访广西人民广播电台台长周文力［J］. 中国广播，2011（4）.

② 孙雷军，宁黎黎. 扬帆北部湾 起航新广播——专访广西人民广播电台台长周文力［J］. 中国广播，2011（4）.

峰会的新闻，包括泛北部湾经济贸易区的发展动向，都会让浏览者了解，同时广西国家民歌艺术节和东盟国家的文化都有呈现，是一个立体的、多元化的模块。

"北部湾在线"自上线来，充分发挥多媒体联动的效应，2010年6月，开辟了《广西电台新闻现场》栏目，与新闻综合广播"新闻现场"同步，每天发布广西台记者自采的新闻稿件，搭建信息交互平台，拓展广播功能，依托全台优势广播节目资源，逐步开放后台管理系统的权限，为广播节目提供网络平台，推动广播节目实现网络直播或点播，弥补广播节目不可视、难保留的不足。同时，"北部湾在线"也为台属各部门交换文字稿件、图片等简化工作程序，提高数字化水平。

"北部湾在线"发布能够在 Symbian 平台、Android 平台、iOS 平台上运行的手机客户端产品"爱北圈"ibay，它集多媒体信息发布、专题节目联播、网络直播室、经典点播、互动交流、用户推荐分享等宽带特色应用为一体，为广大手机用户实时提供"北部湾之声"广播节目、新闻资讯、生活信息、音乐、电子书等丰富的多媒体应用服务。这将使得"北部湾在线"广播实现多语种、多通道、多终端的多媒体传播服务，多媒体的整合传播能够让泛北部湾地区的听众第一时间知晓国内外发生或正在发生的大事小事，吸引更广大的尤其是积极使用新媒体的年轻听众群，传播我国以及东盟各国的声音和信息的同时，也有助于"北部湾之声"由单一广告营销向多元化经营转变，多媒体产品的出现也给广告投放提供了更多可能，可以使得节目中集中的广告投放得到合理的搭配组合，让每个客户都能享有良好的市场回报。如下图所示。

"北部湾在线"主页上的互动内容分类

目前，"北部湾在线"已经以"北部湾在线"新媒体的名义重新定位，更加强化了新媒体的定位和作用。"北部湾在线"为未来的"广播网络电视台"，正逐步打造东盟信息播报平台，开发建设新媒体终端，成为广西与东盟的新媒体沟通桥梁。如下图所示。

同时开始了官方微博和手机网站"WAP"。

北部湾在线担负的不仅仅是外宣电台的职能，还是整个广西人民广播电台的新媒体平台。① 北部湾在线（www.bbrtv.com）也是广西人民广播电台的官方网站——该网站包括了广西人民广播电台旗下 6 个频率的广播网。正是广播各网络之间强烈的互补性，使得广播电台上网成为大势所趋。从某种意义上说，广播电台上网，为其自身的发展提供了新的契机。

---

① 李德刚. 论新媒体背景下广播的融合与传播力——以广西人民广播电台为例［J］. 传媒，2015（下）.

二、广西电台全媒体平台

北部湾之声网络广播依托于全媒体平台的打造无疑是其线性传播的有效补充。

（一）全域智能化广播台网

广西人民广播电台全域智能化广播台网项目启动于 2009 年年初，是在广电总局直接指导下完成的国内第一个全数字化、网络化、智能化广播台网。涵盖广播电台全业务的数字化、网络化、智能化台网，实现了采、编、制作、媒资、播出、总控、新媒体发布等多业务平台的全程全网、互联互通、资源共享以及流程化和智能化管理，实现了内容生产流程再造和优化，极大地提高了节目生产效率和质量，极大地提高了广播电台数字化、网络化以后的安全运行和保障能力；为发展新媒体业务，实现传统广播业态的创新提供了强有力的技术支撑。①

广西电台全域智能化广播台网遵循"全程全网、制播分离、播控高可靠、全媒体拓展"的技术方向，在全台统一框架下，本着既保护原有投资，又便于扩展接入新系统的原则，同步构建全台全业务贯通的多个业务系统，包括：全台媒资系统、信息采编系统、多媒体制作系统、音频制作系统、广播播出系统、总控传输系统、统一监控系统、广告管理系统、门户网站、多媒体发布平台，实现节目的采、录、编、播、存的全数字化和网络化。②

广西电台的台网建设项目完整、全面，特别是创新建成的全域全流程监控、信息互联互通平台、互联网和手机新媒体、IP 广播等平台，达到国内领先水平。目前，在先进的素材采集、节目制作、媒资管理、多媒体发布、播出和业务监控等系统的支持下，广西电台已实现全台全网、全程全网，全区广播人口综合覆盖率也达到了 92%。③

（二）全媒体内容生产、管理和交换平台

广西人民广播电台"北部湾在线"新媒体是集互联网门户、视音频直播和

---

① 高洪，欧政权，裴晓锐，吴子：广西电台全域智能化广播台网总体设计与实现 ［J］. 广播与电视技术，2011（01）.

② 高洪，欧政权，裴晓锐，吴子. 广西电台全域智能化广播台网总体设计与实现 ［J］. 广播与电视技术，2011（01）.

③ 孙雷军，宁黎黎. 扬帆北部湾 起航新广播——专访广西人民广播电台台长周文力 ［J］. 中国广播，2011（04）.

点播、移动互联网多媒体应用等诸多功能于一体的新型网络应用平台。广西人民广播电台通过建设"一站式"全媒体内容生产、管理和交换平台项目,打造一条"内容多源采集—内容编辑加工—多媒体数据存储—内容跨平台发布"的产业化链条,完成多语种、跨平台、多终端的多媒体信息采集、加工、存储、发布和内容资源的整合,实现广播电视、互联网、移动终端等多媒介的战略聚合,多媒体内容一次生产,全媒体发布,有效提升传统广电媒体的影响力和核心竞争力。①

"北部湾在线"新媒体平台由广播电视、互联网和移动互联网等多个平台的业务系统构成,每个业务系统相对独立,为了满足不同终端用户的多媒体信息需求,在全媒体生产流程中,各业务系统需要进行协同工作。内容协作系统为用户建立统一的内容编辑加工、校对、审核和信息共享的协同工作环境,梳理筛选由采集系统汇聚的信息资源,并针对不同终端要求,生产出不同形式的内容。多媒体数据交换系统还能根据应用系统的需要,对汇聚的多媒体内容进行编目、审核、存储、检索、出入库管理和节目批量入库等操作,实现了音、视、图、文等内容的分类管理,全面提高多媒体内容的检索速度。跨平台发布系统具备在"三网融合"背景下的多终端内容分发功能,实现多媒体内容一次生产,全媒体、立体化呈现。系统从内容层支持跨媒体组合编排,实现音、视、图、文等多媒体信息交叉叠加,最终形成全方位资讯服务发布体系。"一站式"全媒体内容生产、管理和交换平台实现智能手机、平板电脑、计算机和电视之间的多屏融合、互联互通,以及跨终端、跨平台应用,形成了一个全媒体信息协作平台,开创跨地区、跨行业、跨终端的立体化传播业务,打造无处不在的广电新媒体。②

其他频率的融合:不仅在网站上有频率,还开通了官方微博。

自 2010 年 4 月 1 日 FM950 广西音乐广播以"950Music Radio"为名在新浪微博注册并发布第一条微博开始,经过几年的用心经营,FM950 广西音乐广播的官方微博不仅早已成为电台对外宣传自身媒体形象、展示线上线下活动的窗口,更是 FM950 跟客商强强联合、共同营销的好平台。③ 广西人民广播电台的

---

① 黄志强,莫晓山,徐声林,莫海宁,苏波."一站式"全媒体内容生产、管理和交换平台的应用 [J].广播与电视技术,2013 (01).

② 黄志强,莫晓山,徐声林,莫海宁,苏波."一站式"全媒体内容生产、管理和交换平台的应用 [J].广播与电视技术,2013 (01).

③ 吴薇.微博让广播从空中回到了地面 [J].视听,2014 (10).

FM950 频率，建立了自己的 APP"广西 FM950"，听众在 App Store 里可以轻松搜索并下载，这一款 APP 不仅可以实时播放本频率的节目，还可以把本频率的一些活动信息、资讯以网页形式供听众浏览，同时还可以供听众注册属于个人的专属账号，让听众进行留言、微博互动等交流。FM950 也开通了微信公众平台，只需要在微信公众账号里搜索"FM950"就可以轻松找到这个频率的微信公众账号。①

广西电台交通广播针对新媒体的挑战，较为注重在媒介融合上的运用。广西电台交通广播目前开设有微博"广西电台交通 1003"，2010 年 10 月 25 日加入微博，粉丝数量累计至今约有 36 万人，已发微博数量 6 万条，微博内容以路况播报以及路况转发为主，更博时间无固定，每天更新量在 10 条左右。

广西电台交通广播于 2015 年 11 月 9 日完成微信认证，微信公众号名称为"广西电台交通 1003"。微信公众号每天推送有"关注""声视""查询""安全""辟谣""提醒"等众多话题，每日推送 5 - 8 条，推送时间无固定。阅读量几百至上千，互动留言相对较少。微信公众号设有在线收听、路况大全、活动专区三个板块。在线试听可以进行实时内容的收听，同时也可以对所播前十天以内的内容进行收听；路况大全包括实时路况、高速路况、绕行方案、施工管制、违章查询几项内容。

"微路"是广西人民广播电台开发的一款手机客户端产品，"微路"包含"首页""路况""发现""我"四个项目。"首页"聚合了广电人民广播电台所有频道及部分频道主持人，以供交流互动，但交流互动效果欠佳；同时在首页栏能够看到新闻播报以及东盟的相关新闻。"路况"一栏的子内容中，分别是最新路况、附近路况、爆料、求助、便民几项内容，这些内容以网友的信息分享为主。"发现"包含了在线收听广播、路况地图、问路、留言本这几个内容。官方路况在 10 - 20 分钟更新一次，更新的道路信息为南宁地区的道路路况以及广西的高速路况。

第四节　广西网络广播电视台的成立

广西广电包含广西电视台和广西人民广播电台，广西广电既没有像其他省

---

① 涂娟娟．论新媒体时代下广播的发展与创新［J］．视听，2013（09）．

份的广电实现集团化，也没有参照其他的省份组建广播电视台，而是以电视台和电台的形式分开运作的。但在新媒体的环境下，两者开始在网上实现整合。

2015 年 12 月 11 日，经原国家新闻出版广电总局批复同意，由广西电视台、广西人民广播电台联合开办广西网络广播电视台，其定位为广西壮族自治区党委、政府在新媒体领域的喉舌。广西网络广播电视台将充分发挥广播电视平台和网络平台的双平台优势，建设成为具有公信力和权威性的网络视频互动传播新媒体，传播广西声音、展示广西形象，对重大政治、经济、社会、文化、体育等活动和事件以网络视听的形式进行快速、真实的报道和传播。①

2016 年 5 月 10 日，广西网络广播电视台揭牌上线。广西网络广播电视台正式成立上线后，在"广西电视网"和"北部湾在线"两大网站的基础上，深入开发网络电视和网络广播两大板块的服务功能，着力发展网络视频、手机电视、IPTV、互联网电视、移动电视等新兴传媒业务，提升社会信息化服务能力。同时广西网络广播电视台是立足广西、面向东盟、服务全国，集视听网站、手机电视、IPTV 等视听新媒体业务于一体的新型传播媒介。广西网络广播电视台将以中国—东盟信息港建设为契机，用三至五年的时间，打造成"全国先进、西部领先、广西一流"的新媒体平台的新型宣传舆论阵地，构建以网络视听主流媒体为核心的跨界融合、集成发展的产业生态圈。② 如下图所示。

广西网络广播电视台首期上线的内容包括丰富的网生内容、在线看电视听广播、手机电视新体验等业务板块。广西网络广播电视台的正式挂牌成立，是广西广播电视事业发展史上的又一次大跨越，是广播影视系统改革创新的重大成果，也是广西新媒体领域的一件盛事。

广西网络广播电视台的成立，是适应新形势，贯彻落实中央关于推动传统

① 广西网络广播电视台正式成立上线 ［EB/OL］. http：//gx. people. com. cn/n2/2016/0510/c179430 – 28308133. html.

② 广西网络广播电视台正式成立上线 推进媒体融合 ［EB/OL］. http：//news. gxnews. com. cn/staticpages/20160510/newgx5731ee3c – 14839034. shtml.

媒体和新兴媒体融合发展的指示精神，推动传统广电向现代视听媒体转型发展、抢占新媒体传播制高点的重要举措，对加强舆论引导、增强网络主流话语权、传播广西声音、展示广西形象、推进广电可持续发展具有战略性、全局性的意义。①

广西网络广播电视台的建立是在努力开创广西现代传媒新局面，努力成为"全国先进、西部领先、广西一流"的新媒体平台和新型宣传舆论阵地。作为新兴媒体的网络广播电视，要深入研究新媒体发展趋势和市场规律，要创新节目的形式方式，突出网络视听的特色，发挥网络传播的优势，厚植广西各民族优秀文化，创作贴近实际、贴近生活、贴近网民的网络视听精品力作，以优质的内容来增强传播的影响力和竞争力，推动广西网络视听行业的繁荣发展。②

以广西网络广播电视台建设为契机，广西要加快传统媒体与新兴媒体融合发展步伐，促进广电媒体转型升级，开拓"广电+"发展新领域、新空间、新市场，开创一个具有自己特色的一云多屏、屏屏互动的视听媒体融合发展格局。

第五节　广西广电网络公司的媒介融合

广西广播电视信息网络股份有限公司是在 2004 年 5 月经自治区人民政府批准成立的国有股份制企业。公司注册资本 11.25 亿元，实行一级法人治理结构，下设 90 个市、县分公司，对全区广电网络实行统一规划、统一建设、统一管理、统一运营。现在具有有线数字电视、互联网接入、付费频道、村村通、数据专网、视频监控、"平安城市"、视讯会议等业务。

网络整合是自治区广电网络资产的结构性、革命性重组，目的是将广电网络这部分可经营性的资产从原有事业体制下剥离出来，从事业主体转制为市场主体，催生广电网络体制改革与创新。在改革过程中，广西广电网络公司作为执行主体，在自治区网络整合工作领导小组的指导与领导下，通过多途径、多方式、多手段，完成了全区广电网络的市场化重组。广西广播电视网络整合以

---

① 广西网络广播电视台正式成立上线 [EB/OL]. http：//www.gx.xinhuanet.com/news-center/20160510/3124735_ c.html.

② 广西网络广播电视台正式成立上线 [EB/OL]. http：//www.gx.xinhuanet.com/news-center/20160510/3124735_ c.html.

后，盘活了僵化的网络资源，对全区广播电视的发展产生了重要影响。①

一、数字化改造

广西是全国第一个整省（区）统一推进有线电视数字化整体转换的地区，通过数字化改造，构建长远发展用户的服务体系。

为增加广电行业迎接"三网融合"的"本钱"，广西广电网络公司着力营造一张全区互联互通、功能强大的网络，开发不断丰富的、充分满足用户多样化、个性化需求的服务内容；增加忠实的用户资源。广西广电网络公司完成了全区县级以上城市有线电视数字化，同时加紧进行城域网双向化网络改造以及全区骨干数据承载网、全区互联网出口平台和全区视讯会议系统三大基础平台建设，使公司网络充分具备综合信息服务承载能力，这对于推进"三网融合"都有十分重要的意义。②

广西广电网络于 2005 年年底开始实施全区有线电视数字化整体转换，从 2005 年 9 月开始，用 9 个月时间，发展了 100 万有线数字电视用户，创造出"广西奇迹"。至 2008 年年底基本完成全区县级以上城市有线电视数字化，累计转换用户近 300 万户。

二、开展高清业务

广西广电网络公司在 2008 年完成数字化整转之后，开始探索广电新的技术发展路线和市场化发展模式。为适应人民群众对广播电视的新期待和三网融合需要，广西广电网络于 2009 年 5 月 8 日在全国率先正式开通高清互动数字电视，正式推出以 HiTV 为品牌的高清互动数字电视业务并在南宁、柳州、桂林、梧州和北海五个城市开始试运营。2010 年开始大规模推广。③

2010 年，广西广电网络发展接近 30 万高清及互动用户。这些用户均是广西广电网络依靠自主的开放技术体系及市场推广的结果。广西广电网络高度重视高清互动数字电视业务发展，连续两年将高清互动业务列为年度重点发展业务，

---

① 广西广电网络公司：广播电视网络整合的先行者［EB/OL］. http：//www. trade -
114. cn/html - 6/news - 127883688589788 - 1. html.

② 广西广电网络公司：广播电视网络整合的先行者［EB/OL］. http：//www. trade -
114. cn/html - 6/news - 127883688589788 - 1. html.

③ 广西广电网络公司：广播电视网络整合的先行者［EB/OL］. http：//www. trade -
114. cn/html - 6/news - 127883688589788 - 1. html.

积极拓展市场，业务量逐年快速增长。

在创新营销管理模式的同时，广西广电网络不断完善高清互动数字电视业务产品功能，进一步丰富高清电视节目内容，有效提升产品软实力。一是加快业务终端升级，丰富终端产品线，自主研发了集成 CM 的增强型机顶盒、PCTV 机顶盒，与相关电视机厂商合作推出了面向广西市场的高清电视一体机等多样化产品终端；二是着力挖掘新类型高清互动产品增长点，开发了自助便民服务、电视银行服务、个性化 EPG 服务等，进一步提高 HiTV 高清互动数字电视的竞争力。

广电宽带基于广播制式的宽带可承载高达 10M 带宽的高清电视。使用广电宽带的用户，都可以享受 1080P 高质量的视频点播服务。高清频道全面提升了电视观众的体验，无论是观看电影、电视剧、演唱会还是比赛，犹如身临电影院、音乐会或者赛场，无与伦比的动感画面、多声道环绕立体声的逼真效果，大画面、大场景、大制作的中外影片带您步入高清新视界。让用户在家中就可以随时享受到星级影院般的、撼动视听的非凡体验，感受现场的激情。目前双向互动高清频道包括高清影视、高清探索、高清体育、高清综艺等栏目，内容丰富、分类清晰，能满足不同观众的喜好。互动影视栏目功能可分为四部分。

第一，电影、电视剧以及专题类节目的点播，这部分节目有免费点播收看的，也有需要付费才能收看的，付费的片子，观众点播之后 24 小时内可以重复点播，不再另收费。

第二，港剧专区。为观众播放的是原汁原味的粤语香港电视剧，上线的节目有大家熟悉的经典老片，更有时下播出的新片。

第三，影视轮播区。这个栏目是目前普通数字电视机顶盒也能收看的，每天六部电影大片轮播，电视剧场每天六集电视剧轮播。①

第四，"高清点播"栏目提供了大量的高清电影、电视剧、纪实、探索等高清节目，供用户自由点播收看，快进、快退和暂停操作让用户畅享自由点播收视高清节目的乐趣。

广西广电网络与华数传媒强强联手，共同搭建华数 TV 高清点播专区。华数传媒是致力于新传媒、新通信、新信息化应用融合发展的新型传媒集团，是全国最早开发及启动互动点播电视应用业务的公司，拥有全国最大的数字化节目内容媒体资源库，是全国最大的互动电视内容提供商。华数传媒同时与全球超

---

① HiTV——全新的数字电视 [EB/OL]. http：//www. 96335. com/showpage. asp？ id = 45.

过 400 家内容提供商建立合作，与好莱坞 6 大片商、TVB、Discovery 等全球知名影视公司建立战略合作关系，在国内拥有最新、最全的好莱坞正版影视平台。2015 年 5 月，广西广电网络与华数传媒联手搭建华数 TV 高清点播专区登陆广西广电网络双向互动平台，为广西广大用户提供不一样的互动点播业务。①

2010 年是我国三网融合的元年，随着三网融合时代的到来，数字电视发展已进入了快车道，越来越多的有线电视网络运营商意识到发展高清双向互动才是增强竞争力的关键。②

在广西高清互动电视用户突破 100 万户之际，广西广电网络为全区用户推出 "大屏 + 小屏" 的全新家庭娱乐服务新形态。2016 年 1 月 27 日，广西广电网络公司 "小象互动" 平台上线发布。"小象互动" 平台是广西广电网络公司在广西广播电视双向网络基础上，在 "互联网 +" 的时代背景下，以三网融盒机顶盒为载体，打造电视屏和移动终端交互的新一代影视生活娱乐平台。"小象互动" 平台汇集了视频点播、电视回看、生活服务、电子商务、游戏娱乐、信息发布等功能于一体。"小象互动" 平台通过影视、生活、娱乐进行大条块分类，支持自定义快捷方式，让电视界面更美观和人性化。而结合手机客户端还能实现多屏互动，带给用户全新的娱乐体验。此外，该平台不但支持微信、支付宝、银联等流行的充值消费模式，更提供了后付费服务功能。③

影视板块已吸引芒果 TV、上海文广、华数传媒、优酷 TV 等 30 个视频服务提供商入驻，可提供超过 40 万小时的视频节目。相较于网络机顶盒，"小象互动" 将网络服务与内容服务形成闭环，不占用互联网带宽，可提供大码率、超高清、零缓冲、无延时的视频服务。生活板块汇聚了用户身边的吃喝玩乐、衣食住行等各类生活应用，目前入驻的服务商已有 12 个。娱乐板块汇聚了基于电视屏和移动终端的游戏、K 歌、健身、舞蹈等互动娱乐内容，目前入驻服务商有 10 个。交互视频、智慧旅游、远程教育、智能社区、智慧城市等，与人们生活密切相关的服务和应用，将通过广西广电网络 "小象互动" 平台服务大众。④

---

① 华数 TV 高清点播专区强势登陆广西广电网络双向互动平台 ［EB/OL］. http：//www. 96335. com/NewDynamic/ShowArticle. asp? ArticleID = 1175.

② 三网融合下广电技术与发展趋势报告 ［EB/OL］. http：//www. dwrh. net/a/gdw/gdwelese/2011/0310/12781. html.

③ 广西广电网络互动数字电视用户突破 100 万，"小象互动" 平台震撼上线 ［EB/OL］. http：//info. broadcast. hc360. com/2016/02/030850656516. shtml.

④ 广西广电网络 "小象互动" 平台震撼上线 ［EB/OL］. http：//www. ttacc. net/a/news/2016/0203/39842. html.

三、开展宽带业务

2011 年 12 月 31 日，国务院办公厅正式公布了三网融合第二阶段试点地区（城市）的名单。南宁市成为三网融合第二批试点城市。

2014 年 12 月 31 日，工业和信息化部发出工信部电管函〔2014〕639 号。工业和信息化部关于同意广西广播电视信息网络股份有限公司开展基于有线电视网的互联网接入业务、互联网数据传送增值业务、国内 IP 电话业务的批复。

广西广电网络三网融盒机顶盒拥有真正 1080i 高清画质，完美显像还原真实色彩，带来超过 170 多个正规频道的高清直播，更重要的是，它还一次性解决了高速宽带和家庭影院的问题——三网融盒机顶盒具有内置 WiFi 功能，三网融盒机顶盒自带 WiFi，无须布线即可享受极速宽带，还能看高清 3D 节目，能实现视频点播，能回看错过的直播节目。自带的独有三通道高速宽带，看高清电视、玩电脑、刷平板互不影响；并且它还支持杜比 5.1 多声道和环绕立体声，让用户在家就能享受影院般的视听体验。宽带上网广电网具有以下三个特点。

第一，"一线多用。只需一根有线电视线就可以实现看电视、上网双重功能，不需要重新布线入户。特别是在配置了内置 WiFi 的'三网融盒'高清互动机顶盒之后，机顶盒和电脑之间通过 WiFi 通信上网，室内也不需要重新架设网线，安装便捷、维护简单、节约空间质量的需求。"①

第二，高速高清品质。广电宽带基于广播制式的宽带可承载高达 10M 带宽的高清电视。使用广电宽带的用户，都可以享受 1080P 高质量的视频点播服务。内部智能寻址，网页浏览更加平滑，体验度大大提升。

第三，资费优惠灵活。广电宽带业务提供 1 - 10M 的带宽模式，高清互动宽带一步到位，高清、互动、3D 电视，家庭上网全功能家庭娱乐中心之首选，用户可自行选择订购时长及各种业务组合套餐。

2014 年 1 月至 2015 年 12 月共发展宽带用户 104 万户，两年内宽带业务到期用户为 43.7 万户，目前保有用户为 72.3 万户，保有率为 69.5%，区间宽带续费率仅为 27.5%。

2016 年，广电网络公司业务融合发展，收入达到 23 个亿。2016 年 8 月 15 日，广西广电网络公司通过了主板发审委的审核，在上海股市主板上市，这是五个民族自治区中第一个上市的广电网络国有文化企业，也是全国第五家上市的广电网络，其业务发展又将翻开新的一页，必将推动媒体融合的进一步深化。

---

① 广西广电网络宽带业务［EB/OL］. http：//www.96335.com/kuandai/index.html.

第五章

广西出版业的媒介融合探索

广西师范大学出版社和广西出版集团旗下的接力出版社在体制改革的机遇下，出版业务已经走向全国，并取得了良好的发展，是在全国都享有声誉的出版社，它们以"数字出版"为核心探索媒介融合的路径。

第一节　出版业媒介融合的形式

数字出版的概念是相对于传统出版而言的，媒介融合推动了数字出版的兴起和发展。数字出版既是传播技术的革命，也是传播方式的革命。

一、数字出版的概念

信息技术极大地改变了新闻出版的形态，美国学者保尔·布雷纳德针对桌面印刷系统，即排版和激光照排技术的诞生和使用，提出了"桌面出版时代"，这被视为数字出版的起始。而随着磁盘、光盘等介质的出现，网络媒体的出现，手机媒体的出现，数字出版的概念在不断地发生变化。

中国出版科研所数字出版研究室主任张立认为，"只要是用二进制这种技术手段对出版的任何环节进行的操作，都是数字出版的一部分。它包括原创作品的数字化、编辑加工的数字化、印刷复制的数字化、发行销售的数字化和阅读消费的数字化。"[①]

原国家新闻出版总署在《关于加快我国数字出版产业发展的若干意见（新出政发〔2010〕7号》中，从管理和应用角度对数字出版作了如下定义："数字出版，是指利用数字技术进行内容编辑加工，并通过网络传播数字内容产品的

---

① 张立. 数字出版的相关概念比较与分析［J］. 中国出版，2006（12）.

一种新型出版方式，其主要特征为内容生产数字化、管理过程数字化、产品形态数字化和传播渠道网络化，目前数字出版产品形态主要包括电子图书、数字报纸、数字期刊、网络原创文学、网络教育出版物、网络地图、数字音乐、网络动漫、网络游戏、数据库出版物、手机出版物（彩信、彩铃、手机报纸、手机期刊、手机小说、手机游戏）等，数字出版产品的传播途径主要包括有线互联网、无线通信网和卫星网络等。"① 这是到目前为止官方对"数字出版"概念最为全面和完整的阐述。这个定义总结和概述了数字出版的各种表现形式，更加注重外延的界定。

《2011—2015年中国数字出版业市场动态与发展趋势预测研究本文》中提到"数字出版的定义是，只要使用二进制技术手段对出版的整个环节进行操作，都属于数字出版的范畴，其中包括原创作品的数字化、编辑加工的数字化、印刷复制的数字化、发行销售数字化和阅读消费数字化等。也就是说，数字出版涉及版权、发行、支付平台和最后具体的服务模式，它不仅仅指直接在网上编辑出版内容，也不仅仅指把传统印刷版的东西数字化，又或者把传统的东西扫描到网上就叫作数字出版，真正的数字出版是依托传统的资源，用数字化这样一个工具进行立体化传播的方式"。这个定义强调了数字化传播的本质。

从定义我们可以了解到，所谓的数字出版是相对纸质出版而言的。从印刷技术来看，传统的纸质出版主要依靠印刷技术来支撑，数字出版则由原来的单一印刷模式变成了多种模式；从内容载体来看，纸质出版主要依托纸张输出，而数字出版则可以通过电子图书、数字报纸、数据库出版物、手机出版物等新兴载体传播。所以不能仅仅把数字出版作为一种技术手段。可以说，数字出版是对纸质出版的革命，而这场革命正在给出版业带来巨变。

而数字出版从广义上说，只要是用二进制这种技术手段对出版的任何环节进行的操作，都是数字出版的一部分。它包括原创作品数字化、编辑加工的数字化、印刷复制的数字化、发行销售的数字化和阅读消费的数字化。近年来，网络经济驱动着媒体变革不断加速，数字化趋势更加强劲，互联网出版、手机出版、电子书、电子纸等使人应接不暇。② 但不论出版形式如何变化，出版的本质都是将信息内容通过一定的技术手段，形成某种媒体产品传递给受众，以

---

① 新闻出版总署新闻出版总署关于加快我国数字出版产业发展的若干意见［EB/OL］. http://www.gapp.gov.cn/contents/1832/113636.html.

② 张立.中国数字出版现状及未来展望［J］.科技传播，2011（18）.

实现信息流通和共享。

至此，数字出版不再和电子出版、网络出版、手机出版等并列，而是这些出版形式的总括，是其出版特征的本质反映，主要有以下几方面：

第一，数字出版是在数字化的基础上进行录入、存储、印刷到传播、阅读的，因此在查找、检索信息时更加方便快捷。

第二，数字出版的信息都是利用二进制代码存储在计算机或者网络上，突破了地域、时间、文化等限制，人们可以随时随地上网查找所需资料。

第三，数字出版可以通过电子阅读器、电脑、手机等数字化阅读工具进行阅读，并且逐步实现了移动化阅读。

(一) 数字出版的发展历程

电子出版、网络出版和手机出版是数字出版发展历程中呈现的不同形式。

1. 电子出版

所谓电子出版，是指"在整个出版过程中，从编辑、制作到发行，所有信息都以统一的二进制代码的数字化形式存储于磁、光、电等介质中，信息的处理与传递借助计算机或类似的设备来进行的一种出版形式。"①

电子出版基本就是电子出版物的生产，即各种光盘等读写介质、电子出版物，就是利用电子计算机技术制作电子出版物的工艺过程。电子出版以计算机为生产工具，原作的大量复制也是以计算机为核心，工艺手段和技术含量也更高。电子出版物与传统纸张出版物相比具有不同的特性：信息量大、可靠性高、承载信息丰富，具有较强的交互性，制作和阅读过程需要相应软件的支持。②

电子出版（elektronisches Publizieren）从广义上可以分成"在线电子出版"（elektronisches Online – Publizieren）和"离线电子出版"（elektronisches Offline – Publizieren）两大类，而前者和网络出版有交织。③

2. 网络出版

网络出版，又称互联网出版（Online Publishing、e – Publishing、Net Publishing），是随着因特网技术的发展而出现的一种新型的电子出版形式。据原中国新闻出版总署《互联网出版管理暂行规定》，互联网出版，是指互联网信息服务提供者将自己创作或他人创作的作品经过选择和编辑加工，登载在互联网上或

---

① 谢新洲.电子出版技术［M］.北京大学出版社，2006：5－9.

② 姜金宏.多媒体设计与开发研究［D］.大连工业大学，2008.

③ 林穗芳.电子编辑和电子出版物：概念、起源和早期发展（上）［J］.出版科学，2005（03）.

者通过互联网发送到用户端，供公众浏览、阅读、使用或者下载的在线传播行为。①

根据网络出版的内容和媒体形式可以分为：网络新闻出版、网络学术出版、网络教育出版、网络文学艺术出版、网络娱乐游戏出版。其作品主要包括：已正式出版的图书、报纸、期刊、音像制品、电子出版物等出版物内容或者在其他媒体上公开发表的作品；经过编辑加工的文学、艺术和自然科学、社会科学、工程技术等方面的作品。②网络出版应当满足以下两个基本要素：Online，即必须满足在线，要求以互联网为载体，一对多地传播数字内容，与纸质出版相区别；Publishing，即必须是出版行为，出版者必须具有出版资格，出版行为一般是以出售或获得商业利益为目的的商业行为。

网络出版具体有以下几个特点。

第一，产品数字化：是网络出版的一般属性。这一属性与纸介出版物具有本质的区别，但与电子出版是一样的。

第二，流通网络化：网络出版物，在流通形态上，表现为通过互联网以数字形式进行传送（下载），直接面对终极用户，以下载形式完成流通过程。③ 这是区别于纸介出版物和电子出版的本质特征。

第三，交易电子化：从产品形态、流通方式到支付方式整个交易过程均实现了电子化、交易电子化，使网络出版物的销售，实现了百分之百的电子商务，这是网络出版的显著特征。④

网络出版的出现，具有非常重要的意义与价值。第一，网络出版使部分出版物彻底实现了无纸化出版，使出版物的形态、流通方式和结算方式发生了革命性的变革。第二，网络出版，丰富了出版形式，是出版社新的经济增长点。第三，检索方便，网上空间大。通过关键字词的查询，可迅速找到所需内容，读者不必受限于时间和空间。第四，出版与发行同步进行，网络出版的同时其实已经实现了传统意义上的发行。第五，网络出版实现了"按需印刷"这一新的营销方式。按需印刷既能满足读者喜欢阅读纸介图书的习惯，也使出版者和

① 刘邦凡，张向前.论网络出版对学术研究的推动 ［J］.社会科学管理与评论，2008（01）.

② 陈少华，朱光喜.网络出版传播中的协同问题及其研究 ［J］.南京邮电大学学报，2005，7（3）.

③ 王秀丽，王德胜.网络出版技术的生产力价值 ［J］.自然辩证法研究，2008（10）.

④ 李海丽.电子图书研究 ［D］.华中师范大学，2006.

书店增加了新的营销方式，同时也可减少库存。随着网络基础设施建设的加强，带宽的增加，网络出版的多符号性更加有能力发挥出来，这有利于网络出版物的设计和创意。

3. 手机出版

手机出版，是指手机出版服务提供者使用文字、图片、音频、视频等表现形态，将自己创作或他人创作的作品经过选择和编辑加工制作成数字化出版物，通过无线网络、有线互联网络或内嵌在手机载体上，供用户利用手机或类似的移动终端阅读、使用或者下载的传播行为。

目前，手机通过技术的发展从最初仅有的通话工具进化成为一个移动的多媒体终端。除了基础的语音通话功能外，还可以收发短信、彩信以及连接移动互联网。越来越多的用户使用手机娱乐、阅读、学习。

手机已成为人们必不可少的随身工具，被公认为是继平面、广播、电视、互联网四大媒体之后的第五媒体。3G、4G 时代的到来，手机终端向智能化发展，为手机出版带来良好的发展机遇。在 2G、2.5G 及 2.75G 时代，手机出版倚仗成熟便捷的收费模式以及庞大的用户基数，已经取得了不错的成绩。而 3G、4G 时代，无线移动互联网的快速发展，使得手机的用户基数远远超过了互联网用户数量，其便携性也是其他媒体无法取代的。作为出版机构，应合理利用自身的优势及资源与电信行业结合发展手机出版业务。[①]

根据手机的信息传播特性，手机出版的内容传播方式主要分为语音、短信、彩信、WAP 等传播方式。通过这些传播方式与出版结合可以传输文字、图片、语音、动画、视频等内容。手机出版历经多种不同的传播方式。

（1）短信：短信仅限于传输纯文本内容，是曾经最流行的手机信息传播方式，具有信息送达率高、传播速度快、使用简单等优势，深受广大手机用户喜爱。其缺点是不支持多媒体、信息承载量少，每条短信仅可以传输 140 个字符。不太适合大量的内容传输，主要用于少量的内容传输，像手机报的临时性补充短讯一般用短信下发。

（2）彩信：彩信可传播文字、图片、音频、动画等，具有信息承载量大、支持多媒体内容传输等优势，与出版结合具有不错的效果，目前手机报普遍采用彩信的形式传输内容。受用户手机、网络设置等因素的影响，信息送达率较低，这是其明显的缺点。

---

① 侯孔光. 手机出版之制约因素［J］. 出版参考，2010（16）.

（3）IVR：IVR 是交互语音应答系统，主要用来做语音业务，用户可以通过拨打指定的号码按照提示点播收听自己需要的内容。可与传统出版物结合作为补充的语音内容或附加服务，也可单独开展语音杂志业务。目前主要用于娱乐及行业应用，与出版业务结合的比较少见。①

（4）WAP：基于 WAP 协议的手机网站，同互联网一样，可以传播文字、图片、动画、音频、视频等多种内容，用户可以自由选择自己需要的内容。3G、4G 时代的到来，移动互联网的发展突破了传输速度的限制，与出版结合具有良好的发展前景。

（5）客户端软件：基于移动互联网的，安装在智能手机上的软件，通过应用程序实现各种强大的功能及用户体验。例如，中国移动的手机阅读软件、掌媒的手机杂志阅读软件，还有像移动英语通、行学一族之类的移动学习软件。随着手机向智能化发展，4G 通信技术的发展，功能强大的客户端软件将成为主流。客户端软件与 WAP 相比，省去了记忆网址、输入网址等烦琐的步骤，操作简便、功能强大、用户黏性较强。这些软件除了后期用户自主安装之外，还可以在手机出厂前预置，提高用户占有率。②

手机出版的优势是，携带方便，用户随时可以利用碎片化时间进行阅读。随着人们生活节奏的加快，接触其他媒体的时间越来越少，所以，作为贴身媒体的手机显得越来越重要。时效性强，手机可以把信息第一时间传播给用户。像传统出版需要一定的周期才可以将内容传递给用户，而手机出版可以随时为用户传递最新的内容。收费模式多样，通过手机对用户收费非常便捷，用户可通过短信、网银、支付宝等方式支付。③

4. 全媒体出版

当前，全球出版业的发展已由原来的纸质出版转向了以数字出版为主要方式的全媒体出版，其实质是内容产业范围的扩大和媒介类型多样化的融合与升级，是集传统出版和所有可利用的媒体的优势为一体的全新模式，它不仅提高了出版信息的覆盖效率和效益，而且使出版更具移动化、立体化和全方位性。④

全媒体出版成为数字出版行业未来发展趋势。手机、手持终端、互联网等

---

① 周凤翠. 浅析中国的手机出版 ［J］. 文艺生活旬刊, 2011（11）.

② 周凤翠. 浅析中国的手机出版 ［J］. 文艺生活旬刊, 2011（11）.

③ 侯孔光. 手机出版之制约因素 ［J］. 出版参考, 2010（16）.

④ 陈美华, 陈东有. 全媒体出版产业发展的现状与对策研究 ［J］. 南昌大学学报（人文社会科学版）, 2016（2）.

优质丰富的出版物新载体的出现，使得读者阅读内容、阅读媒介、阅读习惯正在发生改变，呈现多元化、数字化、个性化的特点。数字出版呈现出由点到面，由单一形态到全媒体，由产业概念到规模出版，由传统出版到传统出版与数字出版并重的局面。在培养用户阅读习惯的过程中，"一种内容、多种媒体、同步出版"的全媒体出版模式逐渐成熟。全媒体出版可以综合利用资源，一部优秀的作品可以同时通过纸质书、手机、手持终端、互联网等媒体同步出版，并可以改编为影视剧、动漫、游戏作品等，来满足不同的用户需求，实现内容资源版权价值最大化。全媒体出版模式已成为未来出版市场的发展趋势。①

二、国内数字出版产业的发展情况

20 世纪末兴起的数字出版浪潮，对传统出版业乃至整个内容产业产生了巨大的冲击和深刻的变革。出版的载体从纸张、磁带扩展到光盘、计算机、手机、互联网和电子纸，出版的形式从图书、电子出版到网络出版、手机出版和跨媒体出版，内容的表现形式、传播方式和阅读方式也发生了深刻变化。出版、传媒、影视、信息乃至服务等行业之间的壁垒正在不可阻挡地被打破，数字出版的范围延伸到了包括移动内容、互联网服务、游戏、动画、影音、出版和数字化教育等几乎所有数字内容产业。②

显然，推动和主导这一变革的无疑是互联网应用的深入，计算机、信息和网络技术的突破性进展。计算机、信息和网络技术既是催生数字出版的重要动力，也是重新定义数字出版存在和发展的基础，引发了出版业乃至整个内容产业的新革命。特别是日益普及和深入的互联网应用已经使得数字内容产业不可避免地成为整个互联网产业的一部分。在这一背景下，数字出版与传统出版相比，在内容产品、市场消费、产业形态、商业规则等方面呈现出革命性的变化。③

数字出版是出版业与高新技术相结合产生的新兴出版业态，其主要特征为内容生产数字化、管理过程数字化、产品形态数字化和传播渠道网络化。其由于存储海量、搜索方便、传输快捷、成本低廉、互动性强、环保低碳等特点，已经成为新闻出版业的战略性新兴产业和出版业发展的主要方向，也是国民经

---

① 我国数字出版产业市场发展基本情况分析［EB/OL］. http：//www.chyxx.com/industry/201410/285344.html.

② 傅强. 数字出版：新的革命［J］. 浙江大学学报（人文社会科学版），2008（7）.

③ 傅强. 数字出版：新的革命［J］. 浙江大学学报（人文社会科学版），2008（7）.

济和社会信息化的重要组成部分。大力发展数字出版产业，已成为我国实现向
新闻出版强国迈进的重要战略任务。① 数字技术改变了传统出版业的生产方式、
运营模式，数字出版成为我国出版业未来发展的方向和新的增长点。

我国的传统出版以产业分工为基础形成了包括出版物产品的出版、印刷、
发行等环节在内的基本产业链。随着传统出版产业的数字化转型，产业链条也
在不断延伸。数字出版产业链的主要环节包括：内容创作—内容加工—内容出
版—内容发布—内容投送、传播、销售—消费者。完整的数字出版产业链环节
包括：产业链上游的内容提供商、作者，产业链中游的内容运营商、技术提供
商，产业链下游包括终端厂商、阅读器，最终提供给读者。数字出版价值链上
的关联企业主要包括内容提供商、电信运营商和终端设备制造商三类（见下
表）。

数字出版价值链的主要关联企业类型②

关联企业类型		主要关联企业
内容提供商	传统出版商	人民出版社、中国出版集团等大型出版企业
	网络内容提供商	新浪、腾讯、网易等综合性门户网站；红袖添香等原创文学网站，中文在线等专业数字出版商
	网上书店	当当网、卓越亚马逊网等
电信运营商		中国移动、中国联通、中国电信
终端设备制造商		汉王、大唐、华为、联想、苹果等

随着数字化技术应用到出版产业以及数字出版产业的产品类型的不断增多，
电信运营商、系统集成和软件开发等技术提供商、版权代理商、第三方支付企
业、银行以及广告商等企业通过提供各种服务也都加入了产业链当中。

我国的数字出版产业生产组织主要由两部分构成：一部分是传统出版组织
通过数字化改造和转型迈向数字出版领域的；另一部分是伴随互联网平台发展
起来的新兴出版组织，如盛大文学、中国知网等；由此出现了不同的数字出版的
主导模式。

---

① 数字出版"十二五"时期发展规划 [J]. 中国出版，2011（17）.
② 邱楚芝. 媒介融合背景下数字出版产业价值链治理研究 [D]. 暨南大学，2011.

（一）内容主导模式

内容主导模式即由内容提供者主导的模式。这主要是由传统出版社主导的模式。人民出版社、中国出版集团、中信出版社等大型传统出版集团凭借自身庞大的内容版权资源优势构建数字出版价值链，并且作为国有大型出版企业成为国家整合数字出版发行平台的主导者和关键参与者。中文在线等专业数字出版商，以及新浪、腾讯、网易等综合性门户网站也有明显的数字内容资源优势。特别是中文在线在数字图书产业占有明显优势，已成为中文数字图书最大的正版内容拥有者，唯一一家获得国家级版权管理机构认证。[①]

（二）渠道主导模式

渠道主导模式即由渠道运营商主导的模式。主要是指以中国移动、中国电信和中国联通为主体的电信运营商。它们凭借庞大的网络和手机用户群体，便捷的支付模式，强大的推送能力，方便的阅读工具，通过终端与内容的双向贯通，将推动数字阅读基地建设成为数字出版发行平台，成为以电信运营的平台功能为主导的数字出版价值链治理模式。

在内容端，中国移动与中国作家协会、中国出版集团、中国编辑学会、国家图书馆等大型内容提供商签署了战略合作协议。中国移动阅读基地积极厘清版权关系，大力推动数字出版正版平台建设。中国移动数字阅读基地是第一个由电信运营商推出的数字阅读基地。中国移动数字阅读基地具有数字出版发行平台的功能。中国移动手机阅读基地通过多样化阅读形式向用户提供图书、杂志、漫画等全方位的阅读内容。中国移动发展数字阅读的整体思路是基于渠道资源，纵贯内容、终端，成为数字出版内容的整合者、编辑者、发布者，形成以电信运营商主导的数字出版价值链治理模式。中国移动阅读基地建立与内容提供商"保底＋分成"的销售模式：在为出版社提供一定比例的保底补贴的基础上，对数字出版发行收入实行分成制度。[②]

（三）终端主导模式

终端主导模式主要是指由终端设备制造商主导的模式，即由生产数字阅读终端设备的制造商来提供数字内容服务的模式。汉王作为国内电子阅读器的生产商，高度重视内容资源的整合与内容平台的构建，为此，汉王成立汉王书城，力争构建终端制造商主导的"终端＋内容"的数字出版产业价值链治理模式。

---

① 邱楚芝. 媒介融合背景下数字出版产业价值链治理研究［D］. 暨南大学，2011.
② 邱楚芝. 媒介融合背景下数字出版产业价值链治理研究［D］. 暨南大学，2011.

汉王科技是目前国内最大的电子阅读终端设备制造商，几乎占据了市场70%的份额。① 2010 年，在全球电子阅读器市场居第三位，仅次于亚马逊的Kindle、索尼的 Reader。在电子阅读器市场发展的前期，丰厚利润吸引了潜在市场进入者。

汉王书城定位为平台服务提供商，向数字出版发行平台的方向过渡。在内容资源方面，汉王积极梳理与出版商、报刊、互联网内容提供商等的关系，积极签订内容资源合作协议，进行二八分成，共同构建数字出版价值链。在用户资源上，汉王拥有较强的终端渠道，通过直销方式形成了大量的购买者群体。②

从上面三种模式可以看出，在数字化、网络化的时代条件下，传统出版社的数字化转型明显滞后。据 2014 年中国数字出版年会发布的统计数据，2013年，我国数字出版产业产值已超过 2540 亿元，但其中传统出版单位占比只有2.43%，属于出版社的产值占比更少。数字出版几乎清一色地从技术领域、民营领域发展起来，在很大程度上失去了与传统出版的继承性，出现了传统出版与新兴出版、内容与技术"两张皮"的现象。因此，加快传统出版社的数字化转型迫在眉睫。③

总之，随着互联网、移动终端和云存储技术的发展，数字化阅读比率逐渐提高，阅读渠道日益多元化，人们可以随时随地进行阅读，并体验到多终端无差别的阅读体验。我国国民数字阅读率不断提高，出版业已经初步形成数字出版细分市场快速发展的产业格局。

手机阅读已成为发展最快的数字出版新业态。功能相对单一的手持电子终端阅读器市场在经历了高速发展后增速逐渐下降。与此相反，手机阅读成为移动互联网的典型应用之一，它受阅读时间和地点的限制较小，且能够为一些上网条件差的地区和人群提供便利。目前中国移动、中国联通和中国电信均已推出手机阅读业务，手机阅读已成为发展最快的数字出版新业态，手机网民规模和人均手机阅读时长均不断增长。

2015 年 4 月，由中国新闻出版研究院组织实施的第十二次全国国民阅读调查显示：2014 年，我国成年国民图书受数字媒介迅猛发展的影响，数字化阅读方式（网络在线阅读、手机阅读、电子阅读器阅读、光盘阅读、平板电脑阅读

---

① 周利荣. 我国数字出版产业链整合模式分析 [J]. 出版发行研究，2010（10）.

② 邱楚芝. 媒介融合背景下数字出版产业价值链治理研究 [D]. 暨南大学，2011.

③ 传统出版社"抱团"成立数字出版联盟 [EB/OL]. http://news.xinhuanet.com/new-media/2014 - 12/30/c_ 127347406. htm.

等）的接触率为58.1%，较2013年上升8.0个百分点。对各类数字化阅读载体的接触情况进行分析，我们发现，2014年我国成年国民的网络在线阅读、手机阅读和光盘阅读接触率均有所上升，电子阅读器阅读接触率略有下降。有34.4%的成年国民在2014年进行过微信阅读，在手机阅读接触者中，超过六成的人（66.4%）进行过微信阅读。①

　　我国的传统出版正处于急剧变革当中，数字技术和网络技术的快速发展，促使技术、内容、服务、资本的融合，形成一系列跨媒体、跨行业、跨地区、跨所有制合作、联营、并购、重组的传媒形态，出现了全新的融合媒体组织。媒体机构的兼并重组、体制模式的改革、传媒与其他行业的渗透兼容，打破了以往出版产业的格局和产业模式，促使传统出版实现数字化升级和产业化转型的变迁。②

　　在媒介融合背景下，我国数字出版产业正朝着两个方向快速发展。可以说，媒介融合已经在数字出版行业得到印证。

　　一方面，出现产业扩散和媒体延展的趋势。数字技术的渗透和新媒体的产生，大大地降低了生产和销售成本，扩展了现有的分销渠道和市场空间，使消费者能够在体验新技术的同时使用功能强大的新的内容产品，可以对内容进行如存档、注释、循环利用之类的操作，享受良好而快捷的消费服务。出现了手机移动阅读、手机音乐、当当书城、电子书网站、游戏动漫等平台化的营销和服务。另一方面，呈现产业集聚和媒体融合的态势。在资本与制度的推动下，出版行业与其他行业在技术、机构、资本、市场等方面产生融合，出现了融合媒体或机构，出版产业的边界正在拓展，逐渐向其他行业渗透与融合。具体表现为介质融合、渠道融合、内容融合、技术融合、市场融合、资本融合和机构融合等现象，并重新组建新的出版集团和媒体组织，具有跨行业、跨区域、多元化竞争的优势。③

　　在传统出版产业链中，出版社由于控制着整个产业链中的核心资源——内容，一直处于价值链的高端，甚至成为整个价值链的治理者。在媒介融合的推动和冲击下，传统的出版社面临极大的挑战。"数字化产品的形式永远处于变化

---

① 刘彬. 第十二次全国国民阅读调查结果公布 ［N］. 光明日报 . 2015 – 04 – 21
② 施勇勤. 数字出版：文化逻辑与产业规制——以媒介融合为视角 ［J］. 出版科学，2012，20（2）.
③ 施勇勤. 数字出版：文化逻辑与产业规制——以媒介融合为视角 ［J］. 出版科学，2012，20（2）.

中，但是数字出版的根本仍然是数字化的内容资源，出版归根结底是以内容为基础的文化产业。在数字时代，出版社将越来越彰显其出版资源源头的魅力，没有出版社参与的数字出版产业是不可能走向繁荣的；出版社为了在数字出版产业链中找到更具控制力的位置，必须更加积极、全面地介入数字出版领域。"①

随着技术的发展和普及、数字出版和发行平台方案的出现，传统出版单位进行数字出版的条件日益成熟，传统出版单位的数字化探索其实早已提上议事日程。商务印书馆、上海世纪出版集团、解放日报报业集团、广州日报报业集团等一大批名社及出版集团纷纷涉足数字出版，如山西出版集团成立专门的电子书出版中心；长江出版传媒集团成立了数字出版部等。

2008 年 4 月，中国出版集团数字传媒有限公司宣告成立。组建"中国出版集团数字传媒有限公司"，是中国出版集团公司大力推进数字化战略的一项重要举措，也是中国出版集团公司提升传统出版产业，促进传统出版业与数字化、网络化出版相结合的重要步骤。② 2014 年 12 月 27 日，"中国数字出版联盟"成立大会暨第一届全体理事大会在北京召开。联盟有人民出版社、商务印书馆等60 余家出版单位及相关单位参与。传统出版单位已不能再甘于只做内容提供商的角色，越来越多的出版单位正在利用其核心优势——内容资源，并最大限度上对其内容进行二次开发利用，努力从内容提供商向数字出版商转变。

第二节　广西出版业的媒介融合探索

一、广西师范大学出版社集团有限公司

广西师范大学出版社于 1986 年 11 月成立，是一家高校综合性出版社，主要以教育、人文学术、珍稀文献类图书出版为主，现拥有包括杂志社、印刷厂、大学书店、电子音像出版社 4 个下属企业，以及十余家控股、参股公司。

2009 年 6 月，改制成广西师范大学出版社有限公司，并成立广西师范大学出版社集团，成为我国首家地方大学出版社集团。集团完成转企改制后，对内

---

① 王董. 内容是数字出版竞争力之本［N］. 中国新闻出版报，2007 - 07 - 18.
② 中国出版集团数字传媒有限公司挂牌成立［N］. 中华新闻报，2008 - 04 - 23.

搞活机制，激发企业活力；对外开展广泛合作，延伸出版产业链条，业务范围涉及图书、期刊、电子音像及数字出版，文化产品的设计制作、印制、销售，以及教育培训、会展、咨询、旅游、艺术品、地产等。广西师范大学出版社在北京、广州、南京、南宁、上海组建了以贝贝特命名的出版顾问有限公司和文化传播有限公司。这些公司进驻全国重要的文化经济中心，充分利用了当地丰富的文化资源，为出版社提供了丰富的图书信息和媒体资源等出版资源。2014年5月，广西师范大学出版社集团公司成员企业北京昊福文化传播股份有限公司在全国中小企业股份转让系统挂牌，成为"书业新三板第一家"。2014年7月，广西师范大学出版社集团有限公司在澳大利亚墨尔本成功完成对澳大利亚视觉出版集团的收购。这些新的发展尝试，让广西师范大学出版社再次走在国内出版社的前列。

广西师范大学出版社早就意识到：21世纪进入了互联网时代，数字阅读已经成为新型的阅读方式，终端阅读器的日渐普及给传统出版提出了新的挑战。[1]在对数字出版的理解上，出版社认为数字出版早已经超越了电子出版的概念和阶段，它是一种形态，纸媒介内容换成任何一种数字化的形式都是数字出版，因而它是一个比较宽泛的定义，而不是一个狭义的定义，是不断变化、不断创新的。DVD、网站、数据库、移动媒体、微信等都是具有数字出版"逻辑思维"的形式，因此，数字技术方面的工作至关重要，依托平台和技术创新提供新的数字媒介和渠道，需要高度重视，出版社可以通过和运营商以及技术公司进行合作来提升自己的数字技术水平。[2]

出版业与传播技术息息相关。当传播技术发生变革时，出版业也随之发生变化，直接影响出版行业的发展。出版行业必须实现新旧媒体的有机融合才能获得更大的发展空间。广西师范大学出版社积极应对大众传媒技术的冲击，密切关注大众传媒技术的发展态势，将跨媒体发展列入出版社发展规划当中，努力探索新旧媒体共融发展的跨媒体发展之路。

广西师范大学出版社指出："一方面，广西师范大学出版社采用了新技术，重视新旧媒体的改造，着眼于通过新技术将出版社原有的产品加以改造和提升图书产品的层次，以追求产品内容的资源利用和市场利益的最大化；另一方面，

---

① 大学·人文·出版——访广西师大出版社社长何林夏 [EB/OL]. http://book.ifeng.com/special/lixiangguo2011/content-3/detail_ 2011_ 11/23/10854822_ 0. shtml.
② 大学·人文·出版——访广西师大出版社社长何林夏 [EB/OL]. http://book.ifeng.com/special/lixiangguo2011/content-3/detail_ 2011_ 11/23/10854822_ 0. shtml.

在产品研发上，强调新技术的利用，将平面媒体的书刊互动延伸到与电子音像和网络的综合互动，逐年增加相关产品在出版社产品总量中的比例。在适当的时候，推进出版与其他行业的结合，探索出版社发展的新空间。"①

早在 2000 年，广西师范大学出版社筹建了桂林贝贝特电子音像出版社，使出版范围拓宽到电子音像领域。广西师范大学出版社依托桂林贝贝特电子音像出版社，主要出版发行科学技术、教育类电子出版物和配合本版出版物的音像制品。公司基于自己的优势，以教育产品为切入点，尤其是以学生教育产品为主导，将线上和线下教育结合起来，出版了大量的优质课程数字产品。这些产品以音像产品的形式线上和线下发行。在制作和编辑过程采取的措施有：（1）与中央电视台合作，购买央视版推广教学课程片，但根据学生的特点和教学实际，将中央台的课程教学片由一堂课 45 分钟压缩，去掉板书，浓缩成 15 分钟左右的短片再进行发行，更适合学生的学习需要。（2）建立自己的录音棚和演播厅，邀请著名的师资建构自己的教学节目，通过实施教育模块化，发行针对性强的教学片。（3）引进版权的和自制的这些教学片除了发行 DVD 之外，还放到网站上面，供学生注册学习或下载学习。同时和亚马逊合作，开发移动阅读和观看。（4）通过会员制，全科目开放，一年收取几千元的注册费，可以自由地在网上观看视频。（5）同时开办辅导班，配合线上进行线下的教师一对一辅导，提高数字阅读的效果。

桂林贝贝特电子音像出版社还与北大方正合作，推行网络出版，实现了出版品种的多样化。由此，广西师范大学出版社的经营范围也从图书出版领域拓宽到电子音像出版领域。同时，随着网络出版的迅猛发展，广西师范大学出版社也加大了网络、网站等方面的建设，探索数字技术与出版技术，积极推进多媒体出版和网络出版。2007 年，广西师范大学出版社与韩国顶尖的数字出版商KSES 公司开展 E - Learning 项目合作，共同打造了出版社自己的 E - Learning 教育服务平台。这个平台利用因特网和企业内部网进行教育，学生可以通过网络访问服务器上的教材，也可以通过网络听老师实时上课。②

除贝贝特电子音像出版社外，其他分公司，如上海的分公司也在做数字出版，主要是基于各个分公司自身的优势。广西师范大学出版社（上海）公司成

---

① 何林夏. 坚持科学发展观实事求是谋发展［J］. 大学出版，2006（02）.
② 冯建和、李殷青主编. 广西师范大学年鉴（第 7 版）［M］. 广西师范大学出版社，2009：470.

立于 2012 年 5 月，作为广西师范大学出版社加快数字出版转型升级及融合发展的工作切入点，依托广西师范大学出版社的品牌优势，坚持互联网发展思维，提出了适合自身发展的工作思路，即一是从自身资源特色与市场需求出发，全面与新媒体技术及市场融合；二是以打造有销售力的新媒体、数字资源产品为经营导向，不唯政府补贴论；三是积极吸纳与培养创意人才，不断提升专业化水准；四是坚持以教育出版为核心，学术人文与珍稀文献为两翼，多元并举的业务格局，通过近三年的探索，目前取得成效已初步显现。

截至目前，广西师范大学出版社（上海）公司已同国内各大主流数字书城建立了业务联系，开发了 Image 国际数字版权、数字图书馆 B2B 业务、自主策划 E - only 电子杂志《夜跑》《蓝袜子》等。2013 年电子书销售收入为 15 万元，2014 年达到 96 万元，2015 年预计可实现营收 150 万元。自主研发《苏联解密档案数据库》等学术数据库，代理销售《标点古今图书集成》《历代书法碑帖集成》等数据库产品，并计划 2015 年内上线面向中小学教师培训的"教师中华经典文化研读平台"。2014 年数字资源实现销售收入 33.3 万元，开通试用机构 123 家，使广西师范大学出版社数字资源品牌得到了初步的推广。在稳步发展的同时，运作资金短缺、持续的盈利能力有待提高等问题依然存在，公司计划通过深化重点项目和数字平台建设，实现数字项目持续盈利，同时借助当前加快推进出版融合发展的良好机遇，实现快速发展。①

广西师范大学出版社网上书店，为读者提供快捷的、个性化的服务的同时，可以解决传统销售渠道中的库存难题和配送难题。在官方网站上可以发现，广西师范大学出版社提供更多的、丰富的图书信息，如新书预告、图书专题、图书分类、精彩书评等。同时，广西师范大学出版社的官方网站也开设了电子图书网络销售板块，方便读者购买图书。此外，出版社的官方网站也开设了"读者声音"板块，方便读者与出版社互动、反馈图书信息等。另外，还开通了微信、微博和播客，通过推动和实施传播媒体的革新和使用，广西师范大学出版社实现了跨媒体发展，利用多种媒介的优势互补形成影响力，使出版社获取更多无形的资产。如下图所示。

---

① 广西师范大学出版社集团（上海）公司数字出版与媒体融合工作成效初显［DB/OL］. http：//www. gxpprft. gov. cn/index. php？ m = content&c = index&a = show&catid = 34&id = 17061.

主页　　　　　　　　　　　　　相册

　　广西师范大学出版社认为，国内数字出版的人才、技术和思路，其实与国外并没有太大的距离，但有两个问题严重影响着国内数字出版的发展。第一，诚信环境和商业环境。国外的电子书之所以能快速发展，是因为国外的出版环境比较好。但国内的电子出版物盗版现象非常严重，必须加强国内的版权保护。第二，内容提供商收益太少，缺乏参与的积极性。在国内当下的数字出版的探索中，话语权基本是被技术服务商所掌控，技术服务商的积极性远远超过内容服务商。而在平面媒体的内容数字化的过程中，在信息碎片化、知识条目化等工作内容上，内容服务商具有相对的优势，必须在这个转化过程中探索新的盈利模式。近年来，广西师范大学出版社也在电子书、移动阅读平台、数据库等多个板块进行尝试，这将会成为未来几年内广西师范大学出版社发展中的重点。①

数字出版运营和盈利模式的问题，广西师范大学出版社也在积极探索，主要依靠项目的带动，寻求政府资金等方面的支持。通过项目，集团依托国家的政策和资金的支持，可以促进数字出版的快速发展，发挥数字化出版的优势。2015 年，广西师范大学出版社集团有限公司所立项目"个性化移动英语口语学习平台"入选 2015 年度广西优秀数字出版项目名单，获得政府财政支持。这是为贯彻落实国家新闻出版广电总局和财政部联合下发的《关于推动新闻出版业数字化转型升级的指导意见》（新广发〔2014〕52 号）、《关于推动传统出版和新兴出版融合发展的指导意见》（新广发〔2015〕32 号）等文件精神，有效实施项目带动战略所采取的措施，广西新闻出版广电局希望各获评优秀数字出版项目单位要积极发挥数字出版项目的示范带动效应，抓紧落实完成项目建设，加快推进传统出版单位数字化转型升级和融合发展步伐。②

二、接力出版社

接力出版社是一家以出版青少年读物为主的出版社，成立于 1990 年年初，目前是广西出版传媒集团有限公司（广西出版总社）直属的子公司。在媒介融合的探索中，接力出版社作了大量的探索，可视为广西出版传媒集团数字化的典型代表。接力出版社从文化影响、国际合作到新媒体融合发展，读者服务以及经营管理等各方面都取得了骄人的成绩。

为了更好地做好新书推广工作，接力出版社专门成立了市场调研、营销推广部门，与国内数百家报纸、电视、电台及网络建立起了良好的合作关系，为接力出版社各类新书产品以最快的速度、最丰富的信息背景与读者见面提供了良好的图书信息传播渠道和环境。接力出版社还与卓越、当当、新浪网等网上

① 何凯 . 坚持品牌的个性，让出版服务人民——对话广西师范大学出版社集团公司董事长 [J] . 出版广角，2014（7 上）.

② 2015 年广西优秀数字出版项目评估公示，自治区新闻出版广电局办公室 ［DB/OL］. http：//www. gxpprft. gov. cn/index. php？ m = content&c = index&a = show&catid = 11&id = 17956.

图书销售商及一些读书俱乐部长期保持了良好的合作关系，发行网络已覆盖国内的各大中小城市，图书销售渠道畅通无阻。①

接力出版社以市场为依据，以资本为纽带，以青少年儿童大众读物和教育图书的出版主业为基础，通过体制创新、内容创新、技术创新，逐步成为中国青少年文汇创意产业的主力内容集成商，实现以图书为主业的、以数码动漫、3G信息、IPTV（网络交互电视）、品牌形象授权为延伸产业的多重利润模式。②

2007年到2011年，改制后的接力出版社组建广西第一条自有动漫生产线，启动桂林接力数码动漫基地建设，实现广西动漫产业零的突破。以中国—东盟青少年儿童新媒体产业大厦为孵化基地，实现"接力系"图书、报刊、网络、影视、音像、演艺、动漫等资源整体进入新媒体的升级。实现从产品市场到资本市场的根本性转变，组建跨区域和跨行业、纸媒体与新媒体共生共荣、投资主体多元化的现代文化企业，并积极创造条件寻求资本上市。③

接力出版社与起点和天涯等网站合作策划的"e小说文库"是接力出版社继"萌芽书系"之后拓展的一个新的青春文学板块。首度亮相的e小说文库"镜""花""云""影"四大系列25部力作，将依托与多媒体互动的网络文学资源，全力打造中国原创青春文学，形成新的经济增长点。

在动漫影视新媒体方面也取得了显著成效，出版动漫杂志《动感接力》。在对图书产品进行特色营销推广方面，通过多种渠道和表现方式传达给读者，不仅通过报纸、杂志、广播、电视等各种传统媒体将文本价值传递出去，同时通过网站、博客、流媒体等新媒体形式，促进与读者的沟通。例如，李宇春的《I Chris我的音乐地图》发布了3万条手机短信息，《塔希里亚故事集》《追杀五月天》等采用了手机图片下载的无线推广方式。

"在童书数字出版方面，接力出版社自2011年年底成立数字出版部开始，就将打造精品数字童书作为核心目标，2012年9月引进自法国的第一次发现《瓢虫》《森林》两款富媒体数字童书取得了理想的下载量，更凭借《瓢虫》在有乐互动发布的国内首份针对儿童APP的专项排名《2012年度十佳儿童APP排

---

① 韩旭. 接力社出版营销策略研究 [D]. 河北大学，2009.
② 尹华平. 接力出版社改企 广西文化体制改革迈出实质性步伐 [EB/OL]. http://www.gx.xinhuanet.com/gxzw/2007-01/10/content_9100022.htm.
③ 韩旭. 接力社出版营销策略研究 [D]. 河北大学，2009.

名》中位列第 8 名，成为唯一入围的出版社。"①

2012 年 9 月 18 日，接力出版社在国家图书馆少儿馆举行"第一次发现"系列丛书电子版的发布会，《瓢虫》《森林》iPhone 版和 iPad 版电子书推出，并从即日起这两本电子书将限时免费，苹果用户可以免费下载体验。

"第一次发现"丛书是接力出版社 2009 年引进出版的法国儿童科普启蒙读物，该丛书总计 100 册。《瓢虫》《森林》是接力出版社着力开发童书数字出版的首次出击，也是接力出版社在童书数字出版领域实施精品化战略的第一步。这两款电子童书是根据接力出版社引进自法国的儿童科普胶片书"第一次发现"丛书中的《七星瓢虫》和《走进森林》改编的 APP 应用中文版。该产品应用了仿 3D 技术、多点触控、重力感应等多项数字出版技术，集游戏、体验、互动、娱乐、教育等多重功能于一身。②

2013 年，接力出版社针对不同操作系统和终端，陆续推出不同题材、不同品类、不同表现方式的 10 款数字童书，其中既有将经典动画形象进行数字化开发，寓幼儿数学学习于童话故事的《蓝皮鼠大脸猫学数学》（iOS 系统版），也有将几十年科研教学成果加以数字化、生动化的《何秋光数学——儿童学前数学思维训练》（iOS 系统版、安卓系统版、Windows 系统版），还有根据中国传统童谣集大成之作"中国传统童谣书系"改编的，将民族传统风格和科技感、时尚感相融合的《中国传统童谣》APP 应用（iOS 版、安卓版、Windows 版），以及根据当代儿童幻想小说"我是夏蛋蛋"系列改编的有声读物《我是夏蛋蛋》（iOS 版、安卓版）等。接力出版社将通过大量精品数字童书的策划、出版、营销，实现多媒体复合出版，探索数字童书的策划、开发、营销、推广经验。③

2014 年 6 月，接力出版社综合数字阅读平台"接力阅时空"上线 App Store。"接力阅时空"是接力出版社推出的一款 iOS/安卓平台的阅读客户端，内嵌接力好书、促销优惠、读书活动等模块，依托接力出版社的优秀资源，提供适合智能终端阅读的海量高品质图书内容，实时推出各种优惠活动、读书活动，

① 黄俭. 接力出版社致力中国青少年多媒体阅读推广［EB/OL］. http：//www. chinaxwcb. com/2013－08/05/content_ 274213. htm.
② 接力社启动数字出版两本电子书免费下载［EB/OL］. http：//www. cpin. com. cn/html/szcb/763472. html.
③ 孟凡. 从接力出版社 APP 产品看童书数字出版新动向［EB/OL］. http：//www. cpin. com. cn/html/szcb/779915. html.

畅享阅读，书海交友，享受实惠。①

在新媒体和传统媒体相融合的时代，2015 年 8 月，接力出版社中国青少年多媒体阅读推广平台的"天鹅阅读网"上线，标志着中国专业少儿出版社首个青少年读者阅读服务平台搭建成功。截至 2015 年 11 月，接力出版社共开发了"蓝皮鼠大脸猫学数学""瓢虫""森林""香蕉火箭 AR"等 8 款青少年数字 APP 应用，在各合作平台上线了 300 余种数字图书。与纸质和电子版彼此在不同的阅读载体上不同，越来越多的出版机构更开始谋求电子和纸质的同阅读场景融合。例如，接力出版社出版的"香蕉火箭"系列就运用 AR（增强现实）技术，将通过手持终端屏幕的电子互动阅读与对纸质图书的扫描识别相结合，营造了一个纸质图书与电子图书交相辉映的立体阅读场景。②

网站是媒介融合的基本形式。各出版社网站担负着介绍和宣传出版社的责任，担负着向读者传播该出版社所出图书的责任。接力出版社的网站已经成了一个网上销售平台，将传播和营销紧密地结合在一起，是一个在网的销售平台。如下图：

自从 2010 年"微博元年"，微博这一新的网络平台爆发以来，越来越多的出版集团开展了微博业务以适应市场的需求。出版集团通过微博这个新载体可以利用文字、图片、视频等多种手段全面宣传图书，通过微博与读者、作者互动，有利于图书的品牌推广，加大营销力度。"通过高质量微博营销可以留住粉丝。接力出版社先后开通新浪、腾讯微博，截至 2013 年年底，粉丝数量达到 2.5 万。越来越多的出版社加入微博营销大军，简单的转发赠书、每日书摘、大

---

① 孟凡. 从接力出版社 APP 产品看童书数字出版新动向 [EB/OL]. http：//www. cpin. com. cn/html/szcb/779915. html.

② 接力出版社致力中国青少年多媒体阅读推广 [EB/OL]. http：//news. xinhuanet. com/zgjx/2013 - 08/05/c_ 132603323. htm.

转盘、砸金蛋等已经不能达到增加粉丝数量、提升粉丝活跃度的效果，而且内容价值过低的微博往往会被受众自然过滤掉，甚至引起受众反感。通过对微博营销的深入了解，接力出版社认识到高水平的微博内容、有价值的信息是出版机构官方微博的必要要求。以出版社在新浪微博发起"小乌龟富兰克林绿倡议儿童绿色阅读"活动为例，微博发布当天，就有上百条读者评论和转发，并说出了自己心中的绿色阅读倡议。当然，微博大号和微博红人的转发和推荐也会起到较好的效果。2012年12月27日，《跟身体谈恋爱》新书上市之前，第一条正式微博由微博大号也是该书的作者伊能静发出，几天时间内立即被转发1308条、评论332条。①

2013年，接力出版社开通了官方微信，并开展了"猫眼小子包达达"征文大赛、"富兰克林和朋友"绘本剧大赛等有效活动。2014年，接力出版社将网络营销的重点定于中国青少年阅读推广平台的建立和运营，通过数字出版、APP上线、微信微博推广、读者俱乐部的启动等项目的运作，寻找网络营销的新突破。但无论在什么平台，做什么样的活动，粉丝圈的维护始终是不变的追求。② 在营销宣传手段方面，接力出版社与全国500多家媒体均有良好的合作，通过这些报纸、杂志、广播、电视等各种传统媒体将文本价值传递出去，并积极组织作家进入校园、书城及社区，同时通过网站、博客、微博、流媒体、车载广告、电梯广告等新媒体形式，实现图书宣传覆盖面的最大化和信息传达的最优。③

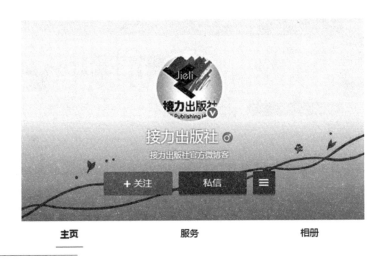

① 马婕. 变的是平台 不变的是粉丝圈 [N]. 中国出版传媒商报，2014-04-14.
② 马婕. 变的是平台 不变的是粉丝圈 [N]. 中国出版传媒商报，2014-04-14.
③ 李子木. 接力出版社：在三个先进中稳健前行 [N]. 中国新闻出版报，2012-02-16.

视频营销拉拢粉丝。接力出版社开始根据图书的特质和内容，为图书制作宣传片，并上传到优酷网、搜狐网等视频网站，以动态活泼的形式吸引粉丝关注。"疾速天使"系列是美国畅销书作家詹姆斯·帕特森的作品，该作品节奏紧凑，内容融合奇幻和冒险，就像纸上大片，风格和好莱坞大片相似，所以通过视频的手段能让读者更好地了解该书的内容；意大利作家大卫德·卡利创作的《爱是什么》受到伊能静的喜爱，接力出版社配合伊能静为打工子弟学校讲授《爱是什么》，并在亲子网站招募家庭共同阅读《爱是什么》，以家庭为单位让他们阐述自己心中的爱是什么，再将这些内容录制，制作成视频，展现出不同人对爱的理解。其实，视频营销不仅仅要视频制作得好，最关键的还是要被粉丝看到，受到粉丝的关注和认可。基于此，接力出版社通过和视频网站的洽谈和合作，将视频放在首页位置进行展示。①

近年来，接力出版社还通过多种小投入、高产出的推广奇招，用充满新意的营销手段和与时俱进的宣传推广渠道拓展。在儿童电视节目片尾赠书，在儿童门户网站开设作家给孩子讲故事的视频专栏，组织日常阅读分享活动等。

接力出版社还开设了淘宝店进行推介和售卖。

广西师范大学出版社和广西出版集团下属的出版社都采取项目来带动探索数字出版的发展。2015年，接力出版社有限公司的"接力少儿主题阅读复合出版产品群"、广西教育出版社有限公司的"广西教育出版社教育资源 MPR 整合推广服务工程"、广西科学技术出版社有限公司的"中国—东盟传统医药全媒体出版平台"、广西美术出版社有限公司的"广西民间艺术资源库"、广西人民出

①　马婕.变的是平台 不变的是粉丝圈［N］.中国出版传媒商报，2014－04－14.

版社有限公司的"广西壮族自治区资源库（广西网）"等入选 2015 年度广西优秀数字出版项目名单，获得政府财政支持。① 显示了集团各公司探索数字出版的积极性。

---

① 2015 年广西优秀数字出版项目评估公示，自治区新闻出版广电局办公室［DB/OL］. http：//www. gxpprft. gov. cn/index. php？ m = content&c = index&a = show&catid = 11&id = 17956.

第六章

广西媒体媒介融合的路径模式探析

从上面可以看出，广西省级媒体包括报业、广电和出版等行业都对媒介融合作了大量的探索，其中有共同的道路演进轨迹，但是与全国其他地区主要的主流媒体的探索还有相当大的差距，这也是广西媒体值得正视的，并且需要加以提升的。

第一节　广西媒体媒介融合路径的演进模式

从广西日报集团、广西电视台、广西广播电台、广西师范大学出版社、接力出版社等主要媒体的探索中，可以看出以下演进模式。

一、媒介融合意识的确立

从总体上说，各个媒体对于新媒体的冲击和媒介融合的业态都有清晰的认识，对于报纸消亡论、传统出版消亡论有着深深的危机感和紧迫感。因此，在意识和思想上都对引入新媒体，建立融合的业务平台持积极的态度。这也是媒介融合在各单位能积极推动的首要原因和第一动力。媒介融合也从最初的"借手段"——将内容网络化演变到"借思维"——转变运营模式，传统媒体加速创新，持续发力融合发展。

在媒介融合的进程中，广西日报集团紧抓这个变化趋势，做了大量的工作，形成了融网络媒体、移动媒体与传统媒体于一体的全媒体平台，并且按照新媒体的传播特点进行新闻传播内容的探索。接力出版社在数字出版上也大胆探索，奉献出了新媒体产品。其他的几家媒体则持相对谨慎态度，主要是在网络媒体上进行了探索，虽然也开通了两微一端，但是其作用还很微弱。这主要反映在媒介融合意识的认定上有所不同。

广西日报对建设新媒体和促进媒介融合有着清晰的认识，站在战略的高度对全媒体进行了规划。以"创造性引导舆论，开拓性经营传媒"的发展理念，朝着"打造有区域性国际影响力的传媒集团"的目标迈进已经成为整个集团在新舆论环境下的发展策略。① "广西日报传媒集团现已构建了平面媒体、网络媒体、移动媒体全覆盖的多媒体传播格局，并已成为广西新媒体产品形态最齐全、影响力和传播力最强、人员配备最完备、技术力量最强、与自治区及各级党委和政府配合最紧密的传媒机构。"② 广西日报传媒集团为《广西日报》官方微博、微信提出了"权威领主流，沟通凝力量"的口号。广西日报传媒集团新媒体以此为宗旨，把体现党的主张与反映人民的诉求更好地结合，把坚持正确舆论导向与通达社情民意更好地结合，把新闻宣传与服务社会更好地结合，通过一系列有影响力的新媒体互动活动，建立起权威、高端、有力量的媒体新形象。③ 广西日报客户端找准自己的定位，围绕"四个紧扣"——紧扣党委、政府的工作大局、中心任务做文章，紧扣广西经济社会发展的重大主题，紧扣广大读者关心、关注的热点、难点、疑点问题，紧扣集团自身发展的需求，以不可替代的权威性、公信力，以高品质的主流新闻、有影响力的价值导向，确立在移动互联网时代的高端主流媒体地位。④

与很多省级党报一样，广西日报也正在积极推动传统媒体与新兴媒体融合发展。对处于西部后发展地区的广西日报传媒集团，新兴媒体对传统媒体的冲击来得迟了一些。"我们非常清楚，相比发达省区，我们在资金、人才上都有一定的差距，因此我们的想法是采取跟踪战略，做'第二个吃螃蟹的人'。那些短时间内由于资金、人力等原因学不来的，我们要'低态跟随'，瞅准合适机会再着手做，这样虽然时间上可能晚一些，但能够把风险降低。"⑤

同样，出版社虽然和报社有所不同，其内容更多地属于文化产业，但是媒介融合也有着重要的作用。接力出版社就把媒介融合看作开发市场的重要途径，一直进行着大胆的探索和尝试。其 2012 年 9 月引进、策划、开发了"第一次发

① 广西日报集团新媒体：做新舆论场中的"新党报"［EB/OL］. http：//news. xinhuanet. com/zgjx/2015 – 02/10/c_ 133982998. htm.

② 广西日报集团新媒体：做新舆论场中的"新党报"［EB/OL］. http：//news. xinhuanet. com/zgjx/2015 – 02/10/c_ 133982998. htm.

③ 广西日报集团新媒体：做新舆论场中的"新党报"［EB/OL］. http：//news. xinhuanet. com/zgjx/2015 – 02/10/c_ 133982998. htm.

④ 叶乐阳. 广西日报客户端：打造广西新闻发布第一平台［J］. 中国记者，2016（01）.

⑤ 丁燕. 广西日报总编辑：做第二个吃螃蟹的人［N］. 内蒙古日报，2014 – 08 – 20.

现"系列富媒体电子书《瓢虫》《森林》。在《2012 年度十佳儿童 APP 排名》中，《瓢虫》位列第 8 名。为了将这两部电子童书打造成精品，接力出版社制作成本投入近 10 万元，而随后的宣传推广经费也不菲。但经过两年的线上线下活动推广，以及配合图书的宣传活动，两款产品的收益回报依然是极低的。①

数字出版市场未成熟，突出表现在用户付费购买习惯尚未养成，付费意愿一直偏低。正是读者付费阅读意愿低，出现《瓢虫》叫好不叫座的现象。阅读客户端市场的成熟不是几家公司能够催化的，需要随着智能终端价格的降低扩大读者群；需要技术的进步来削弱显示屏对视力的影响，从而延长读者阅读时长；需要内容制作方开发出大量精品图书，提升读者付费意愿。当然，还需要政府引导和行业自律来降低恶性价格竞争。②

"目前做得好不好不重要，关键在于进入这个市场，为以后的数字化布局打下基础。"

对此，接力出版社 2013 年至 2014 年分别开发了儿童数学思维游戏《学前儿童数学思维游戏》、儿童经典童话数学认知书《蓝皮鼠大脸猫学数学》、青春绘本电子书《呼吸的意义》、有声童话《我是夏蛋蛋》、有声读物《中国传统童谣》，并将这些童书进行降价和限时免费，通过提供"免费的午餐"将用户吸引到相关的图书上来，富媒体数字童书成了纸质图书的富媒体网络试读本，并通过网络购买链接的嵌入增强对纸质图书的购买流量导入。随着市场成熟度的提升，数字出版与传统纸质出版的关系也必将从对立代替转向融合互促，共生共荣。③

二、数字基础设施的建设

所有单位的媒介融合探索都建立在基础设施的建设之上。这主要是媒资系统的建设，实现了资源的数字化和网络化管理。为内容的共享和开发建立了基础条件。其中，报业建立了全媒体平台，广电建立了非线性编辑网和媒体资产管理系统，以及播出网。广电网络公司实现了网络整合和数字电视的转换。

广西日报集团在科技领先战略的指引下，网站研发技术日臻成熟，积极进行播客系统、团购系统、相亲、游戏等软件的研发工作，并着手引进战略投资

---

① 房明. 童书数字化：牵手纸质出版 不再"另立门户"［N］. 中国新闻出版报，2014 - 11 - 20.
② 窦新颖. 传统出版社推 APP 只是投钱赚吆喝？［N］. 中国知识产权报，2013 - 03 - 22.
③ 窦新颖. 传统出版社推 APP 只是投钱赚吆喝？［N］. 中国知识产权报，2013 - 03 - 22.

者，合作打造全媒体平台；进一步拓展网络多媒体、移动多媒体、户外多媒体业务，构建以网络为主体，涵盖手机报、手机杂志、手机电视、网络电视、户外大屏等立体传播体系；整合集团网络优质资源，加快构建新媒体群落；现在已经开始广西云的规划，力争建立全区各市县网群，打造覆盖全广西的网络宣传平台。

三、传统媒体与新媒体接口的联通

融合需要找到接口，广西电视台媒资系统、广西电视台的全媒体平台的建立为资源和信息的流动打通了接口。广西日报还可通过手机下载安装的广传魔码客户端扫描报纸右下方的二维码就会看到内容。二维码、图像识别等技术，承担了桥梁的作用，也让报纸承载的内容更丰富和生动。广西日报创新传播形态，将稿件由单一的文字形态转化为文字、视频、音频等多媒体形态，让读者以立体、交互的方式阅读报纸，还可以在报纸上看视频新闻、听歌、购物、投票、玩戏……广西日报此次将二维码作为打通文字与视频新闻的渠道，是顺应新闻传播技术不断创新的趋势，将传统的文字新闻采编升级为全媒体新闻生产的创新之举。

而接力出版社将接口定位于三维技术的运用。接力出版社和法国伽利玛少儿出版社共同开发的"第一次发现"丛书，即《瓢虫》和《森林》等多媒体互动体验版电子书，由苹果应用商店（App Store）上架与全国读者见面。该书是接力出版社进军童书数字出版的首批产品，也是该社在童书数字出版领域实施精品化战略发出的"第一弹"。①

《瓢虫》和《森林》两本电子书应用了仿 3D 技术、触控感应技术、移动定位技术等多项数字出版技术，从而使阅读过程更富互动体验性。除这两种童书外，接力出版社目前还在进行包括葛冰的"蓝皮鼠大脸猫"系列、何秋光的"儿童数学智力潜能开发"系列等童书的 APP 应用策划设计中。

四、新媒体组织机构的设立

为了推进媒介融合，广西日报集团、广西电视台、广西人民广播电台等单位先后建立了新媒体部。

---

① 晓武 . 接力出版社进军童书数字出版精品化战略首推"第一次发现"［J］. 出版参考，2012（8 下）.

2013 年 6 月 2 日，《广西日报》新媒体部成立，致力于发展新媒体领域的"新党报"。加强新媒体领域"内功"建设，表明了广西日报传媒集团发展新媒体的信心和决心。新媒体部由集团各子报及各部室人员竞争上岗，选优录用。从 3 个人、9 个人发展到现在的 19 个人，新媒体部成为集采编、策划、直播、H5、互动游戏、线上线下活动等多方面人才汇集的部室。

2013 年 9 月，《广西日报新媒体内容采编及绩效考评制度》发布，使新媒体内容的生产与发布制度化。同年 11 月，集团在区内媒体中首家制定出台《广西日报传媒集团新媒体管理手册》，成为规范旗下各媒体微博、微信以及众多记者、编辑新媒体行为的基本纲领。①

在"广传魔码"上线后，广西日报传媒集团专门成立工作领导小组，由社长任小组组长，各子媒体及网络中心一把手任小组成员，同时下设工作小组，新媒体部负责人任工作小组组长，协调报纸、网站、微博、微信以及技术等方面的工作。2014 年 1 月，集团还制定了《"广传魔码"内容采集规定》，使"魔码"生产制度化、经常化。②

广西新闻网还启动了转企改制工作，深化改革，创新体制机制，按现代企业制度的要求，建立完善的公司治理机制，将集团打造成具有持续增长能力，在国内乃至东南亚有影响力的现代传媒企业，并力争尽快进入资本市场。

五、相关政策的推动

新媒体的发展和媒介融合的提升离不开区委宣传主管部门的政策支持以及领导的关怀。

广西新闻网的前身是广西日报社 1999 年创办的新桂网。而桂龙新闻网是由广西区党委宣传部、广西区党委外宣办等在国际互联网上建立的广西的重点新闻网站。2006 年 1 月 1 日，新桂网与桂龙新闻网整合而成全新的广西新闻网。自此该网站是由广西壮族自治区党委宣传部主管、广西日报传媒集团主办，是国务院新闻办公室批准的广西唯一省级重点新闻网站。广西新闻网承担起了"聚焦广西、网联世界"的重任，广西新闻网汇集了广西社会、经济、文化、生活等各个方面最新、最权威、最丰富的信息资讯，是广西最大的互联网资讯平

---

① 广西日报集团新媒体：做新舆论场中的"新党报"［EB/OL］. http：//news. xinhuanet. com/zgjx/2015 – 02/10/c_ 133982998. htm.

② 广西日报集团新媒体：做新舆论场中的"新党报"［EB/OL］. http：//news. xinhuanet. com/zgjx/2015 – 02/10/c_ 133982998. htm.

台。目前已开设40个频道近500个栏目，汇集了广西社会、经济、文化和生活等各方面新闻信息资讯，每天更新新闻500多条，各类信息2000多条。

原广西新闻出版广电局正式印发实施了《广西网络广播电视台组建总体方案》，方案要求完成网络台运营实体的组建。方案明确，由广西电视台、广西电台联合组建广西网络广播电视台，在坚持党的领导和正确舆论导向的前提下，运用市场化体制机制，深度整合广西广电的新媒体资源，分阶段推进广西网络广播电视台的建设营运工作。《广西网络广播电视台组建方法方案》提出，广西网络广播电视台的发展要以中国—东盟信息港建设为契机，用三至五年的时间，将其打造成"全国先进、西部领先、广西一流"的新媒体平台和新型宣传舆论阵地，构建以网络视听主流媒体为核心的跨界融合、集成发展的产业生态圈。①

2017年2月21日，全区推进媒体深度融合工作座谈会在南宁召开，会议深入学习贯彻中宣部推进媒体深度融合工作座谈会精神，全面部署广西媒体深度融合的发展工作。② 提出打造"广西云"和"广电云"的任务，这势必为促进全区省市县各级媒体的媒介融合奠定平台基础。

六、新媒体人才的吸纳和使用

搞好媒介融合，必须实施人才战略。在新媒体的发展过程中，年轻人因为比较容易掌握新技术和新知识，具有天然的优势，但是最初新闻单位是因为年轻人太过于活跃才放到新媒体岗位上去闯一下，至于新媒体的成败并不重要，因为新媒体的体量、地位和影响都无法和传统媒体相比。

但是随着传媒技术的快速发展，新媒体的受众面和影响力与日俱增，已经对传统媒体形成挑战，而媒介融合已经成为当今媒体发展的趋势。对新媒体人才的需求成为搞好媒介融合的重要前提。从网站技术到视频技术，到APP开发技术到AR、VR技术等，对新媒体信息传播人才的要求越来越高，吸引和留住人才已经成为新闻媒体单位的核心工作。

主动利用新技术，开发新媒体，紧跟相关行业的前沿技术，积极推动传统媒体转型升级，推动全媒体融合，加快推动产业升级转型，必须坚持人才兴业、人才强业的战略，必须建立科学的人才管理与培养机制，以培养和引进相结合

---

① 广西局印发实施《广西网络广播电视台组建总体方案》［EB/OL］. http：//www. sarft. gov. cn/art/2016/4/19/art_ 114_ 30596. html.
② 广西加快推进媒体融合发展步伐 打造新型主流媒体［N］. 广西日报，2017－02－22.

的方式，破解高端人才紧缺的瓶颈；积极引进新媒体所需人才，为集团跨越式发展提供人力资源保障。

广西日报传媒集团为加快新媒体事业蓬勃发展，在这方面就提出了具体的要求，广西日报新媒体部面向社会诚聘英才：

新媒体编辑岗位职责是：负责新闻客户端、新闻微信、政务微信等新媒体产品文字编辑及文字直播及负责报纸文字报道。要求：文字功底扎实、新闻采写经验丰富、文稿策划能力优秀、逻辑思维能力强、创新意识强。

视觉设计岗位职责：负责新闻客户端、新闻微信、政务微信等新媒体产品相关的日常设计工作。要求：有良好的美术功底和非凡的艺术感觉，对图片处理、版面编排、美术设计等有独特心得；精于平面设计、网页设计、视频后期包装设计、动画设计，熟练应用多种主流设计软件。

新媒体产品与市场运营人员岗位职责：开展新媒体产品的前期调研、产品规划、项目组织及落实等工作；实现微博、微信、APP 客户端的产品优化；计划并组织新媒体相关产品的推广、策划、会议组织、项目跟进等。要求：对新媒体、新技术的行业走向有比较深入的了解，能熟练运用各种常用办公软件，有 1 年以上新媒体工作经验优先；文笔优秀，能做出高质量的策划文案。

以上岗位都对学历和年龄提出了要求，要求本科以上，30 岁以下，同时还要工作主动、积极创新、拥有强烈的责任心和团队合作精神。

从上面的人员需求条件可以看出，新媒体的从业者普遍高学历、年轻化，能够适应新媒体采编和经营上对新技术的要求，以及新媒体时刻在线的工作特点。

只有这些是不够的，还要有合适的薪酬设计，才能保障这些人员在入职后安心工作，并具有创新精神和进取心。

第二节　广西媒体媒介融合面临的问题与障碍

在媒介融合的实践上，广西媒体与其他地区具有普遍性，但广西作为西部省份和欠发达地区也有特殊性。

一、媒介融合面临的普遍性问题

（一）内容同质化严重

媒介融合的提出是为了使传统媒体有更通畅的营销渠道，也为了网络媒体有更好的内容来源，如果只是这种浅层次互动的话，会造成网络用户忠诚度降低，无法体现媒介融合的优势，媒介融合也难以为继。

通过发展新媒体，实现了从纸媒到网络再到手机的全媒体化，报纸、网站、手机报、微信、微博和客户端多种形式并存。但有些媒体集团的多种媒介类型在采编、播出中同质化严重。就报业而言，一般网站与报纸的互动有两种形式：一种是数字报，是报纸的数字版。另一种是对报纸内容进行简单的复制粘贴，最多也只是做细小的改动。对于前一种来说，网络只是报纸内容呈现的一个载体而已，其功能并没有得到体现，而作为后一种，由于网络对报纸的转载一般是在报纸印刷出来后的第二天，容易形成时间的滞后性，而作为网络媒体最重要的优势——及时性，却并未能得到体现。就电视来讲，台网融合也是两种形式：一种是将电视台的新闻稿件以文本的方式在电视台的网站中呈现出来，这主要是电视台的配音稿件，由于电视中是音画结合的，这些稿件往往和报纸的新闻稿件写作不同，搬到网站上去，还需要作一些改写，传播效果大大不如在电视中的效果，也有一些电视台网站，就直接搬用和拷贝其同级报纸网站的，那就更失去了自己的特色。另一种是电视节目的直播和点播，这保证了电视新闻传播的时效性，也使得电视传播的线性得以弥补，观众可以收看今天之前播出的节目，但是却是原来节目的照搬。

总之，所谓的和网络、手机融合更多是通过"触网"模式在售卖原有内容，面对同样的读者群。要想改变这种局面，就必须充分认识和分析不同媒体形式的传播特点，针对其特点开发和挖掘信息的表达形式。同样的新闻不是翻炒，而是重新的组合和再造，形成差异化的传播格局，以适合不同媒介形式的受众。只有这样，才能改变内容同质化的局面，拓展受众群体。

（二）盈利模式不明显

大多数新媒体平台没有找到相应的盈利模式。没有盈利模式就成了"烧钱"赚吆喝，即使在媒介融合上有探索，也会是不可持续的。

传统媒体的盈利模式建立在"双重市场"之上的，即靠报纸或节目的发行以及广告来获得利润的。两个市场之间需要保持一种平衡和均衡，从而使得媒体既能够保证一定的影响力，也能够保证一定的受众市场，从而获得最大规模的利润。

像传统媒体一样只靠单一售卖广告版位的盈利模式已经不适合新媒体。在传统媒体广告的强力冲击下，网络媒体的受众对网站的广告一般采取的处理方式是直接抛弃，没等广告放完，网民就直接按了删除键。虽然现在有很多视频广告采取了强力推销的模式，不看广告就无法观看视频，但网民本能上还是排斥的。

一方面，传统媒体改变免费向新媒体提供信息的模式，通过版权收费模式向转载、使用自己内容的新媒体收费。通过向更多新媒体平台售卖新闻产品获得盈利。而新媒体也要通过订购、会员制等方式直接向读者收费，才能弥补传统媒体流失的广告。另一方面，媒体所办的新媒体还受到一定约束。"报纸讲求在新闻中自觉引导读者，而网络讲求在互动中自发地引导读者。"① 网络不能在互动内容上取胜的话就会使网民悄然远去。

内容和平台的不等价，是目前媒体融合的最大障碍。传统媒体支付了较高的采编成本，而新媒体却享受到信息的免费供应，传统媒体无法从新媒体中获得等价回报，使得传统媒体内容贬值不能产生"1+1>2"的效应。甚至在广告客户、读者群上形成内部竞争关系，不是相互依赖而是相互排斥，新媒体还在瓜分传统媒体的广告份额，阻碍了传统媒体原始的盈利模式链条，新媒体与传统媒体没有形成增量效应，甚至还减少了存量，导致传统媒体无法实现可持续的发展。

这种报网、台网互动性差的局面不解决，将很难形成品牌效应，使得报纸与网站两者之间难以形成上下游产业格局，对媒介融合的盈利形成重大困难。未来，媒体集团首先可以通过以法律手段保护内容版权的方式实现突围，即分散的传统媒体继续制作内容并通过版权销售整合到一起，版权收入用于媒体的可持续发展，用传统媒体的内容支撑新媒体的主流舆论平台。其次利用新媒体的特点，加强线上和线下的互动，通过线上吸引网民参与，线下举办活动等方式销售广告和商品，吸引了众多受众参与其中，积聚了大量的人气和财气，将流量即用户转化为消费者。最后发挥新媒体多媒体表达的优势，不仅限于文字广告和图片广告，还要开发 H5、AR、VR、互动游戏等新的广告形式，从而使广告具有更高的观赏性和参与性，扩大广告市场。总之，在媒介融合的时代，

---

① 徐辉. 报网互动，实现传播效益增益［EB/OL］. http：//www. southcn. com/nfdaily/media/cmyj/07/04/content/2009 - 01/16/content_ 4846482. htm.

媒介组织面对如何将分化的受众凝聚在一起的任务，还是只有更好地被受众所接受，媒介组织才能更好地将受众资源转化为财力资源，实现受众与媒介组织的双赢。

（三）人才模式不合理

新媒体的开发运营是一个不断研发和更新的过程，需要有专门的团队策划和执行，如微博、微信。微信作为一个公众平台，与微博的每条推送不一样，它需要更多的人力、物力去运营。要打造一个内容选题优质原创、传播和互动多样的平台，就必须设有专门的团队来进行策划执行。人才是媒体融合的重要力量，是增强发展后劲的强大支撑，加强信息监管、提高专业水准、严肃宣传纪律、提高审美情趣，设置信息把关人就显得十分重要。但是在媒体集团的人才模式上却跟不上媒介融合的发展。

网络作为新媒体出现之初，很多传媒集团在开始进行媒介融合的实践探索之后，便把进行改组后的"过剩"人员安排到了网站，而这些人员大多是半路出家，对网站的运营并不十分精通。在这个阶段的网络媒体中，大部分人员属于这种"工具性人才"，他们更多的是对网络媒体的内容进行简单加工，这样的新闻注定是没有含金量的，也很难得到受众的青睐，更别提能够挖掘和发布有价值的新闻信息，随着新媒体的发展及媒介融合的推进，人才的重要性得到认识，为弥补传统媒体人才的不足，面向社会开始临时招聘具有网络相关知识的人员，集团内部的编制内员工和编制外聘用人员同时并存，在编制、档案管理、养老保险、住房分配、公积金等方面存在事实上的差别。加之薪酬激励单一，用工上的"同工不同酬"使编制外的聘用人员产生不公平感，导致其产生职业倦怠，进而出现优秀聘用人员的大量流失。同时因为事业单位分类改革、转企改制等原因，没有实行岗位设置管理，导致高、中、初级专业技术人员没有实行分级管理，影响集团所属传统媒体和新兴媒体从业人员的专业技术发展和建立职业通道。

作为媒介融合而言，所需求的绝不是一些掌握简单的计算机操作知识或是传统媒体的记者编辑，而是具有这些知识的复合型人才，这也是全媒体记者所必须具备的素质。全媒体采编人才、多元产业经营人才、优秀管理人才十分稀缺，特别是在大数据分析、移动互联网产品经营、网络客户经营、创意艺术、资本运用、数字娱乐、营销策划等方面的战略人才更是奇缺。

在这个层面上讲，媒介融合后的人才模式急需改善。一方面要提高新闻人才的单体作战能力。首先在采访手段上，要求新媒体记者除会使用电脑、照相机、录音笔等常规采访设备外，还得会摄像，并掌握博客、微博、微信、QQ等网络技术。其次在采写方式上，要对一个新闻主题进行全方位、多层次、多侧面的离析与整合，形成不同定位、不同个性、不同特色的新闻信息产品，满足不同受众群体的需求，从而产生多种效益的叠加，使一次信息采集以最低成本产生最大效益。

另一方面全媒体人才也不能包打天下，媒介融合标志着新闻的生产已经是一个现代化的信息生产过程，要合理配置生产流程中各个环节的人才，才能形成整体优势。全力灌输融合媒体理念，深刻洞悉"层级开发"。一到采访现场，就要作出判断：能写文字的写文字，能拍照的拍照，能上传视频的上传视频，需要上访谈的上访谈；快讯、消息、通讯、视频、微博等各种新闻表现形式，记者都要有效规划和实施。

（四）体制问题难以突破

媒介融合是一个新的信息生产和发布的再造过程。首先是各个新媒体独立运行，缺乏整合和交叉。随着新媒体的形式日益扩大和多元，媒体集团也开办了很多新媒体，从最初的新闻网站，到手机报到"两微一端"，分别由不同的部室来承担。这些新媒体中采编人员、财务管理、经营考核、平台运行等，与开办它的传统媒体事实上相互平行。例如，广西日报集团的广西新闻网、新媒体部都是同级别的一个部室，与传统纸媒不发生联系，相互之间也不发生联系。同样地，广西电视台的新媒体部也是如此，这就导致人才、信息、资金等资源不能集中使用。尤其是信息不能二次开发。但温州由于报业集团的数字报纸收费是放在一个独立的公司进行，与《温州日报》《温州都市报》《温州晚报》《温州商报》属于同一个层级的单位。在数字报纸收费这一点上，集团内部的市场机制没有形成。后来集团各报实施"一报一网"战略，各报直接将自己的报纸在网上免费提供阅读。集团的数字报纸收费也就进行不下去了。即使在广西日报集团内部，广西新闻网和附属于南国早报的南国早报网也没有交叉，缺乏整体的战略思考，无法落实好一个主打新闻、一个主打服务的差异化的发展方向。

其次是媒体集团内部旧有的利益格局没有打破。无论是网站还是新媒体部都是集团下属的一个业务部门，既不具备全面整合新媒体业务的能力，同时又因为盈利的问题还是定位为传统媒体的附属。因此，并不具有行政、人事、后勤等管理和服务方面的能力。新媒体业务开展起来了，但是相关的材料总结上报、人员招聘、业绩考核却需要集团相关部门来做，但是这些部门往往以业务不熟悉、不懂得等原因将这些事情交给新媒体单位去做，新媒体单位不得不花费大部分的精力来做这些事情，但是往往又不能得到认可。因此牵扯了大量的精力，势必影响到业务的开展。

因此，必须创新体制机制，营造新格局。要进一步推进各媒体之间的相互融合，推进内部运行机制改革和创新，消除内部各媒体之间合作的制度障碍，通过对内部组织结构的调整，更好地整合新闻信息、人力资源，实现内容集约化生产、新闻信息产品多层次开发。在业务分工方面，对"初级新闻产品—深加工—重新排列组合"有机衔接，生产出各种形态的新闻产品；在业务职责方面，新媒体记者对内容产品的生产质量和数量负责，媒体编辑要对媒体及版面、节目的定位和风格负责。适时组建大新媒体部，以分公司或者分中心的形式存在，以整合网站、视频、手机报、微信、微博和客户端等所有的新媒体形式。

二、媒介融合面临的特殊性问题

（一）资本严重不足

媒介融合依赖于传媒技术及基础平台的建设，是一个高投入的项目。而处于西部地区的广西各媒体单位盈利能力有限，不能像发达地区一样，有很高的投入。另外，资本市场也发育得不完善，所以建立多元的资本投资机制比较难，投资主体也比较难找。

如何打造传统主流媒体在新媒体的影响力，已经成为政府和主流媒体必须考虑的问题。全国性、东部发达地区的媒体因为获得国家或地方政府的支持，还有成熟的资本市场，往往具备雄厚的经济实力，因此，可以把基础设施和人员配备好，从而在媒介融合中走在前列。作为广西媒体既要积极争取国家的专项支持，同时也要向区政府申报，获得财政支持。例如，广西日报新闻网获得区政府1000万的支持，客户端获得100万的支持。另外，也要向湖南电视台、华西都市报等中西部地区的媒体学习，充分做好信息开发，基于市场来获得发展资金。广西日报客户端凭借"两会直播间""东学记"新闻报道赢得了高端用户，并吸纳企业做冠名报道，获得了发展资金。广西网络广播电视台利用中国—东盟信息港获得发展机遇。

传统媒体可以借助旗下的新媒体登陆资本市场。2014年，湖北的荆楚网、济南的舜网以及南京的龙虎网等相继上市；2015年，辽宁日报新媒体集团（北国传媒）在新三板挂牌，成为全国首家在新三板挂牌上市的省级党报新媒体公司。传统媒体登陆资本市场，不仅解决了融资问题，还为市场化模式下的融合发展在股权激励、资产增值、人事管理上开拓了更大空间。已经转企改制的广西广电网络公司即将上市，更要紧紧抓住资本市场的机遇实现发展。

（二）技术保障的问题

媒介融合涉及大量新的传媒技术的引用。这极大地改变了信息报道"刀耕火种"的状况。新闻报道绝不再是一支笔、一个文本软件就可以搞定的事情，也不是电视台携带一台 DV 就可以报道的事情了。二维码技术、三维技术（3D）、增强现实技术（AR）、虚拟现实技术（VR）、互动游戏技术、客户端开发技术等，在新媒体中得到大量的运用。这给媒体的媒介融合带来了很大的压力，也给新媒体部室的工作人员带来了很大的压力。发达地区的新媒体部室往往组建了相应的技术公司，引进人才来做好技术的开发和保障。而广西各媒体单位由于资金和机制的问题，这方面往往很薄弱。

对此，一方面要加强技术队伍的建设，无论是报业还是广电，都不再是单纯的新闻写作的队伍了，技术力量成为团队的一部分。在业务发展上甚至担负着更为重要的任务和职责。广西广电网络公司利用自身技术力量开发了小象互动平台，极大地推动了标清向高清的转化，同时打造了社区化的视听、服务一体化的平台。他们还开发了酒店智能管理系统，对推进宽带市场起了重要的作用。另一方面也要加大和新媒体平台公司的合作，如与微博微信等的合作，视频方面则可以和索贝等视频及演播室开发公司的合作。

（三）品牌营销技能的薄弱

无论是传统媒体还是新媒体，都必须打造自己的品牌效应，获得影响力，这是其生存和发展的基础。在注意力经济的时代，如何做好媒体的营销至关重要。传统媒体由于长期的传播实践，已经获得了大众的认可，而且省级党报集团和广电由于是一省一报、一省一台，还没有受到太大的威胁。但是对于新媒体就完全不一样了，新媒体面临着和公司新媒体、个人自媒体的竞争，如果做得不好，往往就淹没在汪洋大海之中了。而媒介集团往往在营销技能上非常欠缺，尤其是在新媒体的营销技能上非常薄弱，面临着认识不足、人才缺乏、技能短缺的问题。

传统的营销依赖广告以及公关，追求的是所谓的"覆盖量"或"到达率"，在报刊杂志上就是发行量，在电视广播上就是收视（听）率，在网站上，便是访问量。将广告或者公关文章加载到覆盖量高的媒体上，便可以达到较多的注意。这种传播方式本质上属于宣传模式，传播路径是单向的。

基于新媒体的营销模式，则是将宣传向互动、深入改变。新媒体营销是一种社会化营销。注重的是人与人、人与组织及组织与组织之间的关系链。社会化媒体营销的一个显著优势就是用户对信息的信任度高，只有很好地利用用户的社交关系链，才能发挥社会化媒体营销的优势。因此，新媒体营销注重体验性、沟通性、差异性、创造性、关联性等。

广西广播电视信息网络股份有限公司注重以"用户价值"为核心，多维度、高密度、强深度地通过互联网营销平台，打造直达用户的互联网宣传渠道，向"互联网营销生态"理念升级。2014 年，广西广电网络根据企业营销策略及目标受众特征，结合社会热点，有针对性地开展了多项线上线下相结合的大型活动。2014 年广西广电网络足球宝贝秀、广西广电网络第三季微笑大使征集评选，而这些活动的开展，正好与广西广电网络"阳光服务"的服务理念、打造客户服务品牌、选拔优秀客户服务人才的理念相一致。2016 年，利用"今日头条"等新闻客户端，开展"广西广电网络回馈老用户"活动，推进标清机顶盒更换三网融合机顶盒。用户可以在"今日头条"上进行预约。

从上述案例可以看出，当前媒介融合的关键是建立一个科学和有效的模式体系。

第七章

其他省级媒体的媒介融合探索

随着传媒业发展的外部环境急剧变化，在网络技术和数字技术的推动下，新媒体给传统媒体尤其是报业带来巨大挑战，传统媒体与新兴媒体之间的界限变得越来越模糊，媒介融合在全球逐渐形成大潮流。

第一节　报业媒介融合的探索

随着社会的飞速发展以及新技术、新需求上出现的特点，手机媒体悄然崛起，博客、微博等新媒体形式不断涌现，传统报业的自我革命在逐步开展。从目前的新媒体与传统媒体的融合情况来看，报纸要超越仅仅利用网络的快捷、易于检索以及双向交流为特点的较为低级的技术层面向"数字化生存"转型。而目前报纸数字化的形态大致是：数字化采编、数字化产品、多元品牌延伸，如成立网站、推出报纸网络版、开通"手机报"等。① 所以实施媒介融合，必须全面树立一种全媒体意识。

所谓的全媒体，按通俗的说法，就是以图文、音视频、动画、图表等多种媒体形式来表现信息的一种媒介形式。② 树立全媒体意识，体现的是一种持续创新的思维。探求一种报纸与网络的深度融合，使二者相互渗透，不分彼此，各取所长，互利共生，这才是媒介融合的归属。

一、南方报业传媒集团的探索

南方报业传媒集团是从《南方日报》和其创办的其他系列报刊发展而来。

---

① 谢宁倡. 数字时代报业的跨媒介经营 [J]. 青年记者, 2007 (16).
② 黄仁雁. 以流程再造实现报网融合 [J]. 传媒观察, 2010 (03).

2005 年 7 月 18 日，南方日报报业集团更名为南方报业传媒集团。

面对新媒体带来的冲击，战略转型已成为南方报业集团的战略决策，这种转型，说到底是发展方式的转型。而这次战略转型，可以说，体现了新媒体背景下传统媒体寻求变化和突围的举措，是在以南方报业为核心竞争力的基础上，把自身品牌价值与文化向外推送的一个过程，并将传统的新闻生产模式进行颠覆性改变的一次尝试。

南方报业从自身的核心竞争力出发，利用自身的采编优势和人才储备，把经营的触角延伸到新媒体。南方报业较早地利用奥一网的网络平台优势，整合新媒体和传统媒体的资源，既让南方报业在数字信息化的今天能够充分实现信息的立体式共享，又以奥一网作为载体，更大限度上地传播了南方报业的新闻理念，从而达到品牌延伸的效果。

"目前集团已形成包括平面媒体、网络媒体、移动媒体、广电媒体、户外 LED 和南方全线通六大产品线的立体传播体系，实际影响人群过亿，主流舆论阵地不断壮大。集团近年来重大报道都通过网络、'两微一端'立体传播，传播力、影响力大幅提升。在集团的有力统筹下，进一步明确目标，加紧推进与南方网的深度融合，加强官方微博、微信、手机报、户外 LED 和南方全线通等各条产品线的建设，取得了显著成效。建成运行的集团全媒体采编一体化平台，也将成为集团采编的基础工作平台，助力集团形成全媒体全天候的生产、传播能力。集团各媒体的官方微博和微信公众号用户量均居同类产品前列。"① 如下图。

---

① 南方报业传媒集团官网［EB/OL］．http：//www. nfmedia. com/.

2013 年 5 月，南方报业提出了"深耕主业、多元开拓、加快转型、融合发展"的十六字发展战略。2014 年 7 月 9 日，改版后的南方网被定位为广东省委省政府官网、南方报业传媒集团官网、南方日报官网，是"整合集团之力"的作品。标志着"南方报业集团在媒体融合之路上迈出关键一步"。"依托南方日报的丰富资源和强大影响力，全力推动南方日报与南方网深度融合、一体化发展，举集团之力做大做强南方网，是集团转型融合发展的核心抓手，重中之重。"①

融合后的新版南方网在和《南方日报》相关业务部门和记者站深度合作的基础上，整合地方频道资源，建立起覆盖广东所有地市的南方网地市频道群，创新成立南方网地方频道运营中心。《南方日报》专刊部以及原南网对应的健康、商旅、3C、汽车、楼市、消费 6 个频道以及"公益周刊"，分别并入南方网现有的专业频道，创新成立南方网行业频道运营中心。共建频道运营中心后，《南方日报》的记者，就是南方网的记者；《南方日报》的记者站，就是南方网的记者站。传统媒体从业人员将多年经验与新兴媒体工作方式相结合，南方报业传媒集团地方记者站和行业记者的影响力也由单一报纸延伸至网站 PC 端和移

---

① 魏香镜. 南方网南方舆情 289 艺术园区等成典范案例［N］. 南方日报，2016 – 12 – 07.

动端，为地市党政机关和产业客户提供从传统媒体到新兴媒体多介质、多渠道、立体化的服务。①

通过加强顶层设计，建立了强大的统筹策划平台，先后成立了推进南方网进一步融入集团领导小组，南方日报编委和南方网班子成员组成的南方网报网编辑委员会，南方日报官网南网并入南方网工作组，南方日报与南方网报网联动对接工作小组，共建地方频道对接工作小组，共建专业频道对接工作小组，南方网战略规划工作组等针对性强、任务明晰的常设性与临时性机构，一定程度上重组了两家媒体的内部组织结构，有力地保障了南方网融合和改版工作有条不紊地快速推进。

并且还加强制度建设，探索流畅的协同作战机制，先后组织制定了 5 个报网联动机制、包括南方日报、南方网编辑部联动机制、政务新闻和突发报道联动机制、网络问政虚拟团队联动机制、南方网与南方日报"三会"联动机制，南方日报向南方网独家首发供稿机制等，初步完成了适应报网融合发展需要的机制建设与流程再造。此外，还建立了值班主任轮值制度，构筑了融合发展后的导向把关体系；完善了绩效激励考核机制，积极探索党报党网融合条件下吸引人才、留住人才、用好人才的有效办法，以形成干事创业的良好环境。这些有力举措，为党报党网一体化发展提供了强有力的制度保障。②

集团建设了"南方网与南方日报融合发展全媒体采编多媒体发布一体化平台"，这既是一体化平台的稿件数据基础平台，也是集团融合发展的资源支撑平台和枢纽技术平台。一体化平台不仅打通报网端的数据仓库，而且还集纳整合南方报业传媒集团图片、稿件、图表、音视频、历史资料库等，堪称集团优质内容原料的"中央厨房"。③

"南方+"客户端是南方报业顺应移动互联网发展大势，开发运营的一款创新型移动数字产品。通过"新闻+服务+社交"，在整合南方报业强大而优质的新闻服务基础上，为用户提供全面的信息服务、生活服务和政务服务，实现从单一内容制造商向集成服务商的转变、向现代信息产业的跨界突破。

近年南方报业改革发展的着力点已经由优化报纸版面内容转移到与新媒体

---

① 南方网. 四创新驱动三融合 [EB/OL]. http：//news. southcn. com/shouyeyaowen/content/2016－05/26/content_ 148368895. htm.

② 张东明. 深耕主业 多元开拓 加快转型 融合发展——南方日报、南方网融合发展的实践探索 [J]. 新闻战线，2014（11）.

③ 南方报业传媒集团. 打造广东融合传播第一平台 [N]. 南方日报，2016－12－07.

的融合上。通过"南方+"客户端，将变革传统新闻生产传播方式，将南方日报的核心新闻生产力优势导入互联网中，突出独家、突出原创、突出思想，做有品质、有观点的新闻，从机构生产向用户参与生产转变，从周期传播向即时传播转变，从文图表达向数据分析和可视化呈现转变，千方百计满足用户需求，精益求精改善用户体验，充分体现鲜明南方特色。①

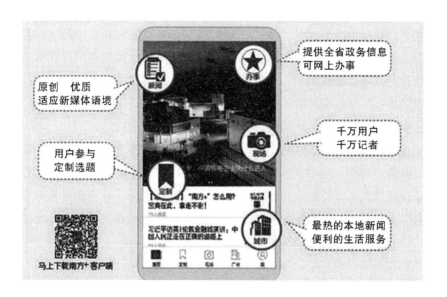

"南方+"客户端首次在国内推出特色鲜明的融通新闻服务、政务服务、生活服务和用户参与功能，发挥"南方+"客户端的示范带动作用，做强移动媒体集群。作为集团门户客户端，"南方+"客户端通过"新闻+服务""产品+产业""专业+用户"，提供全面的信息服务、生活服务和政务服务，实现从单一内容制造商向集成服务商转变。集团将以"南方+"客户端为龙头，加快建设南都"并读"APP、南方周末APP、21世纪APP等新闻客户端，以及房地产、汽车、文化娱乐等垂直领域客户端和微博、微信集群，形成强大的南方移动媒体集群。②

"南方+"深入实施创新驱动发展战略，牢固树立用户意识、平台意识、生

---

① 贺蓓，薛冰妮. 建设新型主流媒体续写南方光荣梦想［N］. 南方都市报，2015 - 10 - 23.

② 全力建设新型传媒文化集团［EB/OL］. http：//www. nfmedia. com/jtdt/jtxw/201510/t20151024_ 368141. htm？word = 48512.

态意识、资本意识，重点围绕"大格局""大平台""大服务"三条主线，将"南方＋"打造成为推动南方报业传媒集团舆论引导能力和可持续发展能力双提升的拳头产品。

大格局：通过内部整合与外部合作，逐步聚合南方报业优质内容资源、省内各级各地党政部门机构自媒体发布资源、省及各地市主流媒体特别是广电媒体的内容资源与用户资源，实现共同发展。

大平台：在呈现形式上，从传统图文为主向全媒体内容为主转变；在内容来源上，从南方报业原创为主向全省专业媒体与优秀自媒体共同提供转变；在传播理念上，从以媒体为中心的单向传播为主向以用户为中心的双向互动转变。

大服务：具体包括准确丰富的新闻信息服务；权威快速的政务服务；贴心方便的生活服务；翔实可靠的数据服务；精准全面的营销服务。①

依托南方报业旗下媒体的优质内容和专业团队，"南方＋"客户端在新闻模块全面覆盖了时事、经济、观点、文娱、生活、城市等新闻领域，全天候提供第一手权威信息、原创报道和深度分析。"南方＋"秉承"广东第一权威移动发布平台"的定位，依托南方报业旗下媒体的优质内容和专业团队，完成了一系列快、稳、准的经典报道，在信息发布领域成为南方报业"一报一刊一网一端"权威立体传播格局的重要一环，也成为广东省最权威的移动发布平台。②

二、上海报业集团的探索

2013 年 10 月 28 日，上海报业集团正式成立，由解放日报报业集团和文汇新民联合报业集团整合重组而来。③ 组建上海报业集团，目的就是通过对体制模式的调整改革，凸显旗下报纸的内容特色优势，加快传统媒体和新媒体融合发展。上海报业集团成立后，资产达到 208.71 亿元，净资产为 76.26 亿元，总体经济规模居全国报业集团前列。

上海报业集团成立，是上海贯彻落实中央精神，加快传统媒体和新媒体融合发展，打造"形态多样、手段先进、具有强大传播力和竞争力的新型主流媒

---

① 袁丁."南方＋"周年庆，揭秘一个不一样的客户端腾飞之路 [EB/OL]. http://www.nfmedia.com/cmzj/cmyj/jdzt/201701/t20170105_ 371017. htm.

② 南方报业全新出发：续写光荣与梦想 [EB/OL]. http://www.aiweibang.com/yuedu/60379827. html.

③ 上海报业集团正式成立 [EB/OL]. http://www.cs.com.cn/ssgs/gsxw/201310/t20131029_ 4185507. html.

体"的重要举措。上海报业集团优化报业机构，突出报纸特色，发力新媒体平台。解放日报、文汇报、新民晚报等主要报纸相继改版，"上海观察""澎湃新闻""界面"等新媒体项目相继涌现。①

针对传统报业发展所面临的严峻挑战，当时上海报业集团围绕"创新、融合、转型"三大主题进行改革发展。创新驱动、建设新媒体平台，在推动新旧媒体的融合过程中，对老平台要进行改造升级，向轻型化、个性化方向努力；对互联网大平台要做到科学借力，拓宽传播渠道；此外，还需自建新平台，努力构建内容生产核心竞争力。上海报业集团推出的三种新平台——澎湃、上海观察及界面的探索模式。

该集团的新媒体战略包括两种模式：一种是通过优质原创内容吸引流量，依靠海量用户来获取广告收入；另一种就是面对窄众人群，以高度专业化的内容和精准服务获得用户付费收入。采用第一种模式的就是《东方早报》的"澎湃"项目，第二种模式则涉及《上海观察》和《界面》两个项目。

澎湃新闻立志成为中国第一时政品牌。澎湃新闻是专注时政与思想的媒体开放平台。以最活跃的时政新闻与最冷静的思想分析为两翼，生产并聚合中文互联网世界最优质的时政思想类内容。同时，澎湃新闻是互联网技术创新与新闻价值传承的结合体，致力于新闻追问功能与新闻跟踪功能的实践。

2014年7月22日，澎湃新闻正式上线。"澎湃新闻"是上海报业集团改革后公布的第一个成果。澎湃新闻是专注时政与思想的媒体开放平台，口号是"专注时政与思想的互联网平台"。"主打时政新闻与思想分析，生产并聚合中文互联网世界中优质的时政思想类内容。同时，澎湃新闻结合互联网技术创新与新闻价值传承，致力于新闻追问功能与新闻跟踪功能的实践。澎湃新闻有网页、WAP、APP客户端等一系列新媒体平台。②

模式上"澎湃"强调互动。要成为"中国第一个新闻问答产品"，通过与读者的互动，分辨真相和谣言，并将核实结果实时更新。③ 旗下的产品澎湃APP，设计了"提问"和"跟踪"两大功能，前者帮助读者发问，后者则便于读者对自身感兴趣的主题进行相关阅读并长期跟踪阅读。

激发新闻追问。在澎湃新闻，用户可以针对每一条新闻提出自己的任何疑

---

① 上海报业集团推出视觉形象标志［N］．解放日报，2014 - 10 - 28.
② 澎湃新闻正式上线 上报集团新媒体实验成果出炉［J］．中国传媒科技，2014（7）.
③ 范洪岩．传统媒体移动化转型的典范——澎湃新闻［J］．东南传播，2014（10）.

问，然后获得来自其他用户的解答。这一互助方式使得用户可以真正读懂读透每一条新闻。这一功能设计使澎湃完全颠覆了传统的新闻生产方式和新闻形态。同时，只要某一位用户生产出了精彩的问答，就可以被海量用户看到。为了最大限度地鼓励用户进行追问与回答，澎湃新闻客户端设置了一个热门追问页面，优质的追问与回答在这里得到展现。①

强调新闻跟踪。很多情况下，一个新闻事件并不是一次报道就完结，它还有很多后续进展。比如，马航事件，它的每一步进展都牵动着万千读者的心。因此用户可能有这样一个需求：对于一个自己关注的新闻事件，可以及时而不遗漏地知道它的每一步进展。新闻跟踪功能就是针对这一需求而设。读者在读完一篇报道之后，如果觉得对此新闻事件或话题感兴趣，可以通过新闻跟踪按钮轻松跟踪该新闻。当该新闻有新的进展时，系统通过标签关键词会自动将新的进展报道推送到你的跟踪中心。

打造最便利的分享。看到好的内容与好友分享已经成为一种习惯。澎湃新闻客户端将分享功能进行了最大限度的便利化，与一般新闻客户端将所有分享按钮折叠在一起相比，澎湃的文章页下方就有固定的显化的微信转发按钮，可以直接转发到微信朋友圈，同时，在文章的结尾处，也有微博和微信的转发按钮。②

"清晰简洁的内容架构。与传统新闻客户端的财经娱乐体育这样的大频道设置加订阅平台、视频等的叠加设计相比，澎湃的内容结构设置非常简洁与扁平：内容的基本单位是一个个类似于自媒体的栏目，它们组成一个规模庞大、分类清晰的订阅池。用户可以订阅管理这些栏目，只有自己订阅的栏目内容才会出现在自己的首页，实现千人千面的个性化首页。"③

上海报业集团新媒体项目"上海观察"于 2014 年 1 月 1 日正式上线。作为上海报业集团成立后的第一个新媒体项目，"上海观察"致力于为目标读者提供高品质的深度阅读，设置了政情、经济、城事等 8 个栏目，选题内容涵盖上海改革和发展的各个方面。"上海观察"已推出同名微信、微博，"上海观察"的

---

① 澎湃新闻 – ThePape［EB/OL］. http：//www. thepaper. cn/www/resource/jsp/about_ pa- per. jsp.

② 澎湃新闻 – ThePape［EB/OL］. http：//www. thepaper. cn/www/resource/jsp/about_ pa- per. jsp.

③ 澎湃新闻 – ThePape［EB/OL］. http：//www. thepaper. cn/www/resource/jsp/about_ pa- per. jsp.

客户端读者可以登录网站阅读下载，也可手机下载。

2014年9月22日，上海报业集团财经商业新闻网站"界面"项目正式宣布上线公测，同时推出了五大板块：报刊原创新闻、摩尔金融、全球乐趣、公司急聘和界面之选。① "界面"致力于打造新一代财经商业新闻网站。"界面"是中国第一大报业集团上海报业，联手小米科技、360、海通证券、国泰君安、联想弘毅、卓尔传媒推出的新一代财经商业新闻网站。② 它希望服务于独立思考的人群，并且为这群人在优质新闻体验之外提供社交、投资及职场服务等。"界面"一期上线的精品商业新闻网站主张极致新闻体验，它主要由原创新闻、摩尔金融、全球乐趣、公司急聘、界面之选五大板块组成。"界面"未来的产品也将在此基础上裂变，围绕中国新兴中产阶级衍生更多服务。

界面不仅愿意为内容的权威性和愉悦感负责，还致力于让用户深入参与到新闻生产的各个环节中，彻底改变新闻生产的流程和效率。点击"界面"网站进入选题会，用户将和记者们一起讨论报道细节，报道哪家公司也将由用户来决定。为保证该定位的实现，界面由三种方式呈现：精品财经商业新闻网站、商业情报与公司人社区、专业投资与职业服务平台。

第二节　广电媒介融合的探索

进入21世纪的第二个十年，随着互联网普及程度的加快，用户增速开始减缓，互联网业务从流量经济向粉丝经济转型，文化娱乐成为带来用户黏性的领域，以百度、阿里巴巴、腾讯为代表的互联网巨头大举进军文化产业，投资电影、电视、艺人经纪、视频网站等，传统媒体的发展空间被不断分流、挤压。③

自2013年开始，视频网站纷纷进行深度整合，爱奇艺、PPS、优酷、土豆分别与百度、阿里两大互联网巨头进行强强联合。通过并购重组，视频网站拥有了更雄厚的资本，它们大量购买内容，拓展渠道，实现了长足发展。对传统的广播电视媒体形成了巨大的挑战。促使传统的广播电视媒体通过媒介融合实

---

① 上海报业集团财经商业新媒体项目"界面"公测［EB/OL］. http://media.people.com.cn/n/2014/0923/c14677-25718676.html.

② 界面［财经商业新闻网站］［EB/OL］. http://www.baike.com/wiki/界面.

③ 来有为. 积极促进传统媒体向新兴媒体转型［EB/OL］. http://wx.shenchuang.com/article/2015-11-10/1282024.html.

施变革。

一、湖南广电影视集团的探索

湖南广电影视集团是最具创新基因的广电媒体集团之一，节目理念超前、敢于创新，所以收视率和影响力一直稳居省级卫视前列。但在2012年，湖南卫视遭遇了发展瓶颈，长期占据的省级卫视收视第一名的宝座被取代，排名一度跌至十名开外。对此，湖南广电勇于尝试、敢于创新，采取内容驱动战略发展互联网电视来促进媒介融合。

在新媒体转型方面，湖南广电一直是思路敏捷、动作迅速。2006年，与央视国际网络有限公司成立差不多同期，湖南卫视新媒体——湖南快乐阳光互动娱乐传媒有限公司成立。湖南广电的新媒体业务在市场领域一直很活跃，也探索过多种业务形态，先后在电信增值业务、网台深度互动、互联网电视业务、IPTV等多个项目上取得不俗成绩。

湖南广电等传统媒体，虽然拥有内容制作优势，但是传播渠道有限，仅仅拥有单一的电视渠道，PC端、移动端、OTT盒子全部空缺。在传统的节目宣传推广方式中，网络宣传占有重要位置，节目与互联网互动能有效引导观众收看节目，提高收视率。湖南广电和国内所有传统电视台一样，节目网络版权以低廉的价格，甚至以资源交换为条件，免费提供给互联网企业，对自身内容的价值没有进行评估。①

因此，湖南广电从传统媒体向新兴媒体转型的主要举措首先是依托优质内容构建互联网视频平台。2014年4月20日，湖南卫视旗下两大新媒体平台"金鹰网""芒果TV"全新改版融合，推出全新"芒果TV"网络视频平台。新平台采用原金鹰网域名，平台品牌呼号"芒果TV"。此次改版融合标志着湖南卫视新媒体掀开了网络视频业务的全新篇章，亦预示着国家新闻出版广电总局2013年年底批准成立的湖南网络广播电视台正式启航。

乐视曾以过亿元拿到湖南广电《我是歌手》第二季网络版权；爱奇艺以2亿元价格打包购买了湖南广电《爸爸去哪儿第二季》《快乐大本营》《天天向上》《百变大咖秀》《我们约会吧》的网络版权。2013年，湖南广电单频道自制节目对互联网媒体流量的贡献率达到了15%，湖南广电制作的优质内容提升了

---

① 来有为. 积极促进传统媒体向新兴媒体转型 [EB/OL]. http://wx.shenchuang.com/article/2015－11－10/1282024.html.

优酷、乐视、爱奇艺等视频网站的竞争力。销售网络版权不仅让湖南广电收获了一笔不菲的网络版权费，也让湖南广电对自身节目价值有了客观的评估，认识到好的内容无论在电视平台还是互联网平台都是稀缺资源，是自身的核心竞争力。湖南广电经过反复分析后认为，湖南广电应该从销售网络版权向独播转型，① 湖南广电最终决定，放弃短期版权收入利益以及互联网平台的宣传资源，着眼长远，依托优质内容打造为我所有、为我所控的网络视频平台，实现"以我为主融合发展"。

2014 年 4 月，湖南广电着眼于长远发展规划，率先在业内提出"芒果独播"，不再对外销售自制节目的互联网版权，全面发展芒果 TV 全平台视频业务，用探索者姿态去面对互联网融合发展。芒果 TV 结合母体资源特点，围绕核心视频资源，打造一云多屏的全终端视频服务平台，包括芒果 TV（PC）、芒果 TV（互联网电视）、手机电视、IPTV 等业务。芒果 TV 有完备的媒体业务经营资质和可供转载新闻资质，具有市场先发优势并完全市场化运营，再加上湖南广电的版权政策支持，在用户和客户群体中已经形成了显著的竞争优势。②

2014 年，湖南广电进入了真正意义上的"芒果独播"元年。2014 年 4 月 25 日，独播的第一个项目《花儿与少年》正式播出后，在芒果 TV 两天点击量达到了 561 万次，大大高于以往任何节目。新剧《美人制造》播出未过半，在全网独播平台仅芒果 TV（PC 端）的点播量早已破 5 亿，当之无愧成为热播剧之王。仅凭借《不一样的美男子》《深圳合租记》《美人制造》3 部热剧独播，芒果 TV 就已轻松斩获了超过 15 亿的点播量，上线短短半年，内容消化力与影响力直达行业一流水平。③ 截至 2014 年 7 月，芒果 TV 拥有 PC 端用户 1000 多万，互联网电视用户 300 多万，手机电视用户 1000 多万，IPTV 用户 150 万。从 4 月起步开始，芒果 TV 视频的点击量从百万级飞升至千万级，《爸爸去哪儿第二季》再次拉动芒果 TV 流量上冲，总播放量很快破亿，移动端日活跃用户也大大攀升。

2015 年 1 月 1 日，芒果 TV 首次采用 360 度立体、多屏互动直播方式播出了《湖南卫视 2014—2015 跨年演唱会》，直播过后，芒果 TV 在 iPhone 客户端排名

① 来有为. 积极促进传统媒体向新兴媒体转型［EB/OL］. http：//wx. shenchuang. com/article/2015 – 11 – 10/1282024. html.
② 试论广电媒体融合发展先锋阵营：央视、湖南广电、上海文广三个火枪手［EB/OL］. htp：//www. meijiezazhi. com/zt/wl/2014 – 08 – 25/13770. html.
③ 阳爱姣. 从芒果 TV 独播看湖南广电媒介融合趋势［J］. 广播电视信息，2015（7）.

第三，iPad 客户端排名第一。2015 年 1 月 2 日，《我是歌手 3》播出后，芒果 TV 整体移动端数据激增，单日下载量突破 140 万人次，日活跃量突破 500 万人次，力压 QQ、微信、支付宝、优酷、腾讯视频、爱奇艺等众多一线 APP，登顶总榜第一名。① 艾瑞咨询的数据本文显示，2015 年 3 月，芒果 TVPC 端已超过酷 6、PPS 等，排名全国视频网站第 8 名。

强化独有资源是湖南广电新媒体战略和媒介融合的关键措施，芒果 TV 握在手中的筹码——内容为王，取得了很好的效果。芒果 TV 与湖南卫视一脉相承，其快乐、先锋、青春、亲和的品牌印象，更容易被广大中青少年用户、家庭用户所喜爱和接受，芒果 TV 所代表的内容驱动型媒体融合发展，呼应了媒介融合的号召，成为一个性鲜明、品牌号召力强的广电新媒体先锋代表。②

芒果 TV 联合国内彩电知名品牌 TCL 推出了 TCL 芒果 TV + 智能电视机。TCL 芒果 TV + 智能电视机是广电系统与家电企业、互联网电视牌照方与硬件厂商的首次跨界深度合作成果，也是湖南广电、芒果 TV 的娱乐理念与 TCL 娱乐化转型融合共生的产物。这将提供最好的娱乐内容和传播平台结合起来，实现两者的跨界合作。这会创造出不一样的电视娱乐体验革新，从而改变用户的客厅娱乐生活，进入电视 2.0 时代。③

二、上海文广新闻传媒集团的探索

2014 年 3 月 31 日，整合组建的上海文化广播影视集团有限公司（上海文广集团，SMG）举行挂牌仪式。上海文广新闻传媒集团的组建标志着上海国资整合娱乐传媒，形成多元结构、资本驱动的媒介融合架构。上海文广集团旗下包括报业、广播、电视等多种媒体形态，融合发展既包括整体突围，也包括单项突破。推动媒体融合发展，既需要进行技术升级、平台拓展、内容创新，也需要对组织结构、管理体制、融资渠道作出科学的调整和完善。

旗下上海东方明珠新媒体股份有限公司（股票代码 600637）是中国 A 股市场首家市值超过千亿元的文化传媒类上市公司，由原上海东方明珠（集团）股

---

① 来有为. 积极促进传统媒体向新兴媒体转型［EB/OL］. http：//wx. shenchuang. com/article/2015 - 11 - 10/1282024. html.

② 试论广电媒体融合发展先锋阵营：央视、湖南广电、上海文广三个火枪手［EB/OL］. http：//www. meijiezazhi. com/zt/wl/2014 - 08 - 25/13770. html.

③ 芒果 TV 探路广电媒体与新媒体深度融合之道［EB/OL］. http：//finance. china. com/fin/kj/201409/01/2414293. html.

份有限公司和原百视通新媒体股份有限公司重组而成，重组后形成内容、渠道与平台、服务三大业务板块，14 个事业群：云平台与大数据事业群、研究院、媒体制作事业群、影视制作事业群、版权运营事业群、互联网电视事业群、渠道营运事业群、移动传输事业群、有线电视事业群、数字营销与广告事业群、视频购物及电子商务事业群、游戏业务事业群、文化娱乐旅游事业群、文化地产事业群。致力打造最具市场价值和传播力、公信力、影响力的新型互联网媒体集团。①

上海文广集团（SMG）业务涵盖七大类型，就新媒体方面具体包括：媒体运营及网络传输；层面包括交互式网络电视（IPTV）和网络传输、无线传输、有线传输和卫星传输等。互联网新媒体层面包括 OTT 电视、移动视频、媒体云、看看新闻网、广播 APP 阿基米德、一财网及媒体应用等。②

重组后的东方明珠成为中国最大的互联网电视运营商，在牌照、内容、渠道等环节拥有发展互联网电视的独特优势。在公司的发展战略中，互联网电视被放在核心位置。在集团对接、内容积淀、内容创造、内容聚合等优势的基础上，东方明珠互联网电视将建立一个极致、领先和满足广泛需求的平台。公司将以 B2B 为主，带动 B2C，实现 B2B 和 B2C 全面战略布局，迅速占领互联网电视用户市场。③

2016 年，东方明珠明确"打造新型互联网媒体集团，强大媒体业务是产业发展的根基；以'大屏'和移动终端作为互联网电视的切入点，打造互联网电视业务第一入口；打造互联网媒体生态系统，实现受众向用户转变，实现流量变现的商业模式"的基本定位。从理念上，东方明珠已经成功实现了三个运营模式的转变：从产品运营向平台运营的转变；从业务经营向用户经营的转变；从经营获利向经营与资本获利并举的转变。

目前，东方明珠运营体系主要包括：内容引入、产品设计、产品运营、市场营销以及流量变现五个方面，在每个方面都已经形成了独特的做法。2016 年，OTT 月活跃用户达到 2500 万，成为互联网第一入口，同时移动客户端（BesTV 移动 APP）达到 1000 万，进入行业前 10 名。为实现这一目标，公司的运营体

---

① SMG 简介［EB/OL］. http：//www. smg. cn/review/201406/0163874. shtml.
② SMG 简介［EB/OL］. http：//www. smg. cn/review/201406/0163874. shtml.
③ 东方明珠发布互联网电视 B2C 战略［N］. 中国证券报，2015 - 06 - 24.

系是关键。① 自 2015 年起，东方明珠着重推动资产重组，并开始搭建互联网传媒生态，利用五维度重构战略运营体系，东方明珠打造新型互联网媒体集团。

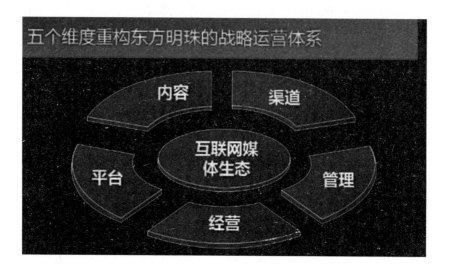

在内容上，东方明珠已经形成中国互联网媒体电视端、移动端最大版权库，"BesTV" 合作对象覆盖全国 300 多省市台，同时拥有多家国际合作伙伴。② 2016 年，上市公司版权采购投入将超过 15 亿元，联手上海文广（SMG）版权采购，版权采购总投入将超过 20 亿元。游戏战略上，2016 年，东方明珠在游戏领域将实现上线主机 100 款大作品，实现主机用户百万级数字的双百战略。这是游戏主机市场盈利的基础与拐点，同时将扶持上线一批国产游戏，发行 1 - 2 款世界级大作并启动云游戏体系建设。在技术战略上，东方明珠将打造融合开放的互联网电视技术平台，提供以大数据为核心的运营平台，开放的技术服务能力，开放的应用商店。在营销战略上，东方明珠提出 2016 年将打造"数字魔方战略"，实现产品和模式创新。

此外，在战略与投资上，东方明珠将加快并购重组，自重组以来，东方明珠已成功实施 10 个投资与并购项目，交易金额近 50 亿元。东方明珠下一步将继续加快并购重组，初步构建互联网媒体生态系统。

---

① 黄晴缨. 东方明珠发布 2016 年终极战略：欲打造互联网电视第一入口 [EB/OL].
http：//dy. qq. com/article. htm？ id = 20151225A0469200.

② 五维度重构战略运营体系 东方明珠打造新型互联网媒体集团 [EB/OL]. http：//finance. ifeng. com/a/20151225/14136771_ 0. shtml.

从互联网的整个发展趋势来看，互联网的传播渠道在逐渐演变，原来主要是 PC 端，但现在逐渐在向大屏端和移动端转变。大屏端和移动端将是未来互联网传播渠道的重要方面。

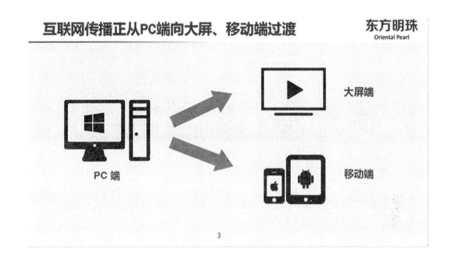

东方明珠互联网电视发展战略首先是内容，内容绝对是互联网发展的核心要素，也是用户黏性的重要因素。其内容策略有这么几个方面：

从形式上来讲，要"独播＋直播＋首播"。仅仅独播是不够的，要做更多的直播，不是频道的直播，而是体育赛事直播、演唱会直播、新闻现场直播，是基于用户需求，也是将来发展的一个方向。首播更重要。①

从内容的格局来讲，做的不是一个垂直领域的内容。而是要做内容矩阵，包罗万象，满足大家的选择。在应用方面要做应用集群。现在在互联网电视领域，不能单把视频作为主攻方向，未来的变现要靠应用集群，能够满足人们在教育、健康、家庭安防、生活采购等一系列领域以及与物联网对接的需求，都可以通过互联网电视家庭智能来实现。要有非常极致的应用集群、应用产品，这个开发非常重要。要线上线下对接，流量变现还要通过服务来体现，在游戏、文化娱乐、电商等服务领域都要有产业链。②

① 互联网电视领域的战略布局［EB/OL］. http：//otv. lmtw. com/pnews/201601/125721. html.
② 互联网电视领域的战略布局［EB/OL］. http：//otv. lmtw. com/pnews/201601/125721. html.

在渠道方面，抓好大屏端和移动端的互动。从大屏端来说，通过两个策略，即 B2B 策略和 B2C 策略。①

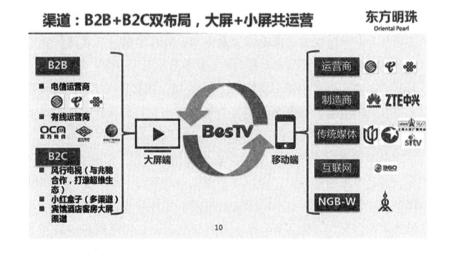

在基础平台的支撑上，正在构建一个云平台大数据体系。B2B 业务向 B2C 业务转变，必须有强有力的云平台支撑，通过大数据支撑用户数据分析。通过和亚马逊建立了深度的战略合作，利用其公有云来做云基础支撑。同时，在传输分发上和"网宿科技"建立了战略合作关系，通过它在全国的布局来满足瞬

---

① 东方明珠发布互联网电视 B2C 战略［N］. 中国证券报，2015－06－24.

时爆发的需求。需要搭建一个用户管理系统，把 IPTV 用户、有线电视用户、移动端用户、主机游戏用户、东方购物的会员等全部用一个用户管理软件打通，才能分享产品服务，形成更好的商业互动模式。

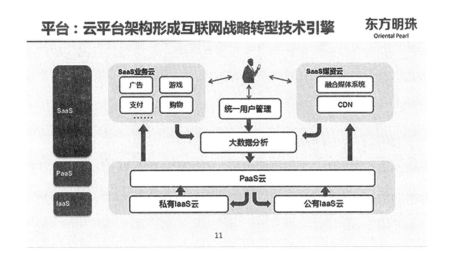

从整个逻辑上来讲，这个平台现在是四个多元化：多元化的内容、多元化的渠道、多元化的产品、多元化的模式。用平台生态去吸引更多的合作伙伴，共同打造需要的产品，并且分享共同的利益。

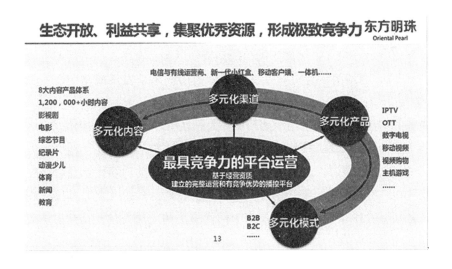

第三节　区外媒体媒介融合的启示

南方报业传媒集团、上海报业集团、湖南广电影视集团和上海文广新闻传媒集团在媒介融合的探索突出地表现在将媒介融合作为传媒集团实现产业转型和业务发展的机遇。无论在理念层面还是运行层面都实现了突破,着重在组织架构和盈利模式上实现了创新。

一、媒介融合的理念层面

南方报业传媒集团、上海报业集团、湖南广电集团和上海文广传媒集团在理念上都表现出高度重视新媒体的发展战略,大力提升新媒体的位置,将其由原来对传统媒体附属的位置提升到和传统媒体同等地位。

南方报业和湖南广电等不约而同地提出了"一体两翼""两翼齐飞"等概念。上海报业和上海文广采取了类似的措施,从而实现传媒集团以传统媒体为重的架构向传统媒体和新媒体并重的架构的战略转型。

南方报业以及"一体两翼"的融合发展布局。其中"一体"是指以南方报业传媒集团为主体,"两翼"分别是指以南方网为龙头的网络传播平台和以集团新媒体公司为龙头、以新兴项目为重点业务的其他新媒体产品线平台。①

在湖南广电的发展战略中,未来将形成湖南卫视、芒果 TV 双平台带动、全媒体发展的"一云多屏、两翼齐飞"的格局。以国有资本控股进行市场资本运作的芒果 TV,在湖南台建设新型主流媒体集团的未来发展战略中,地位举足轻重。②

由此它们在业务架构和组织架构上都大胆创新,进行流程的再造。

南方报业传媒集团由以前的"先报后网"向"先网后报"转变。为适应"微"时代的传播要求,改变传统报纸"先报后网"的内容生产流程,在传播中抢得先机,南方网推出了"南方快报"栏目。栏目依托《南方日报》在全国和全省各地记者和通讯员队伍,及南方网优秀采编人员力量,全天候发布全媒

---

①　魏香镜. 南方网南方舆情 289 艺术园区等成典范案例 [N]. 南方日报,2016-12-07.
②　李立影,汤集安. 芒果 TV:广电媒体融合发展的探索 [EB/OL]. http://media. people. com. cn/n/2015/1008/c399365-27672992. html.

体即时信息。这一栏目已成为南方网的重点栏目，以"快、准、原创、高效"的系列稿件赢得受众的广泛关注和好评，它也是报网融合和流程再造的重要载体，有效促进了传统纸媒记者向全媒体记者转型。①

上海报业集团认为传媒体集团的核心优势在于内容，必须强调新媒体还是要有媒体的基因。因此特别注重新媒体的内容团队建设，把传统媒体报业的采编人员向新媒体转移，使新媒体拥有一支高水平的采编队伍。由此可以确保新闻来源不再是报纸文章的复制和粘贴，也不是充满"文字广告"的软文。为此，"澎湃"高举理想主义旗帜，确定是"专注时政与思想的互联网平台"。"澎湃"的队伍来自东方早报团队。2014 年 7 月，"澎湃新闻"上线之初是由东方早报采编团队运作。因为一系列重大事件的报道，澎湃新闻声名大作，成为后来不少地方纸媒转型时学习参考的对象，具有了独立运作的实力。② 2016 年 12 月，上海报业集团决定，从 2017 年 1 月 1 日起《东方早报》休刊。《东方早报》原有的新闻报道、舆论引导功能，将全部转移到澎湃新闻网。③ 至此表明，澎湃新闻在新闻的传播上已经全面替代了《东方早报》。同样，界面有一支实力强劲的原创报道团队，他们曾参与创办《经济观察报》和《第一财经周刊》，团队骨干还来自《华尔街日报》《财富》《纽约时报》《南方周末》《时尚先生》、财新传媒等，从而使界面可以为内容的权威性负责。④

二、媒介融合的组织架构层面

这些传媒集团都结合自身实际，积极探索融合发展的规律以及相适应的组织再造和生产流程再造，实施了打通高层管理环节，组建指挥中心的组织架构，从而强化新媒体的媒体基因，能够担负主流媒体的责任。

南方报业传媒集团自南方网改版以来，积极探索党报党网一体化发展新机制，成立了由《南方日报》编委和南方网班子成员组成的南方网报网编辑委员会，包括《南方日报》编委以上人员和南方网副总编辑以上人员，加强信息发

---

① 南方网：四创新驱动三融合 [EB/OL]. http：//news. southcn. com/shouyeyaowen/content/2016 – 05/26/content_ 148368895. htm.

② 曝东方早报明年停刊 员工整体转入澎湃新闻网 [EB/OL]. http：//tech. sina. com. cn/i/2016 – 08 – 27/doc – ifxvixer7333294. shtml.

③ 东方早报整体转型，澎湃新闻引进 6.1 亿国有战略投资 [EB/OL]. http：//news. 163. com/16/1228/15/C9COGH1500018AOR. html.

④ 最真实的原创新闻平台 – 界面新闻 [EB/OL]. http：//appnz. baijia. baidu. com/article/170270.

布的及时沟通和精确管理。《南方日报》、南方网创新制定了编辑部联动机制、政务和突发报道联动机制等报网联动机制。地方频道和行业频道运营中心创新制定了《南方网地方频道信息采编审核发布制度》《南方网专刊频道信息采编审核发布制度》《南方网对外商务合作项目内容审核把关制度》。①

在此基础上，创新建成了集团全媒体采编、多媒体发布一体化平台和指挥中心。在传媒集团多单元、传播信息全媒体的背景下，实现统一新闻线索管理、统一选题管理、统一内容资源管理、统一客户资源管理、统一技术支撑管理、统一注册用户管理"六个统一"的融合发展模式。通过完善的制度举措，建立了稳妥可行的轮值把关制度，构筑了融合发展的导向把关体系，南方网逐步完成了融合发展所需的组织再造和流程再造，为党媒集团融合发展作出有力探索。②

上海报业集团在很早就主动拥抱新媒体，澎湃新闻可以算是上海报业集团在移动互联网大潮冲击下的提前布局。2014 年 7 月，由《东方早报》团队打造的澎湃新闻正式上线；作为传统媒体与新媒体的融合，澎湃新闻与《东方早报》在采编和管理上高度融合。如今，在媒体影响力上，澎湃新闻客户端的下载量已经超过 6000 万，移动端日活跃用户达到了 500 万，已经跻身于国内客户端第一阵营，而且根据综合数据，澎湃新闻在媒体核心指标方面已经覆盖和超越了《东方早报》。不仅如此，在营收方面，澎湃新闻的创收能力也已经超过《东方早报》。从某种意义上来说，《东方早报》的休刊，更像是一场交接的完成。③从而专心致力于新媒体的发展，从运营机制、报道思路、资本来源、人员转型等各个方面探索传统媒体在面临转型的可能性，提供了一种有可行性的发展之路。④澎湃将继续强化来自传统媒体的原创优势，并且加强在社交功能、大数据挖掘及可视化新闻等方面的探索，实现原创图文新闻与可视化新闻并重、新

---

① 南方网：四创新驱动三融合 [EB/OL]. http：//news. southcn. com/shouyeyaowen/content/2016－05/26/content_ 148368895. htm.

② 南方网：四创新驱动三融合 [EB/OL]. http：//news. southcn. com/shouyeyaowen/content/2016－05/26/content_ 148368895. htm.

③ 《京华时报》和《东方早报》将于 2017 年 1 月 1 日休刊 [EB/OL]. http：//it. sohu. com/20161229/n477291081. shtml.

④ 曝东方早报明年停刊 员工整体转入澎湃新闻网 [EB/OL]. http：//tech. sina. com. cn/i/2016－08－27/doc－ifxvixer7333294. shtml.

闻与社区并重的全平台格局。①

　　芒果 TV 的发展依托于湖南卫视强大的内容资源，同样它的壮大也要依赖于湖南卫视的健康发展。无疑它可为湖南广电建设新型主流媒体，打造新型媒体集团拓展了阵地、提供了资本、增加了砝码，但更是传统媒体在互联网上的延伸，有利于集团在各个层面更有力地整合资源。湖南广播影视集团有限公司"一个党委、两个机构、一体化运作"的背景下给芒果 TV 和在湖南卫视充分的组织保障。

三、媒介融合的盈利模式层面

　　从它们媒介融合的实践来看，建设新型主流媒体，打造新型媒体集团，拓展主流媒体舆论阵地，推进国有资本控股的新媒体融合发展平台，必是大势所趋。

　　南方报业以南方网融合发展和转企改制为契机，做强由南方网、奥一网、大粤网、凯迪网组成的集团网站集群。发挥"南方 +"客户端的示范带动作用，做强移动媒体集群。以"南方 +"客户端为龙头，加快推进和建设南都"并读"APP、南方周末 APP、21 世纪 APP 等新闻客户端，房地产、汽车、文化娱乐等垂直领域客户端以及微博、微信集群，实现从单一内容制造商向集成服务商转变。②

　　"并读新闻"移动客户端是全国首家"读者获利"的新闻阅读平台。它整合了资讯、社交、分成三个元素，具有新闻资讯推送、在线互动交友与读者参与广告分成三大特性。"并读新闻"创新性地采用了"读者获利"的经营模式，用户通过阅读新闻、观看广告、分享观点等形式获取积分，积分可用于在商城兑换奖品或直接提现。这种经营模式实现了传统媒体广告投放模式的去中介化，读者可以从阅读广告中获得广告费的收益，看新闻赚阅薪。③

　　2015 年 4 月，"并读新闻"客户端发布，"并读新闻"的定位是"有趣有用有钱赚"。除了人性化的阅读体验与快人一步的资讯内容，它还将新闻嵌入社交

---

①　曝东方早报明年停刊 员工整体转入澎湃新闻网［EB/OL］. http：//tech. sina. com. cn/i/
2016 - 08 - 27/doc - ifxvixer7333294. shtml.

②　全力建设新型传媒文化集团［EB/OL］. http：//www. nfmedia. com/jtdt/jtxw/201510/
t20151024_ 368141. htm? word = 48512.

③　并读 APP 上线，南方报业率先抢占移动端读者［EB/OL］. http：//
www. chinacw. com. cn/2015/0417/83265. html.

场景，具有"阅读即享现金收益"等创新元素。①

上海报业集团旗下的两个项目，盈利模式是不同的。"澎湃"走的是免费的路子，通过吸附广告来盈利，而"界面"是收费项目，盈利模式是向用户收费。不管哪种，其主要任务还是聚集用户。

芒果TV独播战略的出台，对传统电视自身以及视频网站而言，都不失为一种激励。电视节目的版权受到了应有的保护，传统电视专属的视频网络播放平台理所当然地享有着自产自销的"独播权"，同时还可以获得之前视频网站所获取的丰厚收益，增强了自身平台的影响力和竞争力；从表面上看它是对广告市场份额的重新分配和广告资源的再度分割，但实质上，它是对电视台的盈利法则、行业结构战略的重新设计，是对优秀影视作品标准的再度定义，以及所延伸出来的各种形态的社交媒体的全方位互动体验，在提升电视台自身网站流量的同时，预留了未来其他新的商业开发资源的数据窗口，实现了数据流量、用户需求、平台设计，以及可能闲置资源的整合使用，内容服务与客户需求的精准对接。②

芒果TV结合自身的特点，以内容为王，以独播制胜。湖南卫视主要把"独播"作为盈利模式，强调独播，强调内容的开发，从而使传统媒体的内容价值得到了保值和增值，实现了传统媒体资源的最大化。在实践的基础上，芒果TV的盈利模式得到完善，提出了"由独播到独特"的口号，即不满足于仅仅独播来自湖南卫视的内容，而且要积极寻找它本身的独特定位，自制和定制它自己的独特内容，深入强调知识产权IP（Internet Protocol）资源的开发和利用。同时强化垂直系统，打造从内容和渠道到终端的垂直系统。

芒果TV依靠湖南广电自制内容，同时还通过采购版权，加强自制构建起足以支撑视频网站的海量内容库。截至2014年年底，芒果TV已拥有正版视频20.4万集、7.32万小时。2015年，芒果TV计划投入数亿元资金，出品30部至50部网络自制剧，并利用湖南广电庞大的内容制作团队，进行内容定制，进一步夯实内容优势。③ 而芒果TV发布的2017年内容计划显示，除了《快乐大本营》《天天向上》等知名综艺节目外，芒果TV还会推出众多自制网综节目，包括将转型网综的《2017快乐男声》《妈妈是超人2》《黄金单身汉2》等。在剧

---

① 并读新闻APP正式上线［N］. 南方都市报，2016－07－08.
② 芒果TV独播战略：挑战了谁的神经？［J］. 新闻与写作，2014（7）.
③ 来有为. 积极促进传统媒体向新兴媒体转型［EB/OL］. http：//wx. shenchuang. com/article/2015－11－10/1282024. html.

集方面，芒果 TV 也会走"版权 + 自制剧"线路，将推出由武侠小说改编的《庆熹纪事》，被称为升级版《何以笙箫默》的《良言写意》以及玄幻爱情剧《半妖倾城 2》等。① 这意味着，芒果 TV 将从离背靠湖南卫视"独播"的那个芒果 TV 向独立生产内容的互联网视频网站转型，更加专注对视音频资源的开发。一方面把湖南电视台的自有节目做全网独播，保证一个基础的流量；另一方面用自制节目建设芒果 TV 独特的品牌。

芒果 TV（互联网电视）打造"内容服务 + 硬件终端"的垂直生态链也在全面推进。作为互联网电视的芒果 TV 全面推进打造"内容服务 + 硬件终端"的垂直生态链的打造。芒果 TV 大力拓展终端业务，打造系列芒果家族产品：通过与 360、三星等 40 多家软硬件企业合作，推出多款互联网电视一体机；联手华为、海美迪等，推出芒果派、芒果嗨 Q、芒果飞盒等自主机顶盒品牌；与湖南有线合作打造"芒果 TV 专区"，覆盖湖南有线 500 万用户；与银联、支付宝、微信支付等合作，搭建便捷、灵活、多样的支付体系；将卡拉 OK、家庭教育、多人游戏等应用与人性化操作结合，打造家庭互动娱乐空间。②

上海文广新闻传媒集团经过整合，实现了有线电视、IPTV 和互联网电视的三位一体。因此，上海文广新闻传媒集团在战略上也和湖南广电传媒集团有所不同，强调建构"内容矩阵"和"互联网媒体生态"，打造非常极致的应用集群、应用产品。通过互联网电视家庭智能来实现应用集群，满足人们的教育、健康以及其他家庭安防、生活采购等一系列，以及物联网对接的需求。

一是突出"独播 + 直播 + 首播"的内容模式，针对用户的需求，把强化体育赛事直播、演唱会直播、新闻现场直播当作将来发展的一个方向。为拓展更多的新闻获取渠道，在互联网电视增加新闻直播节目，从而提高手机用户的体验性。

二是突出"资本 + 业务 + 协同运营"的运营模式。以 B2B 为主，带动 B2C，实现 B2B 和 B2C 全面战略布局，迅速占领互联网电视用户市场，实现从 PC 端到大屏和移动端的全覆盖。从和电信运营商及各地广电网络运营商合作的 B2B 策略向与华为等手机终端方以及其他互联网电视生态圈企业开展合作的 B2C 转型，快速推进互联网电视战略，增加活跃用户。聚焦家庭和个人消费者业务

---

① 芒果 TV 独播战略不到两年就终结 几档综艺撑不起视频网站［EB/OL］. http：//tech. sina. com. cn/i/2016 - 11 - 09/doc - ifxxnety7802307. shtml.

② 芒果 TV 探路广电媒体与新媒体深度融合之道［EB/OL］. http：//finance. china. com/fin/kj/201409/01/2414293. html.

（B2C）市场，打造集内容、渠道、平台、终端和应用服务于一体的互联网电视生态圈闭环业务模式，通过流量变现与收费模式并举的方法，实现最终的商业价值。开辟中国互联网电视平台运营商和家庭视听消费电子产品生产商融合发展的新格局。①

此外，需要指出的是，上述四大传媒集团，要么是如湖南广电的上市公司，要么是包含上市公司的上海文广，而南方日报和上海日报集团都在积极地筹备上市，旗下都有资本运营的项目。例如，上海报业集团在新媒体产业投资方面与其他投资人共同发起"825 新媒体产业投资基金"，利用基金投资的模式，克服传统的体制、机制、人才、技术上的障碍和壁垒，及时发现、投资、培育新媒体，从而获取新媒体产业高速成长带来的收益。目前，湖南卫视旗下网络视频平台芒果 TV 已完成 A 轮和 B 轮两轮融资，拟登陆新三板。南方网正式启动改制上市。目前转企改制主体工作基本完成，筹备上市的工作在紧锣密鼓进行中。这些资本运作也为媒介融合提供了有力的资金支持。

第八章

媒介融合的多元模式分析

第一节　模式研究相关理论解析

"Alexander 给出的经典定义是，每个模式都描述了一个在我们的环境中不断出现的问题，然后描述了该问题的解决方案的核心。"①

模式（Model 或 Pattern）是使用一般规则和概念的系统表达，可以表现为从某一类现象中抽象出来的相对固定的图案、数字、图像和关系等样式。模式也是解决某一类问题的方法论，指的是把解决某类问题的方法经过科学归纳上升到理论高度。模式的功能可归纳为构造功能、解释功能、引导功能、简化功能和预示功能。因此，模式也是一种指导，它具有一定的代表性和借鉴性，具有示范和仿效价值。通过对一个模式的推广，可以得到解决问题的最佳办法，达到事半功倍的效果。一种模式其实就是一种创新性的实践，也是一种推进事业发展的实验，对推进一项事业和产业的发展至关重要。

根据研究对象和目标的不同，模式可以分为发展模式、管理模式、运营模式、业务模式等类别。"发展模式（Developing mode），即为一个国家、一个地区、一个企业在特定的生活场景中，也就是在自己特有的历史、经济、文化等背景下所形成的发展方向，以及在体制、结构、思维和行为方式等方面的特点。"②

管理模式指管理所采用的基本思想和方式，是一种成型的、能供人们直接

---

① 王智勇. 中小企业战略变革研究——非线性战略范式下能动型战略变革模式及其实现 [D]. 武汉大学，2004.

② 陈桂生，苏文卿. 现状及其超越：天津滨海新区发展模式的文献述评 [J]. 环渤海经济瞭望，2009（7）.

参考运用的完整的体系。通过这套管理体系来发现和解决问题、规范管理手段、完善管理机制，从而实现既定目标。

运营模式是指对企业经营过程的计划、组织、实施和控制，是与产品生产和服务创造密切相关的各项管理工作的总称。①

业务模式主要是指生产、运营、销售等产业链的各个环节在整个产业生态环境中的位置及互相的关系。

著名管理学大师彼得·德鲁克说："当今企业之间的竞争，不是产品之间的竞争，而是商业模式之间的竞争。"在经济日益信息化和全球化的今天，商业模式的重要作用已经得到社会各界的高度重视。商业模式是业务模式在商业行为上的反映，在分析商业模式过程中，主要关注一类企业在市场中与用户、供应商、其他合作伙伴的关系，尤其是彼此间的物流、信息流和资金流。商业模式大致可以分为盈利模式和价值创造模式。

为了应对媒介融合带来的大势，在推动三网融合的发展过程中，针对"数字电视"的实践，就产生"青岛模式""佛山模式""杭州模式"等，对推进全国的有线电视数字化就产生了良好的示范效应。

"青岛模式"是青岛有线网络公司探索出来的一套数字电视推广方法，概括起来即3个方面：免费赠送机顶盒、增加频道数量和提高收视价格。"青岛模式"的主要特征是，扩充节目，多频道化，以解决内容匮乏的问题。在本地政府的支持下，同时搭建资讯服务平台；把电视机作为进入家庭的多媒体信息终端，"以本地化、个性化、信息化服务带动数字化，依靠政府推动、政策支持推动整体转换，通过普及机顶盒模拟用户整体转换为数字电视用户"。②"佛山模式"是在"青岛模式"整体平移的基础上，对融资渠道进行创新的一种模式。其特点是：一卡一费的收费模式、逐区域全部关闭模拟的整体转换模式、按频道销售的节目市场化运营模式、多元化合作的引资模式等各个环节串联起来。"杭州模式"是全国首个真正实现了视频点播、创建了城域家庭信息平台的盈利模式。杭州在发展数字电视时，开创性地将IPTV与传统直播式数字电视相结合，发展新的一代IPTV（交互数字电视模式），在技术、运行、应用和商业模式方面实现了创新和突破。③

① 陈桂生，苏文卿. 现状及其超越：天津滨海新区发展模式的文献述评［J］. 环渤海经济瞭望，2009（7）.
② 蔡琦. 数字电视"杭州模式"范式价值探究［J］. 杭州研究，2010（01）.
③ 蔡琦. 数字电视"杭州模式"范式价值探究［J］. 杭州研究，2010（01）.

这样一个个具有示范性、指导性、推广性的数字电视的发展模式，为推动全国的数字电视转换起到了示范作用。在政府的重视和政策支持下，中国数字电视产业发展迅猛。截止到 2008 年，全国有线数字电视整体转换城市超过 100 个，其中 33 个城市实现全市用户数字化整转，全国数字电视用户已达 4450 万户。数字电视用户在 2003—2009 年增长了 158.9 倍。①

不仅如此，数字电视的上述模式直接导致产生了一批有线宽带网络运营商，"杭州模式"就带来了"华数"数字电视传媒集团的崛起。华数充分发挥了杭州数字电视发展全国领先的综合优势，使杭州成为全国首个以地市级网络，通过市场化的方式来整合全省的有线电视网络资源，实现资源共享的城市。同时在有线电视数字化发展过程中，全国有线网络产业也出现规模化、综合化的产业要求，杭州数字电视在发展过程中的"新宽网、新传媒、新通信、新信息"的平台定位、细分多样的独特盈利模式、节目内容及服务横向与纵向的集成整合方式、构筑三网融合等一系列创新模式和思维依然具有积极的借鉴意义，有示范价值。对促进全国有线网络重组的发展格局将发生重大变化。②

在三网融合的试点中，又创造了上海模式、杭州模式、深圳模式、武汉模式等多种三网融合的模式，进行了有益的探索。

上海模式：上海文广于 2005 年 6 月与上海电信签署合作协议，按照试点确立的分工原则，"上海模式"正式启动。广电负责 IPTV 内容播控、电信负责网络接入和内容传输，双方分工合作，优势互补。其中，上海文广百视通主要负责与内容播控相关的各个核心环节，上海电信则落实对 IPTV 信号的传输，主要负责 IPTV 系统的基础建设与业务支撑平台的管理。在商业推广方面，双方也进行了分工。

杭州模式：在这个模式中，IPTV 和有线网两者均属于杭州广电控股的杭州华数集团。华数集团是数字电视和 IPTV 的共通产物，拥有杭州"IP 数据城域网"和"广播电视有线网"两张物理网络，其用户具有有线电视用户和杭州网通用户的双重身份，使用双模机顶盒，所有机顶盒都连接有线广播电视网和互联网。华数创立了广电系统内"杭州模式"的独特应用方式——通过有线电视网络向用户传输直播信号，利用 IP 数据城域网回传互动、点播信息指令。凭借这一优势，既有电信 IPTV 业务牌照，也有广电有线网业务牌照，业务许可范围

---

① 杨玉龙. 我国数字电视发展的必要性与优势［J］. 广播电视信息，2009（07）.
② 蔡琦. 数字电视"杭州模式"范式价值探究［J］. 杭州研究，2010（01）.

几乎覆盖了所有电信和广电系统。

深圳模式：2011年2月，深圳IP电视集成播控平台顺利建成，首先实现了广电IPTV集控平台与电信传输网的对接。其次完成与央视总平台对接，使其可以不仅满足于本地市场，通过央视的总平台，把深圳广电的节目辐射全国。为播出内容积极健康、信息丰富多彩的IP电视节目奠定了良好基础。

武汉模式：开创了三网融合的新路径，即武汉广电与中国电信武汉分公司各占合资公司50%的股份，定期轮流担任董事长和总经理，根据业务发展需要，双方再另行增资。合资公司初期先开展新型增值业务和公共信息服务，条件成熟时再逐步扩大业务范围，探索创新网络、平台建设和管理，积极推进双方业务进入。

自三网融合上升为国家战略的高度之后，第一批试点城市结合自身的实际情况，都制定了相应的三网融合实施方案，采取了相应的举措，在政府、广电、电信乃至企业等各方努力和博弈中，三网融合取得了一些积极进展。

在媒介融合的探索中，可以看到有烟台日报的"全媒体"实践，有人民日报的"中央厨房"实践，有南方报业的"一体化"实践，也有湖南广电的"独播"实践，这些实践在一定的意义上是一种模式，已经起到了很好的示范和引领作用。但是，如何在整体上把握和探讨媒介融合的演进模式、运营模式、发展模式仍然至关重要，可以更加清晰地认识媒介融合的原理，更加深刻地解读各媒体单位在媒介融合实践上的探索，更加明了媒介融合未来的发展方向。

媒介融合要求对媒介集团的业务进行重组，按照传媒的价值链重新建构新的运营模式，进行业务流程再造，有效配置资源，调整不同的传统媒体和新媒体形式等产业链的各个环节在整个产业生态环境中的位置。针对受众的需求，制定市场、产品、生产、销售、服务和人力资源、投资等应对策略，以业务流程优化为核心，以信息技术为动力，通过管理变革和信息化，为企业开拓新的发展空间，构建新的竞争优势。

在2003年，美国西北大学教授戈登便归纳了美国当时存在的五种"媒介融合"的类型：所有权融合、策略性融合、结构性融合、信息采集融合、新闻表达融合，已经暗含了媒介融合的五种模式。[①] 可以说是对国外媒介融合模式的总结和归纳。就国内来说，也具有高度的相似性。就国内的媒介融合发展来看，

---

① 李栋.2014－2015中国出版传媒业融合发展创新报告［EB/OL］. http://www.mediacircle.cn/? p＝19401.

在经历了报业集团、传媒集团的阶段后，也逐步出现了媒介产业、组织、资本和技术层面的融合，并开始呈现产业层面的融合实践。①

1996—2001 年，报业及广电媒体大规模的集团化实现了媒介集中，这是在组织层面的媒介融合。广州日报集团成为国内第一家报业集团，湖南广电影视集团是国内第一家广电集团，通过集团化也实现了资本融合。以文汇新民联合报业集团为例，使资源整合，实现规模经济。经过资产重组，文汇新民联合报业集团在 3 年内实现了利润三级跳，总资产从合并前两报累加的 16 亿元跳到融合后的 20 亿元，再至 2001 年的 26 亿元。并且通过上市融资，各种资金注入传媒市场，传媒单位快速实现资本重组，实现资本增值，对原有的经营管理产生重要变革。②

技术融合促进产业融合，进而实现跨界的媒介融合。传播手段融合是将各种媒介传播手段就某一事件或于某个时段集中于同一个数字平台，实现资源和功能共享。随着传播手段融合的发展，实践比较成功的是上海文广新闻传媒集团和成都媒介集团。上海文广新闻媒介集团整合内部资源打造的"第一财经"品牌，实现了国内传媒业第一次真正意义上的传播手段融合。而成都媒介集团则是整合报业和广电两个不同领域的媒介集团，打造了国内中心城市第一家综合性地方媒介集团。这种融合显然还包含着媒介形态融合和产业融合，就传播手段来说，体现在对内容和资源等方面的整合、共享，由此延伸品牌价值，从而实现品牌效用的最大化。就媒介形态融合来说，新媒介终端的形成，大大提升了用户的体验，提高了与用户的即时互动性，也增强了用户的黏性。③

通过对广西省级主流媒体的考察基本上可以说报业和广电的媒介融合模式主要是以多元化业务的开展为基础的，可以看出，探讨媒介融合的模式离不开内容、渠道和盈利等核心概念。

首先，如何平衡好"内容为王"和"渠道为王"成为探索的核心和基点。新媒体与传统媒体在一定程度上存在竞争，新媒体有部分取代传统媒体的倾向，但两种媒体之间也存在互补关系。因此，在内容方面，未来传统媒体与新媒体之间并不是简单的此消彼长式线性发展关系，而是在竞争中共存、融合、互补，既有"分工"，又有"合作"。伴随着数字和网络技术的发展，受众日益分众化

①　栾庆明，陈一雷. 国内媒介融合模式研究［J］. 青年记者，2011（02）.
②　栾庆明，陈一雷. 国内媒介融合模式研究［J］. 青年记者，2011（02）.
③　栾庆明. 大陆平面媒体的发展困境及对策研究［D］. 南京师范大学，2011.

和碎片化，他们对不同媒介形式和不同内容的偏向，以及在不同情境下的不同信息消费需求，使传统媒体与新媒体只有通过融合和互补才能满足不同受众需求。①

在融合过程中，内容和渠道同样重要，任何一方面缺失，都不能产生好的传播效果。传统媒体和新媒体在各司其职，提供自己擅长的内容及表现形态的同时，只有取长补短，进行合作，通过深度融合创造出新的、受众体验更好的内容产品。例如，传统媒体的"深度"与新媒体的"快捷"就可以互补，以利于新闻报道的多层次丰富呈现，以满足不同受众、不同层面的需求。②

其次，如何在内容生产模式和流程的重构上实现有效益的盈利，以促进媒介融合的可持续发展成为关键。过去，传统媒体的内容一般在报刊出版前、电视节目播出前就确定了，在传播过程中进行内容的调整和改变并不常见。在媒体融合时代，由于实时反馈数据，特别是对内容实时反馈的获取和分析越来越容易实现，内容的生产流程发生了新的变化。尤其在电视节目生产由"静态"变成了"动态"，在播出过程中，编导随时根据新媒体的数据分析对节目内容作出"微调"甚至"转向"决定。由此，"定制"和"个性化"的内容生产得以实现。③ 就媒体新闻生产的信息采集而言，需要更加及时、灵活、方便和快捷。全媒体装备的"背包记者""空降式采访"日益普及，同时，在新闻事件的报道和传播中，并非专业新闻传播者的普通民众发挥了记者作用，即"公民记者"在消息源方面的作用日益突出。在新闻的生产过程中，多媒体一体化、平台化生产打造出适合"全媒体"的新闻制作流程，在新闻报道"阵地前移"的同时，通过"大编辑部"来改变传统的目标管理，从而实现过程管理和集约式管理。④ 这些改变一方面对传统的媒体商业模式，即生产和盈利模式提出了挑战；另一方面也带来了新的商业和盈利模式的机遇。

因此，探讨媒介融合的模式需要总览传统媒体和新媒体交融的新业态，从学理上和实践上进行归纳和总结，从而提出合理的可供参考的方法和方式。

---

① 刘丽霞，史安斌. 传统媒体与社交媒体的共生与竞合——以伦敦奥运会为例［J］. 新闻界，2013（06）.

② 媒体融合重构内容生产模式"内容为王"向三方向转变［EB/OL］. http：//news. xinhuanet. com/zgjx/2014 – 07/16/c_ 133486943_ 2. htm.

③ 媒体融合重构内容生产模式"内容为王"向三方向转变［EB/OL］. http：//news. xinhuanet. com/zgjx/2014 – 07/16/c_ 133486943_ 2. htm.

④ 全媒体话语体系日趋成熟［EB/OL］. http：//opinion. people. com. cn/n/2014/0716/c1003 – 25287403. html.

第二节　媒介融合的运营模式

在当今全媒体背景下，新闻资源更加稀缺，而传统媒体凭借其大量高素质的专业从业人员、丰富的社会资源、畅通的信息流和树立起的社会公信力、强大的技术设备的支撑等优势，依然是很多重要新闻报道的主要来源。这为传统报业的转型提供了有利条件——通过重组采编业务流程，让传统媒体提高新闻的生产效率，同时实现规模效益。这就是媒介融合的核心，也是其追求的目标。这也体现在广西省级主流媒体和国内省级主流媒体的运营模式实践中，可以归纳为如下几点。

一、报业的媒介融合运营模式探索

（一）以互联网思维指导报纸运营

互联网思维，是指充分利用互联网的价值、技术、方法、规则来指导、处理、创新工作的思维方式。在媒介融合环境下，报业转型的关键在于内在精神的转型，即把经营传统报纸的思维模式与互联网思维模式融合，完善融合思维的理论体系，建立读者至上的服务理念，以大数据支撑新闻采编以充分挖掘内容，使传统媒体多年建立起来的公信力和影响力与互联网时代免费推送、共享体验等聚合模式融为一体。对于纸媒从业者而言，把读者放在第一位，从思想深处重新审视媒体的价值，才是真正意义上的传统媒体与新兴媒体思维方式融合。对主流媒体来说，抓住媒体融合发展的机遇，把强化互联网思维贯穿到融合发展的全过程，有利于建设立体多样、融合发展的现代传播体系。①

（二）全方位、立体化的传播内容建设

内容制胜是未来报业发展的必由之路。无论是纸质版、电子版还是其他媒介形式，其关键都是要利用时代技术来发挥纸媒强项。当今，越来越多的年轻人依赖新媒体渠道获取信息，新兴媒体与传统媒体在内容上的联动也日益频繁。新闻、阅读、音乐等移动服务和应用与微博、微信、视频等平台互联互通，构成媒介融合业务战略。

---

① 曲波. 探索报业多元化媒介融合模式——以辽宁报业传媒集团为例［J］. 新闻战线，2014（11）.

全媒体平台开通，实现了一次采集、多次生成、多元发布的新型采编流程，第一时间推出最新的新闻资讯，通过文字、图片、音频、视频等多种形式，全方位、立体化呈现新闻内容，让网友无限接近现场，感受原汁原味的新闻。

（三）加快内部组织结构改革，组建新媒体集团

在传统媒体与新兴媒体融合的过程中，媒介组织市场化程度越来越高，不仅要面对激烈的市场竞争，还要面对内部机构改革带来的挑战。逐步建立起符合现代企业制度与传媒行业特点的公司治理结构，是传统媒体内部经营管理革新迫在眉睫的课题。

2014 年 8 月 18 日，中央全面深化改革领导小组第四次会议审议通过了《关于推动传统媒体和新兴媒体融合发展的指导意见》，对新形势下如何推动媒体融合发展提出了明确要求，作出了具体部署。习近平总书记强调，要着力打造一批形态多样、手段先进、具有竞争力的新型主流媒体，建成几家拥有强大实力和传播力、公信力、影响力的新型媒体集团。①

（四）开发分众化受众市场，搭建社区化新媒体集群

未来微博、微信等社交媒体将继续削弱传统媒体的主流地位，分流传统媒体的用户，挤占传统媒体的广告市场，受众个体的传播力和影响力不断增强，媒体市场呈现分众化趋势。

分众化传播是指人们在选择新闻或信息的过程中，会受到动机、需要、情绪、情感等因素的影响。当传播内容能够满足人们的动机和需要，并能够带来愉悦的心理和生理体验时，人们的注意力才会集中到这些内容上来。由于个体的动机和需要不尽相同，因此有必要提供差异化的分众传播内容。建立以用户为中心的市场意识、满足受众差异化的信息需求是成功的关键。②

（五）开拓融资渠道，整合资本运营手段

2014 年，4G 兴起使得移动传播成为最热门的传播方式，报业间的战略合作，媒体集团间的资源共享、整合配置，行业间的跨界联盟，都将为报业走出困境提供路径。整合优势资产在资本市场进行融资，组建上市公司，也将为传统媒体与新媒体的资本融合带来曙光。传媒集团将加快媒体整合与跨界整合的步伐，通过参股、收购、投资或自设方式介入多元化的综合传媒经营，把物流、

---

① 推动传统媒体和新兴媒体融合发展 [EB/OL]. http://media.people.com.cn/GB/22114/387950/.
② 曲波. 探索报业多元化媒介融合模式——以辽宁报业传媒集团为例 [J]. 新闻战线，2014（11）.

电子商务、移动商务等运营资源整合成上市公司，发挥渠道优势，使国有传媒公司享受更高溢价。①

二、广电的媒介融合运营模式探索

近年来，以互联网为代表的新兴媒体迅猛发展，受众格局发生了巨大变化。所以电视媒体在面临多重挤压的环境下，需要进一步加大媒介融合进度，拓展受众和广告空间。国内从国家到省级媒体已经涌现出多种途径来探索媒介融合。

（一）"跨屏"传播反哺电视

中央电视台以强大的内容资源为主导，发挥品牌优势，"跨屏"传播战略突显。"跨屏"首先体现在央视内部电视台与网络平台的融合。2014 年，巴西世界杯央视结合官方视频网站 CNTV 独家直播赛事及相关节目；2015 年 3 月，《中国谜语大会》节目中，观众用手机、电脑与电视直播同步猜谜和上传"全家猜谜照片"，实现三屏联动。"跨屏"也体现在央视与外部网络、移动等新媒体的合作方面。2014 年 12 月，央视与中国移动签署了战略合作框架协议，合作建设4G 视频传播中心，开展跨媒体、跨地域、跨行业合作。②

（二）多屏、独播、自制齐发力

湖南卫视一直以探索者姿态在多终端、多平台媒介融合方面寻找新思路。2014 年湖南卫视金鹰节首次试水电视"弹幕"直播模式；2014—2015 年跨年演唱会，用户登陆湖南卫视各平台进入相关专题页面，即可畅享自主选择、切换、导播的创新体验。首创多平台网络互动直播，真正实现了"一云多屏"的多终端媒体融合布局。

2014 年，湖南广电在业内率先提出"芒果独播"战略，芒果 TV 2015 年招商会上湖南卫视宣布 2015 年所有经典栏目、王牌栏目、创新栏目等自主节目内容均将由芒果 TV 全网独播，堪称史上最强独播综艺资源。2015 年，芒果 TV 在自制领域正式发力，在北京芒果 TV 2015 年招商推介会上推出一系列已完成的自制项目，并推荐开机和筹拍项目，自制生产力不容小觑。③

（三）T2O、社交媒体共拓融合平台

2014 年 8 月，东方卫视播出国内首档 T2O（TV TO ONLINE）模式综艺节目

---

① 曲波．探索报业多元化媒介融合模式——以辽宁报业传媒集团为例［J］．新闻战线，2014（11）．
② 崔珍．融合与变革：中外电视业最新发展动向研究［J］．视听，2015（12）．
③ 崔珍．融合与变革：中外电视业最新发展动向研究［J］．视听，2015（12）．

——《女神的新衣》，节目现场被电商竞拍买走的商品，即时在网上同步售卖，创造"内容即商品"的新型电视模式。在 2015 年开年剧《何以笙箫默》中开拓"互动式电视剧"，实现电视剧全时段跨屏互动。"边看边买"的互动方式有效提升了收视率，是电视剧产业链拓展盈利方式的一种创新。2014 年 9 月，东方卫视与新浪微博宣布在节目的投资、策划、制作、跨屏收看及微博运营等方面达成全面战略合作，台网联动更加注重平台的深度战略合作。① 传统媒体和社交媒体互补合作，成为现今的趋势。

（四）大剧多端有机联动模式

2014 年 10 月，安徽卫视和腾讯视频结盟，联合推出被称为"ATM 机"—— AHTV（安徽卫视）＋ TENCENT（腾讯视频）＋ MARKETING（市场营销）——战略的"大剧升级版 2.0"新模式，即在电视剧的投资制作和宣传播出等方面台网合作更深入，实现"电视端＋PC 端＋移动端"的有机联动。2015 年 1 月，首部"大剧升级版 2.0"试营剧《医馆笑传》播出。为充实电视剧资源库，安徽卫视在 2015 年资源展示暨广告征订会上宣布，对华策影视和长城影视的优质大剧优先购买，在定制剧、自制剧方面加强合作。安徽卫视的融合举措紧紧围绕电视剧这一核心，从内容、渠道、营销等各方面为其保驾护航。②

报业传媒集团自新闻信息数字化开始，经过网络媒体建设，创办报纸电子版、全媒体平台建设，动态记者团队建设、创立手机报、开设"两微一端"（官方微博、微信公众号、新闻客户端）等，对新闻信息及服务资讯采取无断点采集方式，实现了真正意义上数字化的全天候、全媒体滚动式新闻播报机制。广电传媒自视音频数字化处理开始，到媒体资产系统的建立，经过网站媒体建设，网络电视台的设立，到移动多媒体的建构，以及开设"两微一端"等，实现了多屏互动，多屏联动的融媒体信息发布机制。报纸和广电之间，虽然根据媒介传播特点有所差异，但是其共同的运营模式如下。

1. 组建多媒体融合集团，实现集团内媒介融合的联动发展

由电视媒体传播集团整合电视、电视官方网站等资源，进行机制、体制上的重新建构，在集团内部实现"电视—网络"的融合运营，在此基础上，与其他传媒集团进行联合，拓展在移动流媒等领域的融合，实现媒介大融合。这种

---

① 崔珍. 融合与变革：中外电视业最新发展动向研究［J］. 视听，2015（12）.
② 崔珍. 融合与变革：中外电视业最新发展动向研究［J］. 视听，2015（12）.

融合模式可以借鉴"凤凰卫视——凤凰新媒体"的联动发展经验。①

（1）实现资本运作模式的突破，以市场手段解决资金瓶颈

融合后的新媒体平台的建设、技术研发、内容制作、市场培育、人才队伍的建设等，需要大量的资金，而且研发、经营风险较大，必须引进现代企业制度，通过参股、兼并等市场手段吸纳社会资金，特别是要吸纳经济实力雄厚、运营能力较佳的民营传媒集团的资金和运营团队。

（2）实现经营体制的突破，推行制播分离运营机制

目前，除电视剧外，国内电视媒体节目基本上依靠自产自销。这种模式已经不适应节目形态新陈代谢的需要，也不符合媒介融合后分众营销的需要。新的运营模式需要更多的精品版权内容、更多样化的内容，要做聚合，需要将所有来源的视频内容重新拆包重组，推行"内容产品化，产品品牌化"。

在这种"聚合"的运营模式下，凤凰网、凤凰宽频、凤凰无线形成了良好的互动，不但满足了三大平台的资讯支撑需要，同时也完成了向内容提供商的角色转换，通过授权新闻资讯、专题节目获取二次收益。更重要的是，凤凰卫视集团通过"聚合"视频，免费点播，获取了高额的广告经营收入，而且这部分收益在凤凰卫视集团总收益中的比重日益增大。这种聚合经营、分众营销的运作只有在制播分离的体制下才有可能实现。

（3）突破媒介平台条块分割，实现跨平台传播与推广

首先是要实现电视的反向营销。融合后的新媒体不仅是电视产品的传播平台，也是信息的生产者，要为电视媒体提供内容。电视媒体为新媒体服务，新媒体也要推动电视传播。其次是要提供适合其他媒介传播的流媒产品，如手机电视节目。最后是要拓展多形态的终端合作。组建多媒体传媒集团不但不排斥对外合作，而且更要加强跨媒介组织合作，要跨越产业价值链，探寻技术、版权、广告、搜索等更多专业化服务伙伴合作，降低运营成本，提升竞争力。②

2. 寻求社会合作，建构联合式跨媒体合作联盟

这种合作模式由当前电视媒体向门户网站授权视频节目发展而来。这种合作没有固定模式，不同的媒介组织可以根据不同的市场需要和合作方的具体情况自由选择。打造资源分享型和全面合作型两种模式。

① 蔡天佑. 媒介融合模式建构中电视媒体的角色定位［J］. 中国电视，2010（07）.

② 蔡天佑. 媒介融合模式建构中电视媒体的角色定位［J］. 中国电视，2010（07）.

（1）资源分享型媒介融合中电视媒体的出路

目前，电视媒体节目生产能力强于互联网，互联网可供电视使用的视频内容不多，因此这种"分享"是单向的，门户网站分享了电视媒体的视频资源，而电视媒体没有太多分享到互联网的视频资源。从长远的发展战略考虑，在实现制播分离之前，电视媒体不应停留于这个层面的合作，以品牌价值流失为代价换取不多的内容销售收益。

电视媒体在与互联网执行资源分享型媒介融合合作时，要有对等意识，着眼于互联网"互动性强"这一优势，以资源换取这一传播途径手段和平台，弥补自身的缺陷，实现品牌价值的跨媒体营销，实现资源互换、宣传互换、收益共享或广告经营合作。

（2）全面合作型媒介融合中电视媒体的出路

执行这种融合模式，最核心的是信息产品的聚合与营销，要建立在资本运作、人力资源、决策体制和谐融合的前提下，其中决策体制的重新建构是阻力最大的挑战。应着眼于"网络电视台"层面，实现电视节目的多平台传播（电视和网络），这同样需要制播分离、宏观政策等配套体制的施行。①

三、媒介融合运营模式的内在因素与关键环节

（一）内容必须不断创新，渠道必须多元共生

好的内容是新媒体和传统媒体发展的核心驱动力，在发展过程中要坚持"内容为王"，大力实施文化精品战略，推动内容产业与相关产业融合发展，丰富内容产业发展的内涵和外延，提升内容产品的品牌价值和附加值。湖南广电多年来致力于内容创新，推出了一系列优质节目并打造出了几档"现象级"节目，才有了向新媒体进军的底气。

湖南广电通过对优质内容的深度挖掘，将内容资源变成 IP 资源，延伸了产业价值链，实现了一个内容多个 IP、一个 IP 多次开发、一次开发多个产品、一次销售多个渠道、一次投入多次产出、一次产出多次增值。一个《爸爸去哪儿》节目衍生出了超过 40 亿元的大产业，使湖南广电获得了 IP 开发的巨大经济效益。

---

① 蔡天佑. 媒介融合模式建构中电视媒体的角色定位［J］. 中国电视，2010（07）.

（二）以传统媒体为主体，新媒体为延伸

从广西和全国的多个媒体的发展经验来看，传统媒体在融合中占有主动权才能实现平等融合，融合发展必须以传统媒体为主。传统媒体必须变被动融合为主动融合，以内容为核心，与新媒体紧密结合，实施战略转型，以此带动和引领新媒体发展壮大，并能够反哺传统媒体，形成你中有我、我中有你的传媒格局。

以传统媒体为主，就是必须有效地掌控版权资源。在管理版权资源时，不仅要重视自制节目版权管理，还要重视外购节目的全版权采购，通过法律化、市场化、精细化的管理运行模式，确保 IP 资源有效流动，不断放大 IP 的产业价值，只有掌握了版权才能实现多屏分发、多元开发。

（三）必须不断深化体制模式改革，实现双赢

深化体制模式改革是传统媒体向现代媒体、新兴媒体转型的关键。传统媒体的发展既要争取政策支持，也要创新理念观念，树立市场主体意识，以体制模式改革促进转型发展。

如果湖南卫视、芒果 TV 两个平台单打独斗，两个平台与湖南广电旗下其他平台没有融合打通的话，不可能创造《爸爸去哪儿》超过 40 亿元的 IP 资源价值。因此，从传统媒体向新兴媒体转型，产业布局宜由单极突破向多品牌共生转型，培育多元的、集群化的产业生态，各产业平台相互融合打通，形成聚合平台，产生系统竞争力，实现自身价值的持续增长。[1]

第三节 媒介融合的跨界模式

媒介融合不仅表现在报纸与网络的报网融合、广电与网络的台网融合、出版与网络的数字出版融合，还表现在以数字化、网络化为基础的报纸、广电和出版行业的融合。数字化、网络化、移动化是媒介融合的核心和桥梁，由此带来报纸、广电和出版行业的转型。

报纸和图书在本质上都是一种出版行为，媒介融合也就是一种数字出版的转型过程，而广电和电信也因为三网融合成为同质化竞争的两个主体。因此，

[1] 来有为. 积极促进传统媒体向新兴媒体转型［EB/OL］. http：//wx. shenchuang. com/article/2015 - 11 - 10/1282024. html.

在更为宏观的层面上，媒介融合是数字出版、多屏互动与广电网络、电信网络的融合。

一、报纸出版与广播电视的融合

三网融合是媒介融合的具体体现。三网融合是广电网、互联网、电信网三者之间的融合，但由于前者归属广电业管理，后两者归属电信业管理，所以三网融合也被看作广电业和电信业的融合。这实际上忽略了广电与出版业的融合。数字出版建立在计算机技术、通信技术、网络技术、流媒体技术、存储技术、显示技术等高新技术基础上，三网融合为数字出版提供了新的机遇和挑战，作为数字出版的主要载体，图书出版业无法置身于三网融合之外。

数字出版就其本质而言是传统出版的内容和数字技术的结合，它强调内容的数字化、生产模式和运作流程的数字化、传播载体的数字化和阅读消费、学习形态的数字化。它有赖于数字化的存储介质，信息的处理与接收终端，因此，数字出版是超越了传统出版内容而发展起来的新兴出版产业。无论是广电、电信还是出版业，内容和渠道都是三者的关键点。优质的内容服务是数字出版的本质，而终端开发是数字出版的核心点。当前数字出版的终端主要有互联网、电子阅读器和手机。三网融合之后，数字出版不仅可以借用中国电信、中国联通和中国移动的平台，还可以使用广电有线网络，从而开辟了另一个传输的平台。三网融合使广电产业和数字出版实现了产业融合。出版业应该以有线网络平台为载体、以电视屏幕为终端，创新数字出版服务和营销模式，建立有效的运营模式，延伸并再造数字出版价值链。

三网融合架起了出版业和广电业的桥梁。广电有线网络平台为数字出版开辟了新的传播和发行渠道，广电业和出版业形成了产业内分工和合作的融合格局，这为数字出版开发和拓展提供了有利的条件。

广电有线网络相对封闭，因为主要用于传输广播和电视等视音频节目，而没有介入互联网，因此，没有出现在这个产业链中，也无法出现在各个数字出版企业的企业价值链中。不过，三网融合的实施打破了广电和电信原有的媒介和产业界限，同时也架起了出版业和广电业的桥梁，连接了出版业和广电业的价值链条。三网融合为出版业提供了新的发行和传播渠道，为两大产业进行产业分工和合作奠定了基础。数字出版应该根据广电网的特点，实施有针对性的价值链延伸和创新，以开拓出版市场，构建新的服务和营销模式，建立有效的运营模式，延伸并再造数字出版价值链。

广电业和出版业则是一种具有差异性的"互补型融合"。电视节目注重受众的观看，而数字出版产品注重受众的阅读，从广义上说，电视与图书出版分别形成了图像阅读和文字阅读两种阅读模式，而融合之后可以形成图文共享阅读模式，电视图像的直观性与文字形象的间接性在共读中形成互文性阅读，使受众同时进行视听和文字感知。图像因其直观形象性承担着"情境陈述和展现"的功能，而文字则承担着"意义挖掘和补充"的功能。

电视和图书的"互补性融合"早在三网融合之前就已经显现。其主要形式首先是电视读书栏目的开办。1996年5月12日，《读书时间》在中央电视台第一套节目开播。随后全国多家电视台开播了相关的节目。其次是围绕电视名牌栏目和电视剧而形成的电视图书，如百家讲坛系列丛书、《焦点访谈精粹》《图说焦点访谈》以及热播电视剧图书如《亮剑》《闯关东》《蜗居》等。融合传播产生的能量，直接影响目标受众群，最大化地覆盖受众，有力地促进了电视和图书产业的发展。三网融合将传统媒体和新媒体结合在一起，改变了电视栏目这种电视和图书融合的单一形式，可以同时为受众提供电视收看和图书阅读两种独立的形态，两者既可以独立又可以并行，极大地增强了传播的效果。

相对于电信网络来说，广电网络有自己独特的特点，既有整体性，又有区域性，既有开放性，又有封闭性。这主要是由于中国的广播电视是采取由国家、省、市和县"四级办"的战略，所以广电网络从网络结构上是一个全国性的互联互通的网络，但是从广播电视内容的传输上，既有中央台的全国覆盖，又有省、市等地方台的区域覆盖，既有免费的全国播出的频道，又有收费的区域播出的频道，表现出整体性和区域性的统一、开放性和封闭性的统一、大众性和分众性的统一。

广播电视是大众新闻媒介，具有发表新闻、传输信息、实施教育，提供娱乐等功能。当前在广电网中，信息的提供方式主要分为三块：广播电视节目传输、电影节目点播和公共信息的提供。其中第一块是最主要和最重要的部分，第二、三部分则是合理和有机的补充，其中第三部分是相对最弱的，也是最有待开发、有待完善的部分。三网融合后广电网络既可以传输视音频广播电视节目，又可以传输互联网信息，这为数字出版提供了一个多媒体的发行平台，可以进一步打通数字出版产业链，以内容版权价值最大化为主要目标，实现业务流程的再造，将单一渠道、单一形态向多元渠道、多元形态转换，实现一元化生产、多媒体发布、多渠道传播。为不同需求的用户同步提供合适的阅读产品，有效扩大了阅读产品的覆盖面，创造了新的增值空间，因此，基于广电有线网络的数字出版价值链应立足于渠道创新、终端创新，实施内容创新、服务创新和组织创新，在规制创新——完善政府管理模式大宏观背景下大力拓展数字出版业的价值链条。

（一）广电网络数字出版应立足"电视屏"阅读终端

电视媒介兼具声音和图像这两种传输符号，拥有时效性和现场性两种传播优势。长期以来，电视是大众媒介中的第一媒体，是人们接受新闻信息的主要途径，进而成为人们生活中的"伴随媒介"。三网融合之后，广电网络实现了和电信网络的互联互通，受众既可以接收视听节目，又可以接收多媒体的信息，而且改变了从传者到受者的单向传播模式，使通常被动接收节目内容的观众成为更具主动性的参与者，为实施互动传播模式奠定了基础。①

数字出版已经和网络实现了融合，拥有了"电脑屏"和"手机屏"，而针对"电视屏"则需要更大的创新。数字出版和广电网络进行融合绝不是单纯的互联网融合模式的移植，而是依据广电网特点的价值链的再造。首先，相对于互联网来说，有线网络既具有全国贯通的特点，又具有一定的地域性，是一种互联网和局域网相结合的方式。这有利于数字出版建立大众和分众相结合的出版模式，既出版面向全国读者的作品，也出版面向特定地域读者的作品。还可以像电影播放一样，对数字出版作品实施"窗口"出版战略，将作品按照地域逐次发布。这不但催生了数字出版的分众化传播的新业态、新产品，而且也有利于实施数字版权的保护，降低数字出版的开发成本。其次，这个融合包含基于 IP 的融合和不基于 IP 的融合。前者是将网络出版模式借鉴过来，而后者是和广电网络管理者合作开发统一的内容平台，可以将数字出版平台内嵌于广电有线网的信息管理平台中，以广电"外包"的形式实现对数字出版内容的提供。这可以创造数字出版新的盈利模式，或作为专业服务收费，或可以作为广电的增值服务收费，像购买付费电视频道一样，可以采取订购、单次购买以及和广电网络的维护费捆绑收取的方式。最后，数字出版阅读应与电视节目传播紧密相连，提供相互兼容的观看形式，使受众兼具观（听）众和读者两种角色，可以边看电视边评论边阅读，可以将评论上传到论坛或者公共出版板块实现与朋友共享。数字出版在提供书籍阅读、视音频观看和下载的同时，推动"电视屏"向"触摸屏"的转变，提供在线创作和互动创作，实现电视节目和受众的融合

---

① 党东耀.三网融合与数字出版价值链的延伸与创新［J］.广西大学学报（哲学社会科学版），2013（7）.

创作模式，共同参与电视剧或者电视节目的进程建构。

（二）广电网络数字出版应建构"数字家庭"阅读模式

电视是"家用媒体"，是一个家庭共享的媒介。家庭成员聚集在一起共同观看。但是现在不同的收视习惯已经让家庭成员拥有了自己的偏好。此前，有线电视网络通过提供多个接口来满足不同家庭成员的要求。但是因为价格和费用的问题往往不被接受。三网融合之后，将电视和互联网融为一体，而数字出版进入广电网络，就可以弥补这个短板。打造家庭图书馆，办理数字报，致力于打造"数字家庭"，将个性化和共享式阅读结合起来。视觉阅读和文字阅读的结合使电视屏成为当地信息的中心和总汇。①

数字出版要走家庭阅读之路，就要改变此前的"办公室模式"，将共享性、个性化和舒适度结合起来；将文字、声音和图像等多种传播符号结合起来。首先建设数字图书馆，可以将电视栏目以及播放的电视剧和出版的相关图书紧密地结合起来。当电视剧热播的时候，同时在网上图书馆可以提供相关图书的阅读和电子下载，成为可以供阅读的数字出版内容。其次构建网上课堂，增加中小学课程同步动画教学等内容，让孩子和家人一起学习，可以增加家庭成员之间的情感交流，促进孩子的学习。最后要开发数字杂志，提高阅读的趣味性。多媒体电子杂志是数字出版的重要形式，又称网络杂志、互动杂志。它兼具了平面与互联网两者的特点，且融入了图像、文字、声音、视频、游戏等，有极强的视觉冲击力，可以有效满足家庭不同年龄层受众的需求。

（三）广电网络数字出版应开发"融合性"的阅读内容

广播电视既是新闻宣传的主渠道，又是娱乐休闲的重要载体，广电网络数字出版的内容应将知识型、休闲型和娱乐型结合起来，打造"软、硬信息"兼备的"融合性"阅读内容。

休闲和娱乐功能由于电视处于家庭这个独特的环境下而得到了强化。在当前消费环境下，电视依然是数字家庭的多媒体休闲和娱乐中心。电视娱乐节目的兴起与不竭也是这种状况的反映。所以数字出版应该和这种趋势相结合，在提供公共信息、教育信息等主体信息的同时，可以对当地服务信息和企业文化进行挖掘，可以更加生动形象地表现企业文化的内涵和产品的知名度、美誉度；可以加大对娱乐内容的开发，要开发和利用卡通动漫、网络游戏等形式的阅读

① 党东耀. 三网融合与数字出版价值链的延伸与创新［J］. 广西大学学报（哲学社会科学版），2013（7）.

形态。通过漫画型阅读和游戏阅读增添阅读的娱乐性和参与性，从而降低阅读的疲劳感。

二、广播电视与电信行业的融合

目前广电和电信双方的主要应用集中在互联网电视（IPTV）和网络电话（VOIP）上。IPTV 是指利用 IP 技术，通过宽带网络提供视频业务，融合了电视业务和电信业务的特点，优势在于"互动性"与"按需观看"，改变了传统电视单向播放的缺点。VOIP 又名宽带电话，是指基于宽带技术实现的电脑与电脑、电脑与电话、电话与电话之间的通话业务。① 因无须搭建专属网络，VOIP 运营成本低，通话资费大大低于传统电话。两者不但可以接入服务，还可以提供"内容服务"，将网络服务商（ISP）和网络内容商（ICP）紧密结合在一起。日渐同质化的产品与服务，使广电和电信存在相当激烈的竞争。这表明，广电与电信之间的融合是一种具有相似性功能的"替代型"融合，也促使广电进行转型。

"三网融合"让媒介融合有了现实的基础。近年来，随着三网融合政策的不断推进，互联网、电信网、广播电视网均打破各自界限，不仅在网络技术层面上趋向一致，在业务方面也开始融合。这意味着各运营商必须能够为使用手机、电视、电脑或者各种新型手持设备的终端用户提供相同的服务。这种业务和终端上的融合互通既为运营商提供了新的市场空间，同时也为运营商提出了新的挑战。三屏融合是需要解决的首要问题——同时为手机、电脑、电视三种不同的终端提供同样的视频服务。

三屏中，电视屏是基础，同时也是电脑屏未来演化方向之一。电视屏可以在电脑屏所代表的互联网基础上加上自带的传统音视频内容形成可收费的价值体系，为互联网业务和内容提升价值。而手机屏则是电脑屏和电视屏的精华延伸和价值提升手段。以视频业务为例，手机上的视频应该和电脑、电视都有差异，特点是短、小、精，其目的是以手机屏为载体和通道，通过在手机屏上展示新片片花和资讯等信息将用户拉回到电视屏前，为电视屏提升价值。

三屏合一符合信息产业发展趋势，是三网融合发展过程中终端融合的一种表现形式。原来的三屏融合，因为移动网络的短板而难以形成，现在随着 3G 网络的全面部署以及流媒体、智能手机终端等相关技术的逐步发展和完善，移动

---

① 任莉. 发展 IPTV 推进三网融合［J］. 通信管理与技术，2010（05）.

网络的短板已渐渐消失，使电视、电脑、手机三者之间可以通过发挥各自的优势形成很好的弥合。同时在三屏中由于电视屏幕用户的广泛性以及广电信号质量的优越性，广电的电视屏幕必定在三屏合一的发展中起主导作用。①

三网融合意味着数字化技术把原本泾渭分明的广电、电信、电脑的技术边界消解了，突破传统媒介的边界，所以三网融合是媒介融合的具体体现。三网融合使广电和电信成为同一个产业——信息产业下的的成员。双方都可以进入对方的传统领域，并且开展业务活动。随着传统的电信业务发展逐渐呈现饱和的态势，基础电信运营商正在深化转型，实现向宽带通信和多媒体服务提供商的转变，让用户真正享受到高品质的视频服务，并积极向产业链的上游和下游延伸。2006 年 11 月，法国电信成立了一个分公司专门投资电影制作，通过向法国电信的客户提供自己拍摄的电影而获利。2006 年，法国电信从内容销售中产生了 4 亿欧元的收入。②

而进入 21 世纪，广播电视正从传播一般性新闻报道和娱乐节目，向提供更多类型化和专门化的信息服务方向发展。三网融合使广播电视媒体可以进行双向传播，发展互动电视，还可以发展互联网电视（IPTV），即利用 IP 技术，通过宽带网络提供视频业务。在三网融合的试点城市中，上海文广百视通公司是国内领先的 IPTV 新媒体视听业务运营商、服务商，在网络电视（IPTV）技术方面拥有业界领先的运营管理平台。2005 年 3 月，上海文广获得了国家广电总局颁发的国内第一张 IPTV 集成运营牌照，百视通以打造"电视新看法"为己任，通过全新的网络数字互动技术，为观众提供多样化的视听服务，使 IPTV 成为个性化、时尚化、互动化的新媒体娱乐平台。杭州广电控股的杭州华数集团同时拥有杭州"IP 数据城域网"和"广播电视有线网"两张物理网络，其用户具有有线电视用户和杭州网通用户的双重身份，使用双模机顶盒连接有线广播电视网和互联网。华数既有电信 IPTV 业务牌照，也有广电有线网业务牌照，业务许可范围几乎覆盖了所有电信和广电系统。杭州也成为以电视机为终端的 IPTV 大规模应用的唯一地区。这些试点为电视媒介抓住三网融合的机遇实现发展提供了借鉴。

三网融合使电视可以发挥"互动性"与"按需观看"的优势，彻底改变了传统电视单向传播的不足、线性传播的不足。充分发挥观众的主动性和参与性，

---

① 关于三屏合一的探讨［EB/OL］. http：//www. sumavision. com/38065. html.
② 李坤. 法国电信的转型对中国电信业的启示（上）［J］. 数字通讯世界，2007（3）.

在提供节目收看的同时，满足他们选择节目、点播节目的需求，并能够参与对节目和内容的互动，从而使得电视媒介可以实现以下方面的转型。

（一）从伴随型媒介向需求型媒介转型

电视被称为伴随媒介，其含义是电视虽然仍被摆放在客厅中央，但它已经不再是家庭核心。人们也都会习惯地打开电视。人们并不需要去注意电视的内容，电视只是一块大屏幕显示器，只是他们日常生活中的一个伴随者。三网融合之后，可以打造数字客厅，电视可以与互联网连接，从而使通常被动接受节目内容的观众成为更具互动性的参与者。通过电视机，观众可以浏览网页，还可以利用发布微博，可以将他们对自己收看的节目评论上传到互联网上，而且能与朋友分享网上视频。与此同时，人们还可以在任何时候，以自己喜欢的任何方式收看自己想看的任何节目内容。①

（二）从共享型媒介向个性化媒介转型

电视往往是一个家庭共享的媒介，大家聚集在一起共同观看，尤其是在春节联欢晚会的时候，这种共享达到了极致。但是现在不同的收视习惯已经让家庭成员拥有了自己的偏好。各个不同年龄阶段的人有自己的选择，一个家庭很难有共享型的需要了。此前，有线电视网络通过提供多个接口来满足不同家庭成员的要求。但是因为价格费用的问题受到了限制。最后这种需求的满足被电脑取代了。三网融合之后，将电视和互联网融为一体，可以满足不同成员的需要，成为个性化的媒体。

（三）从家庭型媒介向知识型媒介转型

电视一直是作为家庭媒介奠定自己的地位的，因此，与报纸相比，在深度上欠缺；与电影相比，集中性不强，受众逐渐低端化，主要收看者变成了主妇和老人等主要活动在家庭中的人。而中青年却需要能提供高端知识和信息的传输工具。三网融合之后，电视的容量改变了线性传播的限制，提供了海量的存储空间，电视媒介可以提供富有文化内涵的知识，在满足家庭一般人员的基础上，满足高端人群的需求。②

同时，作为最便于携带且拥有最大用户群的移动互联网信息终端的智能手机，将朝着电视、电脑、手机屏幕"三屏合一"的方向转变，成为融合的一个突破口。所谓三屏通常是指电脑屏、电视屏和手机屏。而三屏合一是指充分利

---

① 党东耀. 论三网融合战略与电视媒介发展模式的转型 [J]. 文化与传播，2012（10）.
② 党东耀. 论三网融合战略与电视媒介发展模式的转型 [J]. 文化与传播，2012（10）.

用现有的平台和资源以用户为核心在三屏之间形成很好的资讯互补和服务统一，从而推动彼此的价值提升。① 在不同网络之间为用户提供关联的匹配的业务，使用户可以随时随地地享受到多媒体终端融合的流媒体时代服务，为用户带来三屏的持续体验。

　　总之，三网融合使电视媒介可以基于媒介融合，改变单一媒体的传播形式，以全媒体的有机结合和合理配置来满足当代社会分众化的受众需求。电视媒介必须准确把握社会生态的变迁以及受众的心理变化，准确把握多个媒体形式的特点和多元经营的方法，使电视媒介能够以内容为王、以创新为体、以转型为要、以差异化打造核心竞争力。②

---

① 陶国伟，厚少铮. 发展 IPTV 推进三网融合［J］. 通信管理与技术，2010（05）.
② 党东耀. 论三网融合战略与电视媒介发展模式的转型［J］. 文化与传播，2012（10）.

第九章

媒介融合机制的探讨

本研究以广西媒介融合实践为基点，从上面可以看出，广西区级媒体从报业、广电和出版等行业都对媒介融合做了大量的探索，但是与东中部地区的媒体还有相当大的差距，这需要从学理的角度对媒介融合进行思考，对媒介融合带给传媒产业的影响从理论角度进行阐释，并以此探讨报业、广电、出版业转型的路径。

第一节　媒介融合对新机制提出要求

"机制"一词最早源于希腊文。在《现代汉语词典》中指机器的构造和工作原理以及有机体的构造、功能及其相互关系。机制原本是生物学和医学的借用词，指有机体的构造、功能及其相互关系。随着社会经济的发展进步逐渐被应用于各个学科门类，如机械上指机器的构造和工作原理。现已广泛应用于自然现象和社会现象，指其内部组织和运行变化的规律。在社会学中的内涵可以表述为"在正视事物各个部分存在的前提下，协调各个部分之间关系以更好地发挥作用的具体运行方式。"

机制解释了一件事情的发生与另一件事发生的原因和过程，[1] 机制超越了

---

① PETER J. J. ANDERSON, RUTH BLATT, MARLYS K. CHRISTIANSON, ADAM M. GRANT, CHRISTOPHER MARQUIS, ERIC J. NEUMAN, SCOTT SONENSHEIN, KATH-LEEN M. SUTCLIFFE, *Understanding Mechanisms in Organizational Research*, *Reflections From a Collective Journey*, JOURNAL OF MANAGEMENT INQUIRY, Vol. 15 No. 2, June 2006: 102 – 113.

一个现象的表层描述，让我们看到了它的内在。① 蒲慕明教授认为："所谓的机制就是一个层面的现象对另一个紧临层面的现象的解释。"② 孙学军教授认为：理解机制这个概念，最主要的是要把握两点。一是事物各个部分的存在是机制存在的前提，因为事物有各个部分的存在，就有一个如何协调各个部分之间的关系问题。二是协调各个部分之间的关系一定是一种具体的运行方式，机制是以一定的运作方式把事物的各个部分联系起来，使它们协调运行而发挥作用的。

研究机制，离不开制度和体制。

机制，通常指制度机制，机制是从属于制度的。机制通过制度系统内部组成要素按照一定方式的相互作用实现其特定的功能。简单地说，机制就是制度加方法或者制度化了的方法。制度机制运行规则都是人为设定的，具有强烈的社会性，如竞争机制、市场机制、激励机制等。

《韦伯斯特字典》以及《美国文化遗产大字典》里对"制度"的解释是："制度就是行为规范"；③ 在《现代汉语词典》里，制度的第一含义是指：要求成员共同遵守的办事规程或行动规则。④ 新制度经济学将制度视作一种重要的经济元素。诺思认为："制度提供了人类相互影响的框架，它们建立了构成一个社会，或确切地说一种经济秩序的合作与竞争关系。"⑤ T. W. 舒尔茨将制度定义为"一种行为规则，这些规则涉及社会、政治及经济行为。"⑥ 可见，制度是一种"公共物品"，它不是针对某一个人，而是针对每一个人。在发挥作用的群体中，制度是共同的知识，制度为一个共同体所共有，并总是依靠某种惩罚或激励来贯彻，由此将人类行为导入可合理预期的轨道。⑦

① PETER J. J. ANDERSON, RUTH BLATT, MARLYS K. CHRISTIANSON, ADAM M. GRANT, CHRISTOPHER MARQUIS, ERIC J. NEUMAN, SCOTT SONENSHEIN, KATHLEEN M. SUTCLIFFE, Understanding Mechanisms in Organizational Research, Reflections From a Collective Journey, JOURNAL OF MANAGEMENT INQUIRY, Vol. 15 No. 2, June 2006：102 - 113.

② 蒲慕明. 科学追求的事实与谬论 [EB/OL]. http：//www. ion. ac. cn/cxwh/new. asp？id =424.

③ 汪丁丁. 制度分析基础 [M]. 商务印书馆，社会科学文献出版社，2002：87.

④ 中国社会科学院语言研究所词典编辑室编. 现代汉语词典，商务印书馆，2000：162.

⑤ [美] 道格拉斯·C·诺斯等. 经济史中的结构与变迁 [M]. 上海三联书店，1994：225 - 226.

⑥ T. W. 舒尔茨. 制度与人的经济价值的不断提高，转引自 [美] R. 科斯、A. 阿尔钦、D. 诺斯等. 财产权利与制度变迁 [M]. 上海人民出版社，1994：253.

⑦ 罗必良主编. 新制度经济学 [M]. 陕西经济出版社，2005：85.

柯武刚、史漫飞将制度分为从人类经验中演化出来的内在制度（internal institutions）和被自上而下地强加和执行的外在制度（external institutions）两类①。舒尔茨则直接将制度区分为："用于降低交易费用的制度；用于影响生产要素的所有者之间配置风险的制度；用于提供职能组织于个人收入流之间的联系的制度和用于确立公共品和服务的生产与分配的框架的制度。"②

产权制度是一种重要的制度设计。产权的基本内容包括行动团体对资源的使用权与转让权，以及收入的享用权。③ 产权是一个权利束。交易中的产权所包含的内容影响物品的交换价值，通过产权的界定和分配可以降低交易成本。产权安排直接影响资源配置效率，一个社会的经济绩效如何和交易成本大小，最终取决于产权安排对个人和组织行为所提供的激励。产权实质上是一套组织的激励与约束机制。

制度变迁是制度的替代、转换与交易过程。它既可理解为一种效益更高的制度对另一种制度的替代过程，也可理解为对一种更有效益的制度的生产过程，还可理解为人与人之间的交易活动制度结构的改善过程。④ "如果预期的净收益超过预期的成本，一项制度安排就会被创新。"⑤ 故而，制度变迁又叫制度创新。

从宏观上讲，"社会机制是解释事件为什么会引起另一个事件的发生以及怎么样导致它发生的关键。机制可以从宏观到宏观，也可以从微观到微观，还可以从微观到宏观。"⑥ 在媒介融合的机制中涉及宏观的国家媒介管理体制，也包含媒体单位的微观管理体制，是一个科学的制度设计和制度变迁过程。

---

① ［德］柯武刚，史漫飞. 制度经济学［M］. 商务印书馆，2000：37.

② T. W. 舒尔茨. 制度与人的经济价值的不断提高，转引自［美］R. 科斯、A. 阿尔钦、D. 诺斯等. 财产权利与制度变迁［M］. 上海人民出版社，1994：253.

③ Steven N·S·Cheung, "The Structure of a Contract and the Theory of a Non – Exclusive Resource," J·Law Econ., April 1969, 12。转引自［美］R·科斯、A·阿尔钦、D·诺斯等著：《财产权利与制度变迁》［M］. 上海人民出版社，1994，译者的话第20页。

④ 罗必良主编. 新制度经济学［M］. 陕西经济出版社，2005：131.

⑤ L. E. 戴维斯、D. C. 诺斯. 制度变迁的理论：概念与原因，转引自［美］R. 科斯、A. 阿尔钦、D. 诺斯等. 财产权利与制度变迁［M］. 上海人民出版社，1994：253.

⑥ PETER J. J. ANDERSON、RUTH BLATT、MARLYS K. CHRISTIANSON、ADAM M. GRANT、CHRISTOPHER MARQUIS、ERIC J. NEUMAN、SCOTT SONENSHEIN、KATHLEEN M. SUTCLIFFE, Understanding Mechanisms in Organizational Research, Reflections From a Collective Journey, JOURNAL OF MANAGEMENT INQUIRY, Vol. 15 No. 2, June 2006：102 – 113.

从微观上讲，对于一个集团主体，机制可以分为运行机制、动力机制、约束机制等。

运行机制，是指在人类社会有规律的运动中，影响这种运动的各因素的结构、功能及其相互关系，以及这些因素产生影响、发挥功能的作用过程和作用原理及其运行方式。由竞争机制、产权机制和决策机制等组成。

动力机制是管理系统中产生工作积极系的机制。动力机制是由多个子机制构成的，如导向机制、激励机制、约束机制和控制机制等组成。动力机制受到其置身其中的文化"场"的影响，在不同的组织文化、社会文化中，应该设计不同的动力机制。

约束机制可以看作动力机制的子机制，但是由于其独特的作用也可以被单列。约束机制是指为规范组织成员行为，便于组织有序运转，充分发挥其作用而经法定程序制定和颁布执行的具有规范性要求、标准的规章制度和手段的总称。法律约束和行政约束则分别代表了法律和政府政策方面对管理经营活动的约束。

"机制"借指事物的内在工作方式，包括有关组成部分的相互关系以及各种变化的相互联系。按照《辞海》的解释，"体制"是指国家机关、企事业单位在机制设置、领导隶属关系和管理权限划分等方面的体系、制度、方法、形式等的总称。

体制，指的是有关组织形式的制度，限于上下之间有层级关系的国家机关、企业单位。体制，通常指体制制度，是制度形之于外的具体表现和实施形式，是管理经济、政治、文化等社会生活各个方面事务的规范体系。例如，国家领导体制、经济体制、军事体制、教育体制、科技体制等。制度决定体制内容并由体制表现出来，体制的形成和发展要受制度的制约。一种制度可以通过不同的体制表现出来。例如，社会主义经济制度既可以采取计划经济体制的做法，也可以采取市场经济体制的做法。在一定条件下和一定范围内，基本制度、具体规章制度和体制可以互相转化。简单地说，"体制"指的是有关组织形式的制度。

从广义上讲，机制和体制都属于制度范畴，既相互区别，又密不可分。总之，靠制度制约体制与机制，同时，体制与机制又对制度的巩固与发展，起着积极的促进作用。机制最终要落实到制度的制定层面，机制通过制度系统内部组成要素按照一定方式的相互作用实现其特定的功能。"体制"指的是国家机关、企业、事业单位等的组织制度，体制是国家基本制度的重要体现形式。它为基本制度服务。基本制度具有相对稳定性和单一性，而体制则具有多样性和灵活性。①

刘奇葆指出，党中央作出推动媒体融合发展重大决策以来，各地各新闻单位大胆探索、积极作为，主流媒体传播阵地得到拓展，融合新闻生产能力明显提高，新闻舆论工作气象一新。要坚定信心、乘势而上，着力创新工作理念思路，深化媒体内部体制机制改革，拓宽传播平台载体，强化人才支撑和政策保障，将融合发展工作向纵深推进，打造一批具有强大竞争力的新型主流媒体。②

从体制上讲，这需要基于媒介单位的媒介融合的实践，呼应媒介融合的要求，从国家到省级等地方层面实施媒介管理体制的改革，即规制改革。政府规制是政府为实现某些社会经济目标而对经济主体作出的各种直接的法律约束力的规范、限制，以及由此引出的政府为督促经济主体行为符合这些限制、约束、规范而采取的行动和措施。

经济学家丹尼尔·史普博认为规制是替代市场的一种资源配置方式。当存在阻碍性交易——存在进入壁垒，缺乏合法的必备条件的交易——外部性和产生低效率的交易权属——内部性等典型的市场失灵矛盾时，规制的实施应该有利于资源合理地配置到有效率的生产单位中，以促进产业的发展。只有对报纸、广播、电视、网络乃至新媒体实施统一的管理和规制，才能更好地促进媒介融合。

从政策上讲，我国目前没有专门的新媒体法，主要从《广播电视管理条例》（国务院令第 228 号）、《互联网信息服务管理办法》（国务院令第 292 号）、《互联网等信息网络传播视听节目管理办法》（原广电总局令第 39 号）、《互联网视听节目服务管理规定》（原广电总局、信息产业部令第 56 号）等广播电视、互联网专门法层面上向视听新媒体延伸，拓展广播电视、互联网等专门法的适用范围，以作为管理视听新媒体的法律依据。随着视听新媒体的蓬勃发展及"三网融合"已经给广电行业带来新的局面和新的特点，现有法规、规章已明显滞后。③

尤其在产业政策方面，应制定鼓励视听新媒体发展、技术创新和应用等的

---

① 张嫣竹. 论制度、体制、机制的区别与联系［J］. 致富时代（下半月），2010（7）.
② 刘奇葆. 坚定不移推进媒体深度融合［EB/OL］. http：//politics. people. com. cn/n1/
  2017/0105/c1001 - 29002234. html.
③ 广西社会科学院，广西新闻出版广电局. 广西广电改革创新发展报告［M］. 广西人民
  出版社，2015：158.

具体扶持政策，加快建立适合媒介融合，符合市场机制的多元化投融资渠道，充分利用各种金融工具，实现融媒体产业与资本市场的对接，积极探索运用专项资金和投资资金、银行信贷、改制上市、吸引风险投资等多种手段，实现与金融的全面合作，以金融杠杆撬动新媒体的发展。

第二节　媒介融合的动力机制

"总体上讲，广西视听新媒体产业尚处于初级阶段。以经营创收水平为例。广西电视台网站'美丽天下网'开办至今尚未实现盈利，公交移动电视勉强收支平衡；广西日报社广西新闻网 2011—2013 年营业利润分别为 –389 万元、271 万元、177 万元。"[1] 这在一定程度上影响了媒体机构对媒介融合的探索，但是从长远上看，媒介融合改变了传媒产业形态；从动力机制上看，媒介融合使得传媒产业从追求规模经济转向追求范围经济，拓展了传媒的产业链条，挖掘生态位的传媒新生态。

一、媒介规模经济转向追求媒介范围经济

在经济学里，大规模生产带来的经济效益简称规模经济（Economics of Scale），具体指的是由于产出水平的提高，或者是生产规模的扩大而引起企业生产或经营的产品单位成本下降，企业的长期平均成本的降低。规模经济形成的大规模生产，使得企业越大，成本就越低，规模效益越高，从而在市场具备了更强的竞争能力，能在市场竞争中取得有利地位，占领市场。

"媒介规模经济是指媒介因扩大某种产品的生产规模或经营规模而使收益增加的现象。"[2] 传媒业是一个规模经济效应显著的行业。这主要体现在，随着媒介产品产量的增加，平均成本下降速度非常快。这主要是因为媒介产品初始生产需要很大的固定成本。固定成本是指不能随着产量的变动而做调整的成本。皮卡德就发现，当报纸印刷的份数增加，即使第一份报纸的生产成本很高，但报纸的平均成本也会降低。这主要是因为报纸的生产需要大量的物力、人力，

---

① 广西社会科学院，广西新闻出版广电局．广西广电改革创新发展报告［M］．广西人民出版社，2015：152．

② 邓向阳．媒介经济学［M］．湖南大学出版社，2006．

这些投入都是固定的，即使报纸的产量减少甚至为零，这些成本仍然不变，没有了这些成本的存在报纸就无法进行生产。但是当一份报纸印刷出来之后，复制的成本就非常低，可以进行大规模的低成本生产。这种规模经济理论也能用于分析其他媒体，因为广播电视网络等媒介产品也具有相同的生产性质。这就说明媒介产品的生产成本多数使用在原始制作上，而每增加一个单位产量所引起的总成本变动值，叫边际成本往往很低，甚至有时会趋向于零。所以只要边际成本低于平均成本，随着媒介产品数量的增加，平均成本会不断下降，就会存在规模经济效益。

范围经济（Economics of Scope），指的是当一个企业对某一产品的资金达到一定界限之后，将这种资金投放转移到与本企业原来生产经营的产品有一定关联的行业产品，把各个不同的部门、产品、行业组合在一个企业之中，使企业成为一个混合体。这种具有关联性的多种产品的生产经营过程中，生产资源在相当大程度上得到共享，在这样的前提下，利用自身的资源去生产经营另外一种产品，成本比较低，尤其其他企业单独地生产经营另外一种产品所需的成本。而能够产生范围经济的前提就是企业拥有的资源和技术能够满足两种及以上产品的生产经营需要。

一般来说，具有规模经济的企业容易拥有范围经济。一个企业凭借其资本实力增加投资，扩大某一产品生产经营规模取得规模经济，但这种产品的市场需求和本身的生产规模具有一定的限度，如果超过了这个限度就容易导致企业的不经济。所以企业通过规模经济累计起来的资本就能在用于原产品的生产经营，需要转移到其他生产方向，企业进入新的投资领域开拓新产品，取得范围经济。而范围经济的获得，进一步扩大了企业规模。规模经济和范围经济是相互作用的。

传媒产业也是一个范围经济效应比较明显的行业，媒介的范围经济，指的是一个媒介生产经营不同媒介信息产品的总成本，低于不同媒介分别生产经营不同媒介信息产品的成本之和。

不同媒介产品可以分享相同的资源，对一种产品的投入也可以为其他产品所用，这就是媒介产生范围经济的原因。比如，在一个传媒集团之中，一个相同信息经过不同的编辑制作之后，可以通过报纸、电视、广播、网络等多种渠道提供给受众，在一些不同的传播过程中，通过对"消息"这个共同原材料的应用，生产出了不同形态的信息产品。这样的传媒集团的经营信息产品的总成本，就能低于单独的报纸集团、广播集团、电视集团等分别生产不同信息产品的成本之和。

媒介融合和规模经济理论和范围经济理论密切相关。可以说，规模经济和范围经济是媒介融合的重要经济动因。媒介融合之所以成为媒介发展的重要方向之一，是因为媒介通过有效的整合所获得的收益大于所需要的成本，这种收益的来源就是媒介融合之后产生的规模经济以及范围经济。富勒（Fuller，2000）认为，规模经济和范围经济的存在，可以让融合的媒介机构通过报纸、电视、广播和网络等载体，将信息产品的成本分摊至多个信息传递平台和受众群体，同时这些信息载体也能够使得融合媒介的收入来源变得多样化。

总的来说，媒介通过融合而获得规模经济和范围经济主要有一些成因。第一，媒介产业具有高的固定成本和低的边际成本。只要第一份传媒产品被生产出来，其复制成本就很低，而且其再加工成为其他形式产品的成本也低于原始生产成本。因此，通过一定的规模可以降低媒介产品的平均可变成本。第二，通过媒介融合可以共享资源，提高资源利用率，降低生产成本。通过媒介融合，不同的组织机构或介质载体的内容信息就可以更加自由地流通，通过相关的组合、加工，能够大大增加信息产品的种类和数量，成为能够适应不同载体的媒介产品。媒介正如上文所提及，一家传媒如果能够采用同一个记者所采访到的新闻，同时为报纸、电视、广播、网站等提供内容，那么这家媒体的投入产出比就大幅增加。而且除了可以共享物质资源、技术资源、人力资源、营销渠道等有形资源，媒体还可以充分共享管理资源、企业文化、品牌效应等各种无形资源。通过媒介融合，对资源的利用效率大大提高，降低了生产成本，提高了经济效益。第三，媒介融合后，随着规模的扩大，能够降低购买原材料的价格，增强了媒介在市场中的议价能力。第四，传媒产业规模的扩大，意味着产品生产"历史"程的延长，从而传媒从业人员就能累计更多传媒生产经验以及知识，产生学习效应，降低生产成本。第五，由于媒介融合，媒介集团就能加强内部专业分工协作，增强媒介组织内部的协同效应。

二、媒介融合拓展媒介产业的价值链

1985 年，迈克尔·波特（Michael Porter）在《竞争优势》一书中提出了"价值链（Value Chain）"的概念。波特认为："每一个企业都是在设计、生产、销售、发送和辅助其产品的过程中进行种种活动的集合体。所有这些活动可以用一个价值链来表明。"他进而指出：这些活动可分为基本活动和辅助活动两类，基本活动包括进料后勤、生产作业、发货后勤、市场销售、售后服务等；

而辅助活动则包括采购、研究开发、人力资源管理和企业基础设施等（如下图所示）。这些互不相同但又相互关联的生产经营活动，构成了一个创造价值的动态过程，即价值链。这表明，企业的价值创造是通过一系列活动构成的，因此，上述这些活动指一个企业的价值链或内部价值链（如下图所示）。

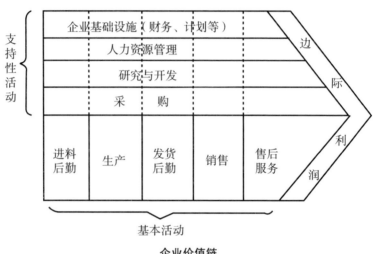

企业价值链

按照迈克尔·波特的逻辑，每个企业都处在产业链中的某一环节，一个企业要赢得和维持竞争优势不仅取决于其内部价值链，而且还取决于在一个更大的价值系统中。一个企业的价值链同其供应商、销售商以及顾客价值链之间的连接，称之为产业价值链（industrial value chain）（如下图所示）。产业价值链是由产业链内各个企业的价值链整合而成的，各企业的价值链由连接点衔接。构成产业价值链的各个组成部分是一个有机的整体，相互联动、相互制约、相互依存，上游产业和下游产业环节之间存在着大量的信息、物质、资金方面的交换关系，是一个价值递增过程。

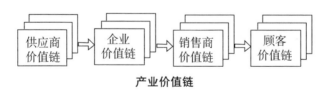

产业价值链

整个价值链上的各项价值活动的调整都应该以优化整体价值链为前提和目标。产业价值链的完善，能够使产业资源得到合理配置，因为随着产业价值链的完善，资源的流动就具有了灵活性、合理性、有序性，能更容易寻到自己合适的产业位置。而且，产业价值链的发展能让产业链上各个环节的企业具备更加浓厚的竞争与合作观念，能够推动产业链上各个环节的发展，并发挥整体价值能力，将整个产业的蛋糕做大，使产业健康持续发展。

传媒产业价值链是传媒业进一步发展的方向，它把内容生产、销售发行、技术开发等环节结合在一起，对整个传媒产业起到有机整合的作用，让整个传媒产业或者产业链中的传媒企业能够增加价值。中国学者卜彦芳认为，传媒产业价值链上包含了内容供应商、发行商、媒介平台、传输网络、相关产品开发商、媒介服务商等多个环节。

在媒介融合的过程中，媒介产业得到进一步的发展，而产业的发展也就是产业价值链的分化与整合过程。媒介融合，会使传统产业链发生延伸、分化或者整合，并且能重新优化组合核心价值要素。在媒介融合过程中，传媒企业追求规模经济和范围经济效益，会不断地寻求自身产业价值链的整合以及拓展，导致产业价值链的重新优化变形。而除了这一点，传媒产业价值链的主要变化，可以体现在以下两个方面。

（一）注重纵向延伸的同时，重组横向产业价值链

在传统传媒业中，不同形态的媒介产业常常具有纵向一体化的结构。例如，在报刊产业中，报纸的出版、印刷、发行通常由一个掌握内容资源的报刊媒介组织加以控制；在广电产业中，节目频道的制作、播出也都是有一个掌握内容资源的广电媒介组织进行控制。而随着媒介产业的发展，传媒产业开始有纵向分离的趋势，产业价值链上每个链节的价值活动都分别有相应的专业化组织来进行。随着媒介融合进一步发展，传媒产业的价值链有了由纵向分离向横向功能聚合深度转变的表现。有研究者认为，在媒介融合时代，传统的报纸、广电、网络、电信、出版等不同形态的传媒的纵向一体结构被解构重组，至少有 5 个横向产业链节将其取而代之。这 5 个横向的产业链节为：（1）内容，指内容产品的创造与制作，包括各种形式的媒介产品；（2）包装，主要指内容的集成和呈现；（3）传输，即信息传输的物理基础设施；（4）操作，指智能资源的提供，包括网络和独立终端机上处理和储存用的硬件和软件；（5）终端，指各种输入输出设备。随着媒介融合的不断深入，传媒产业价值链不仅有纵向延伸的趋势，而且被分离重组出来的横向产业链接会不断扩大扩宽，它们所带来的竞争优势在整个产业价值链中的作用将变得举足轻重。

(二) 产业链下游价值增值空间日趋扩大

虽然价值是由产业链中所有关联环节共同完成的，但是由于每一个链节的价值不一样，所以每一个价值链节上的价值活动在整个价值链中的位置是不一样的。处于产业价值链的高端往往是价值增值量大的链节，处于产业价值链低端位置的则通常是价值增值空间小的链节。这是因为传媒产业是一种信息资源产业链，产业价值链中每一个链节在价值链中价值增值空间的大小与其掌握优势信息资源的多寡有密切关系。媒介融合前，位于整个产业链上游位置的内容供应环节由于掌握了内容资源这一核心价值要素，价值增值空间大，在整个产业价值链中的高端地位。而位于下游位置的发行环节，则因为内容资源不足的关系，价值增值空间小，从而处于产业价值链的低端地位。而媒介融合的过程中，传媒产业价值链上的价值增值有向下游环节聚积的趋势。产业融合过程中，最初掌握内容资源的内容供应环节的向下控制能力大为削弱，对其他处于中下游位置的印刷和发行环节施控制显得鞭长莫及，甚至作为内容生产的出版环节，因为缺少能够满足受众多样化需求的设备终端以及有效的传播渠道和营销手段，常常受制于终端制造商和内容发行商；原来处于下游位置的印刷环节，在媒介融合后与之相对应的是接收终端设备制造环节。这一环节由于能够研发和生产多样化的终端设备，间接掌握着庞大的受众资源，反过来又影响出版环节的内容形态和内容生产方式，从而成为出版产业价值链中向上延伸的重要力量；发行环节由于与其他产业的相应链节进行整合，实力不断壮大，掌握了丰富的渠道和市场等优势资源，逐渐居于强势，成为传媒产业链中价值度较高的环节，进而逐渐走上传媒产业价值链的高端。

媒介融合的过程就是媒体集团和传媒产业的价值链不断分化与整合的过程。对于媒体集团来说，报纸、广电、网络、电信等不同形态的媒介建立了纵向一体结构的价值链条，让整个媒体集团产业链中的各个媒介环节能够增加价值。同时，媒介集团就能加强内部专业分工协作，增强媒介组织内部的协同效应。对于传媒产业来说，媒介融合会使传媒产业链发生延伸、分化或者整合，并且能重新优化组合核心价值要素。随着媒介融合进一步发展，传媒产业的价值链有了由纵向分离向横向功能聚合深度转变的表现。被分离重组出来的横向产业链也会不断扩宽，如多种新媒介形式之间的互动，它们所带来的竞争优势在整个产业价值链中的作用将变得举足轻重。

三、媒介融合打造媒介新生态

"媒介生态"的概念是马歇尔·麦克卢汉（Marshal Mcluhan）在与昆廷·菲奥尔合著的《媒介即讯息：效果一览》中最早提出的。"媒介生态"是以环境为比喻，有助于我们理解传播技术和媒介对文化所产生的影响。所谓媒介生态，是指在社会环境中媒介各构成要素之间、媒介之间、媒介与外部环境之间相互达到的一种平衡、互惠、共生的结构状态。

遵循媒介生态整体观不能忽视在系统内相应的差异性和多样性，因此重视差异性也是十分重要的。因此，媒介系统首先应该被看作一个完整的整体，同时也要认识到它的存在、变化和发展也需要个体的相互协调和有序发展。没有单独存在的个体，也不存在没有个体的整体。在一个媒介集团里，存在不同的报纸、杂志、网络或相关企业，但是这些个体之间都是相互关联并共同促进了媒介集团整体的发展。集团内部必须在保持差异的同时相互协作，这是系统整体性的要求，而媒介集团正是整体性与个体差异性的结合体。

随着新媒体的快速发展，特别是网络媒体的风起云涌，传统媒体越来越认识到与网络等新兴媒体合作的必要性与紧迫性，于是全媒体采编平台在这一背景下应运而生了，全媒体采编平台可以说是媒介融合的一个重要载体，传统媒体的记者也不再仅仅是报纸或电视记者，他自动升级为全媒体记者，在采集报道的过程中也不再是简单的写稿或拍摄的单一操作，一个全媒体记者要同时掌握写稿、拍照甚至摄像的多项功能，其作品也不再仅为某个单一的媒介组织服务，而是要同时输送给两个或多个媒介组织。在这样的背景下，就要求不管是全媒体记者还是融合背景下的媒介组织需要有恰当的媒介生态整体观，在进行媒介组织活动时要兼顾左右，共同协作完成相关任务。广西日报传媒集团的内容经营主要是由集团内分属于不同的媒介组织的记者进行采编。2012 年 5 月 25 日，广西日报传媒集团成立了全媒体采编平台。从此，广西日报传媒集团的记者可以第一时间利用电脑、手机或者其他的移动设备将编写好文字、拍好的图片和视频等多媒体信息发布到报纸、网络、手机等移动媒体上，实现采编发一条龙的采编模式，极大地提高了工作的效率，也保证了新闻第一时间送达至受众手中。广西日报传媒集团旗下的广西日报、南国早报、当代生活报等多种媒介组织，一千多名采编人员成为了全媒体采编平台的用户。集团通过利用整体与部分的关系，遵循媒介整体观，推出全媒体采编平台，整合整体与个体的资源，形成媒介融合良性的发展模式。

"生态位（ecological niche）指的就是生物种在一个生物群落中所占据的时间和空间上的特定位置。"① 生态学家奥杜姆（E. P. Odum）指出，"一个物种所处的种群群落和生态系统中的位置决定了该物种的形态、生理反应以及其特有的行为，一个物种的生态位不仅决定了它存在于什么地方，还决定它干些什么"②。

生态位现象对所有生命现象都具有普适性。生态位的原理同样适用于社会生活。不同的媒介形式都有自己生存的时空，即"媒介生态位"。媒介融合可以使得多种在生态位上分离的媒介形式组合在一起，从而能在同一信息市场中共同生存和发展。

新媒介的产生实际上是一种生态位创造，也即一种新的物种形式的产生，是"空白生态位"。媒介致力于新媒介的见识，就是向空白的生态位发展、向相关的生态位扩张的表现，挖掘出了新的媒介生态位，为集团创造了新的经济增长点。而媒介融合要求新媒介和传统媒介错开生态位，指的就是在信息传播上形成差异，避免因此造成生态位的重叠，造成和加剧新媒介与传统媒介的竞争。

生态位理论描述了不同媒介形式之间的"竞合关系"，即竞争与合作的关系。在生态位的语境中，媒介生态位的共生就是指两个或两个以上的媒介形式通过合理分工、错位发展从而协作形成有序、互补、优化、和谐的结构系统，提高媒体生态系统整体对关键资源的吸收、控制、转化和利用的能力。媒介融合实际上是媒体拓展自己的生态位和调整生态位的结果，以使自己的信息生产形式面向不同的受众，从而占领不同的分众市场。

善于利用泛化生态位和特化生态位策略。就广西报业传媒集团来说，区内核心党报只有《广西日报》一份，核心网站只有广西新闻网这个比较大的网站，手机报也以"广西掌媒"为核心，成为广西区内用户最多的手机报平台，随着"魔码"的推出，集团也成为全区首家应用这个技术的传媒集团，这些举措都是集团采用泛化生态位的典型举措。传媒组织为了规避一定的风险，会采取生态位分离、整合、细分和创造的策略。比如，集团的所属报纸《南国城报》和《南国健报》，这两份报纸分别创办"居桂林"和"居柳州"，充分占据两地的人力资源，进行生态位分离。广西日报传媒集团内部最大的网站，也是全广西

① 邵培仁. 媒介生态学——媒介作为绿色生态的研究［M］. 中国传媒大学出版社，2008：252.

② 尚玉昌. 普通生态学（第二版）［M］. 北京大学出版社，2002：284.

最大的门户网站——广西新闻网，是由之前的广西桂龙新闻网和广西新桂网整合而成，给了广西新闻网最好的生态资源，对于它的发展无疑是最有益的，也对广西日报传媒集团整合网站贡献了良好的资源。不仅使新闻网成为了集团媒介融合的重要载体，也为其带来了众多的受众群，特别是红豆社区，成为区内人气最旺的交流平台。集团进行生态位创造的典型例子是集团引进了"魔码"，打造媒介融合的互动平台，通过一头连接平面（报纸、海报等），另一头连接"云端"（无限的互联网数据）的方式，把传统平面媒体介质与互联网世界相连接，把静态的画面与动态的视频相连接，为受众创新视听体验，进行生态位的创造。

作为广西日报传媒集团的媒介融合现象，报纸和网络在媒介融合的前提下有了关联，当报纸发生一定的改变时，网络也会随之有一定的改变。在广西日报传媒集团内，随着全媒体记者的出现，可以将报纸、广播、电视、音像、电影、出版、杂志、网站等不同媒介形态进行融合，特别是在广西新闻网上出现了由最初转播广西电视台新闻的视频到自制视频的阶段，可以说，广西新闻网成了全媒体应用的载体，随着网络的改变，报纸也要相应地做出改变，如集团给每一位传统媒体的记者配备了能够及时发送新闻的电子设备，在报纸记者采写或拍摄到新闻素材后要及时传输到全媒体平台，网络也可享用到新闻资源。另外，因为网络媒体记者的身份尴尬，有时候并不能获取相关采访权，却可以通过对传统媒体记者获取的新闻资源进行重新排版和编辑，配以一定的图片、视频，加上链接，制作成系列报道，或做连续报道，这便是通过改变节律使报纸与网络达到联动的效果，也是媒介融合的意义所在。

广西日报传媒集团的最新举措——广传"魔码"的出现，让受众超越平面媒体形式的限制，获取视频、音频、高清大图甚至3D影像等丰富的多媒体信息，形成全新的信息阅读体验。

第三节 媒介融合的运行机制

机制是通过以一定的运作方式把事物的各个部分联系起来，使它们协调运行而发挥作用的。主流媒体进行媒介融合必须协调好新媒介与传统媒介的关系，必须把握好媒介融合机制的核心要素，建立与全媒体相适应的运营机制，以激发活力，打造媒体转型新生态。

从广西日报集团、广西电视台、广西广播电台、广西师范大学出版社、接力出版社等区内主要媒体，以及南方报业传媒集团、上海报业集团、湖南广电影视集团和上海文广新闻传媒集团等区外主要媒体的探索中，可以看出以下共同的运行机制。

一、强化互联网思维与确立媒介融合意识

当前，网络和数字技术正以前所未有的广度和深度塑造全新的媒介环境，加快融合发展已成为主流媒体革新图存的必然选择和必由之路。自媒体融合上升为国家战略以来，从中央到地方，媒体都在转型升级，新媒体已经成为全媒体业态的重要组成部分和事业发展的新的增长点。

传统媒体和新兴媒体融合发展是一项重大改革，地方媒体将按照中央部署和要求，强化互联网思维，培养媒介融合意识，建立融合语境下的跨媒体思维模式，牢固树立一体化发展理念，实现各种资源、生产要素的有效整合。"中央厨房"注重报道流程的平台化、新闻内容的定制化、信息形态的可视化、发布推广的及时性，使媒体生产能力和品牌影响力得到了明显提升，拓展了主流媒体的舆论阵地，也推动了大数据、云计算、H5、机器人写作、VI/VR 等技术的传播应用，取得了推动媒体深度融合发展的实效。

从总体上说，各个媒体对于新媒体的冲击和媒介融合的业态都有清晰的认识，对于报纸消亡论、传统出版消亡论有着深深的危机感和紧迫感。因此，在意识和思想上都对引入新媒体，建立融合的业务平台持积极的态度。这也是媒介融合在各单位能积极推动的首要原因和第一动力。

南方报业传媒集团建设了"南方网与南方日报融合发展全媒体采编多媒体发布一体化平台"，这既是一体化平台的稿件数据基础平台，也是集团融合发展的资源支撑平台和枢纽技术平台。一体化平台不仅打通报网端的数据仓库，而且还集纳整合南方报业传媒集团图片、稿件、图表、音视频、历史资料库等，堪称集团优质内容原料的"中央厨房"。①

与很多省级党报一样，广西日报也正在积极推动传统媒体与新兴媒体融合发展。以'创造性引导舆论，开拓性经营传媒'的发展理念，朝着'打造有区域性国际影响力的传媒集团'的目标迈进已经成为整个集团在新舆论环境下的

---

① 南方报业传媒集团：打造广东融合传播第一平台［EB/OL］. http：//www. nfmedia. com/jtdt/jtxw/201510/t20151023_ 368120. htm.

发展策略。①"广西日报传媒集团现已构建了平面媒体、网络媒体、移动媒体全覆盖的多媒体传播格局，并已成为广西新媒体产品形态最齐全、影响力和传播力最强、人员配备最完备、技术力量最强、与自治区及各级党委和政府配合最紧密的传媒机构。"②目前，集团构建了平面媒体、网络媒体、移动媒体全覆盖的传播新格局，开启了报业经营的多元时代，文化产业多元发展的现代传媒集团已具雏形。

二、政府支持及系统和协调机制的推动

新媒体发展表明，媒介融合的技术障碍已经被攻破，不同媒介方式的界限越来越模糊，印刷的、音频的、视频的、互动性数字媒体之间，有线与无线之间，信息采集、生产、传播、存储、显示之间，已经具备融合的技术基础。媒介融合就是指不同媒介形式的融通整合，即在信息采集、制作、传播过程中进行全方位的合作，以发挥不同媒介的优势，最有效地传播信息，取得最大的收益。这种融合不只是媒体集团之间的内部联合，还包括媒体集团与互联网公司等其他新媒体之间的融通整合。媒介融合打破了单一媒介的界限，需要国家对媒介的管理实施"融合管理"，打破不同媒介部门的壁垒，消除媒介融合的障碍。新媒体的发展和媒介融合的提升离不开党和政府的政策支持。

媒介融合使多元信息产品无间隙发布，形成品牌影响合力，发挥 1 + 1 > 2 的传播效能。"中央厨房"通过生产资源的整合、集中，生成面对纸媒、互联网、微信、微博、APP、客户端等多端多屏多形态的信息产品。信息传播发布可集中时段，又可交错进行，传播方式更自如、流畅。这就需要政府全力推动媒体建立系统机制、协同机制和合作机制。

系统机制就是一个生态机制，生态位的概念其实就是系统思想的反应。媒介系统首先应该被看作是一个完整的整体，它的存在、变化和发展需要不同媒介的相互协调和有序发展。在一个媒介系统里，存在着报纸、杂志、广播、电视、网络、手机等媒介形式，这些个体之间都是相互关联并相互促进的，媒介融合必须在保持差异的同时相互协作，这是系统整体性的要求，而媒介融合正是整体性与个体差异性的结合体。

① 广西日报集团新媒体：做新舆论场中的"新党报"［EB/OL］. http：//news. xinhua-net. com/zgjx/2015－02/10/c_ 133982998. htm.
② 广西日报集团新媒体：做新舆论场中的"新党报"［EB/OL］. http：//news. xinhuanet. com/zgjx/2015－02/10/c_ 133982998. htm。

随着新媒体的快速发展，传统媒体越来越认识到与新兴媒体合作的必要性与紧迫性，于是全媒体采编平台在这一背景下应运而生了，全媒体采编平台可以说是媒介融合的一个重要载体，在这样的背景下，就要求媒介组织需要有恰当的媒介生态整体观，在进行新闻信息活动时要兼顾不同的媒介形式，共同协作完成任务，形成媒介融合良性互动的发展模式。

在一个传媒集团内部，存在着多种媒介个体，通过媒介融合实现互动。2013 年 10 月，由解放日报报业集团和文汇新民联合报业集团整合重组成立了上海报业集团。目前上海报业集团旗下总计拥有 32 份报刊，其中包括《解放日报》、《文汇报》、《新民晚报》、《Shan ghaiDaily》、《新闻晨报》、《东方早报》等 9 份日报、《申江服务导报》、《新民周刊》、《外滩画报》等 16 份周报和《支部生活》、《新闻记者》等 7 份月刊，拥有 2 家出版社，10 家具有新闻登载资质的网站，18 个 APP 应用，50 多个微信公众帐号。集团需要遵循媒介生态整体观，在保证传统媒体有序发展的前提下，充分利用技术，寻求新媒体的不断发展。把传统媒介和新媒介有效连接起来，通过传统媒介与新媒介的互动来达到共存共生、分工互助和互惠互利的目的。①

同时，需要完善协同机制，努力实现各媒介形式的优势互补。协同机制是各要素间相互作用和协调的组织形式和运行规则的总称，是对系统中各要素间、要素与子系统间、子系统与子系统间关系相互联系、相互作用、相互协调。2006 年 1 月 1 日，新桂网与桂龙新闻网整合而成全新的广西新闻网。该网站由广西壮族自治区党委宣传部主管、广西日报传媒集团主办，是国务院新闻办公室批准的广西唯一省级重点新闻网站。广西新闻网目前已开设 40 个频道近 500 个栏目，汇集了广西社会、经济、文化和生活等各方面新闻信息资讯，每天更新新闻 500 多条，各类信息 2000 多条。广西新闻网汇集了广西社会、经济、文化、生活等各个方面最新、最权威、最丰富的信息资讯，是广西最大的互联网资讯平台。充分体现了自治区政府和宣传部对报社新媒体的支持。2016 年，新闻出版广电局正式印发实施《广西网络广播电视台组建总体方案》。方案明确，由广西电视台、广西电台联合组建广西网络广播电视台，在坚持党的领导和正确舆论导向的前提下，运用市场化体制机制，深度整合广西广电的新媒体资源，

---

① 党东耀. 主流媒体建构媒介融合机制核心要素分析 [J]. 学术交流，2015（10）.

分阶段推进广西网络广播电视台的建设营运工作。①

合作机制也是一种协同机制，是主流媒体和互联网公司的一种合作，这包括技术平台的合作和内容平台的合作，以充分发挥各自的优势，获得双赢的效果。2010 年，光明网推出了国内第一个跨媒体信息服务平台——光明云媒。2011 年又联合方正集团推出国内第一个移动媒体出版平台——云端读报。2014年 3 月，光明日报社旗下的光明网与微软中国依托微软基于云计算的操作系统Windows Azure 开展合作，共同打造中国首个"媒体云"平台。光明网与微软携手建设'媒体云'平台，是一次从"端"到"云"的合作，通过云技术推动媒体行业的转型发展。云计算平台具有部署便捷、扩容灵活、按需付费等特点，不但可以帮助提高技术建设效率、节约运营成本，更显著降低了光明网在技术研发与运维方面的压力，从而可以更专注于内容建设与业务运营。

三、文化与科技融合及科技创新能力

信息技术的快速发展为媒介融合奠定了基础，是推动媒介融合的直接动力，媒介融合呈现出是一个不断发展的进程。数字革命和互联网带来了传播业的变革。数字化的文字、图像和声音可以聚合在一起，使得此前具有截然界限的媒介同质化，从而可以整合在一起通过网络平台进行一体化传播。当前，网络宽带化和移动化催生了博客、微博和微信等新媒体形式，受众参与信息传播的积极性大为增强，传者与受者之间的边界变得模糊，媒介融合面临新的课题。主流媒体既有满足受众"碎片化"的需要，也有满足受众充分发挥信息传播参与性的需要。

传媒产业是文化产业的一部分。党的十八大本文明确提出，要加强和改进网络内容建设，唱响网上主旋律，要促进文化与科技融合，发展新型文化业态，提高文化产业规模化、集约化、专业化水平。媒介融合就是要求传媒产业改变传统的生产方式，以科技创新为引领，促进信息生产方式的变革。

创新机制是实现媒介融合的基础。技术融合是媒介融合的基础，面对信息革命风起云涌，提升技术创新能力成为主流媒体一项重大而紧迫的任务。媒介集团要不断革新技术，持续关注如何创新技术和形成新的媒介载体上。面对互联网时代的机遇和挑战，南方报业传媒集团在继续做大做强传统报业业务的同

---

① 广西局印发实施《广西网络广播电视台组建总体方案》［EB/OL］. http：//www. sarft. gov. cn/art/2016/4/19/art_ 114_ 30596. html.

时，加快新媒体建设步伐，积极向全媒体集团转型，初步形成了覆盖报刊、网络、手机报、广电、户外传播全媒体发展的战略布局。南方报业集团为推进全媒体聚合战略，于2011年1月组建了南方报业新媒体有限公司，这是南方报业传媒集团以整体之力加快新媒体建设步伐，全力向全媒体集团转型的标志性、战略性举措。致力于探索走出一条市场推动、资本整合、产业结合、事业融合的具有鲜明"南方特色"的新媒体产业发展之路，为集团未来的事业大发展打下良好的基础。南方报业传媒集团将在组建和完善复合媒体数字化平台的基础上，通过新闻内容的一次性生产、多次发布、跨媒体运作，打造具有南方报业特色、具备独特竞争优势的多条产品线，推动南方报业向全媒体集团转型。

而探索新的盈利模式则是媒介融合可持续发展的保障。隶属于上海报业集团的澎湃新闻网（ThePaper.cn）是一家于2014年7月上线的中国新闻门户网站。澎湃新闻网定位于"专注时政与思想的互联网平台"，融网页、Wap、APP客户端等一系列新媒体平台，还拥有一批有影响力的微信公共账号等。根据构想，该集团未来的新媒体战略将集中于两种模式：第一种是通过优质原创内容吸引流量，依靠海量用户来获取广告收入，适用于"澎湃新闻"项目；第二种是面对窄众人群，以高度专业化的内容和精准服务获得用户付费收入。涉及"上海观察"和"界面"两个新媒介项目。①

媒介融合靠技术驱动更靠机制创新。要培养创新思维，将创新作为日常的工作方式，形成创新机制。"中央厨房"创新机制的优势所在是将整个集团视为价值提升的大系统，每一部分都作为价值链上的重要环节，环环相扣，从"分割"回归"整体"，促使"系统"整体效益显现其实质是通过机制创新，调整内部组织构架、生产关系，将各生产要素置于大系统中的特定位置上，并相互关联，使之更好地推动传播技术的社会价值实现。"南方＋"深入实施创新驱动发展战略，牢固树立用户意识、平台意识、生态意识、资本意识，重点围绕"大格局""大平台""大服务"三条主线，将"南方＋"打造成为推动南方报业传媒集团舆论引导能力和可持续发展能力双提升的拳头产品。

总之，要紧紧围绕以下两个方面建构新媒介和传统媒介融合的桥梁。

（一）数字和网络基础设施的建设

媒体融合要加快突破技术屏障。微博、微信、APP、小程序的层出不穷让新技术不断充斥互联网，这些新技术新应用已经深刻影响和改变信息传播的模式

---

① 党东耀. 主流媒体建构媒介融合机制核心要素分析 [J]. 学术交流，2015（10）.

和途径。新兴媒体发展之快、覆盖之广超乎想象，对传统媒体带来很大冲击，一个行业面临变革的时候，也往往是最能触动反思的时候。如果不自我革新，就可能被推向边缘，因此，传统媒体如何在全媒体时代寻找生存和出路是传统媒体可持续发展的重要因素。

在媒体融合的进程中，技术研发与应用始终是核心因素。传统媒体与新兴媒体融合发展的过程，实际上就是优势内容与先进技术相互支撑、共生共融的过程。技术的突破往往由点及面，重点媒体、重点项目的带动作用不可忽视。一是选择重点媒体突破。各级主要媒体具有多方面优势，也是推进融合发展的重点所在，要把主要媒体建设成具有较强实力和传播力、公信力、影响力的新型媒体集团。二是选择重点项目突破。要建立媒体融合发展重点项目库，在内容生产、传播渠道、数字化平台、经营模式、云计算和大数据应用等方面规划实施一批重点项目，对一些基础性、关键性的重点项目，要加大支持力度，集中力量组织实施。

（二）传统媒体与新媒体接口的联通

互联网新技术正在改变着信息交流的结构和模式，进而使公共信息的提供、社会关系的经营、社会结构的演进都在发生重大变化。首先，网络之间相互融合：当下各类网络的融合已经成为趋势。广电网络、互联网、通讯网络日益融合，从生活到工作中人与人的信息传递形成了一网多维的传播体系。其次，微信、APP、小程序的层出不穷让新技术不断充斥互联网，这些新技术新应用的，已经深刻影响和改变信息传播的模式和途径。要加大技术革新、制度创新、更新观念，为媒体融合发展建立完善的机制保障，更多的激发新兴媒体创造能力。

芒果 TV 联合国内彩电知名品牌 TCL 推出了 TCL 芒果 TV + 智能电视机。TCL 芒果 TV + 智能电视机是广电系统与家电企业，互联网电视牌照方与硬件厂商的首次跨界深度合作成果，也是湖南广电、芒果 TV 的娱乐理念与 TCL 娱乐化转型融合共生的产物。这将提供最好的娱乐内容和传播平台结合起来，实施两者的跨界合作。这会创造出不一样的电视娱乐体验革新，从而改变用户的客厅娱乐生活，进入电视 2．0 时代。①

继数字报、微博、微信后，广西日报再次与新媒体融合，向全媒体业态发展，利用二维码、图像识别等技术，将部分稿件由单一的文字形态转化为文字、

---

① 芒果 TV 探路广电媒体与新媒体深度融合之道 ［EB/OL］．http：//finance．china．com/fin/kj/201409/01/2414293．html．

视频、音频等多媒体形态，让读者以立体、交互的方式阅读报纸，在报纸上看视频新闻、听歌、购物、投票、玩游戏……广西日报将二维码作为打通文字与视频新闻的渠道，是顺应新闻传播技术不断创新的趋势，将传统的文字新闻采编升级为全媒体新闻生产的创新之举。今后，更多样新颖有趣的阅读形式，还会在广西日报传媒集团所属媒体陆续推广。而接力出版社，将接口定位于三维技术的运用。由接力出版社和法国伽利玛少儿出版社共同开发的"第一次发现"丛书《瓢虫》和《森林》的多媒体互动体验版电子书提交至苹果应用商店（App Store）审核。该书是接力社进军童书数字出版的首批产品，也是该社在童书数字出版领域实施精品化战略发出的"第一弹"。

四、传媒组织的变革与人才的吸纳与运用

人才是媒体竞争的核心要素，建设一支政治素质硬、业务水平强的人才队伍，拥有一批真正有使命感、责任感和执行力的创新人才，是传统媒体与新兴媒体融合发展的关键。媒介融合要加强人才队伍建设，人才作为媒体产业融合发展的基础"要件"，更是媒介融合的实施基础和发展关键。必须实施人才战略，坚持人才兴业、人才强业。建立科学的人才管理与培养机制，以培养和引进相结合的方式，破解高端人才紧缺的瓶颈；积极引进有上市公司经历、懂资本运作的人才和新媒体所需人才，为集团跨越式发展提供人力资源保障。加快推动产业升级转型。主动利用新技术，开发新媒体，紧跟相关行业的前沿技术，积极推动传统媒体转型升级，推动全媒体融合。

为了推进媒介融合，广西日报集团、广西电视台、广西人民广播电台等各个单位普遍建立了新媒体部，从而使这项工作有了推进的力量和人员保障。2013年6月2日，《广西日报》新媒体部成立，致力于发展新媒体领域的"新党报"。加强新媒体领域"内功"建设，表明了广西日报传媒集团发展新媒体的信心和决心。新媒体部的人员由集团从全集团各子报及各部室人员中竞争上岗，选优录用。从3个人，9个人发展到现在19个人，成为集采编、策划、直播、H5、互动游戏、线上线下活动等多方面人才汇集的部室。2013年9月，《广西日报新媒体内容采编及绩效考评制度》发布，使新媒体内容的生产与发布制度化。同年11月，集团在区内媒体中首家制定出台《广西日报传媒集团新媒体管理手册》，成为规范旗下各媒体微博、微信以及众多记者、编辑新媒体行为的基本纲领。

适应新媒体的记者类型，往往被业界称之为"全媒体记者"，就是要求记者

不但要提升新闻策划能力和新闻采编的基本功，还要学会并善于使用多种媒体设备和数字技术采集分析新闻素材，拥有对多样化的新闻素材进行编排整合的能力，满足不同媒体平台的不同需求，提供文字、图片、音频、视频等不同形态的作品和报道。不仅要有文字功力，又要懂技术，要具有能为多种媒体写作或提供原始素材的能力。要掌握多岗位的工作要求，全媒体时代，要求媒体人采编合一，会写稿、会摄影、会剪辑、会使用新媒体软件，能熟练掌握新应用操作设备。传统主流媒体采编人员大多对于新媒体技术不甚了解，或应用起来尚不精通。同时，如何统筹使用人力资源，评定一个平台上归属于不同子媒体人员的贡献、业绩，并在此基础上建立公平合理的奖惩激励机制关系到人员自身的经济利益与信心动力，也关系到团队的后劲与前途。

广西日报传媒集团新媒体事业蓬勃发展，业务发展需要，集团旗下广西日报新媒体部面向社会诚聘英才，引进懂得新媒体技术、新媒体运营、新媒体管理的人才。这已成为一种业界流行方式，同时也要通过技能培养，促进传统团队队员成长为采、编、播、译、图文皆能的全媒体复合型人才，也是一种现实的路径。通过继续学习，促进传统媒体新闻人才从单一的写作向符合型采编人员转变，要适应采、编、设计、整合以及新媒体传播技巧和能力。

可以说，新媒体的每一次技术迭代，都暴露出传统媒体的短板。当前，要抓紧制定有利于传媒行业，特别是新媒体行业的收入分配政策、人才管理制度，努力营造良好的人才从业环境，为媒体融合提供高质量人才队伍。通过各种形式，重新配置人才资源，打破原有身份、薪资、职称、年龄等限制，努力搞好工作人员调度，提高员工工作积极性，努力提高传媒行业整体能力素质和水平。

第十章

媒介融合的发展模式

随着信息技术的不断发展，媒介融合是一个不断发展的过程，这个过程和互联网的进化路径紧密相关，建立在互联网的进化阶段之上。

第一节 互联网的进化路径

互联网发端于 20 世纪 60 年代后期美国国防部高级研究计划局（ARPA）主持研制的阿帕网（ARPAnet），经由 20 世纪 80 年代中期美国国家科学基金会（NSF）建立的 NSFnet 网进入快速发展期。它是基于传输控制协议和互联网协议（TCP/IP）等来进行通信的国际计算机网络，因此也称因特网。互联网从总体上形成了客户端/服务器（C/S）服务模式。服务器进行共享数据库的集中管理，客户端负责应用处理工作，由此构成了分布式、协作式的计算机系统网络结构。随着超文本传输协议（HTTP）的使用和网页浏览器的发明，互联网进入了万维网（World Wide Web），即 Web 时代，由此 Web 成为集文本、声音、图像等多媒体信息于一身的全球信息资源网络。1995 年 10 月，互联网被美国联邦网络委员会（FNC）界定为全球性信息系统。

一、Web1. 0

1990 年，蒂姆·伯纳斯·李（Tim Berners - Lee）首先创建了万维网（Web），这是一种用户通过浏览器获得信息资源的模式。网页浏览器（Browser）是在客户端上运行的软件，是负责与服务器进行交互的程序。Web 的客户端向服务器发送各种请求，并对从服务器发来的超文本多媒体信息进行解释、显示和播放，并以网页的形式进行呈现。

网页文件用超文本标记语言 HTML 编写，在超文本传输协议 HTTP 支持下运行。在网页包含的多媒体信息中隐含着指向其他超文本的链接，用户通过浏览器可以轻松地从一个网页链接到其他相关内容的网页上，搜索和获取自己感兴趣的信息而不必关心这些信息分散在何处。这大大降低了用户使用计算机网络获得信息的门槛，也促进了门户、新闻等不同类别网站的崛起。网站以集中编辑、发布信息为特征，用户则被动地阅读网站提供的内容。虽然期间搜索引擎等工具投入使用，但是信息源头依然是不同媒体和网站，所以不能改变其单向传播的特点。

二、Web2.0

2004 年，"Web 2.0" 的概念始于 O'Reilly 公司和 Media Live 国际公司之间的头脑风暴会议上。2005 年 9 月，奥莱理媒体公司主席兼 CEO 提姆·奥莱理 (Tim O'Reilly) 发表文章《什么是 Wbe2.0——下一代软件设计模式和商业模式》对 Web2.0 理念进行了阐释。在文章中他比较了 Web1.0 和 Web2.0 的不同应用及表现形式，从数据、用户和服务等方面进行了探讨。

Web2.0 技术的主要表现形式为早期的博客（Blog）、RSS、维基百科（Wiki）、社交网络（SNS）、即时信息（IM）以及后期的微博、微信等。这些模式不局限于客户端/服务器模式，还使用了对等网络（Peer to Peer，P2P）信息服务模式。在信息发布上，这些形式再也不需要用户掌握制作网页乃至使用 HTML 语言的技术要求，只需在服务平台上完成注册就可以拥有发布信息的权利，大大降低了用户信息发布的门槛，任何人不但可以轻松地参与到内容的创建中，并且可以参与互动和分享。这使得用户可以自生产内容，互联网平台更具有开放性和社区性，从而打破了 Web1.0 单向传播的模式，建立参与、互动、双向的信息传播模式。

三、Web3.0

几乎在 Web2.0 提出的同时，Web3.0 也开始萌芽。2005 年年末微软比尔·盖茨（Bill Gates）首先提出这个概念。随着对 Web2.0 的深入探讨，对于 Web3.0 的理解也逐渐加深。蒂姆·伯纳斯·李（Tim Berners – Lee）从原理层面指出：Web3.0 就是语义网（Semantic Web），"语义网提供了一个共同的框架，使数据能够跨越应用程序、企业和社区的边界实现共享和再利用。"①
Google 首席执行官埃里克·施密特（Eric Schmidt）立足应用层面认为：Web3.0
是一系列小型应用程序的组合，它们可定制性强、运行速度快；数据以"云"
形式存储，可以在任何设备上运行；通过社会化网络等进行病毒式传播等。

由此可见，Web3.0 强调了数据的标准性、解释性、通用性和跨平台性。
Web3.0 致力于两个目标：一是对不同来源的数据进行通用格式的整合，以实现
跨平台的交互和共享；二是建立数据与真实世界的关系，使数据具有可解释性，
可以和意义紧密连接。Web3.0 力图将分散于各平台的信息、资源、知识以内容
关联的形式连接成网，可以进行最大化的交互传播。

四、Web4.0

2006 年，方兴东在转载 Web3.0 的博客中提出"既然 Web3.0 来了，Web
4.0 还会远吗？"实际上，Web4.0 也已经进入了信息公司的探索中。美国巨力
公司是尖端通信技术开发和产品销售企业。该公司着眼于盈利能力的最大化，
一直致力于成为 Web4.0 技术和产品的先期引领者。2012 年 12 月，公司总裁奥
斯卡·海因斯（Oscar Hine）对即将到来的 Web4.0 产品和项目作了简略概括，
"描述 Web4.0，最简单的方法就是说，我们不再需要购买一个程序，安装它并
学习如何使用它。那个麻烦和耗时的过程现在已经过时，相反，现在是程序向
你学习……人类将有一个更直观的人机交互，而不是当前的数据输入模式。"②
术语"WEB4.0"通常被定义为消费电子产品向"智能互动"方向的演变，主
要围绕与用户"智能互动"的系统。这种产品使用语音输入等外围设备，用户
无须手触电子产品终端就可以发布信息和指令。

可见 Web4.0 追求网络设备使用的智能化、个性化、泛终端化。其核心是加
大人机对话的力度，实现数据输入输出即交互模式的多元化。机器可以识别人
类多种符号的信息形式，而不管是来自什么样的输入端。用户能够超越文字输
入等用机方法，而且不需依赖特定终端，更加接近计算机和网络。

总之，从上述互联网发展的进化路径可以看出，Web 早已超出了万维网的
概念，而成为互联网发展阶段的标识及当前样态的衡量指标，反映出互联网在

---

① "W3C Semantic Web Activity". World Wide Web Consortium（W3C）. November 7, 2011.
Retrieved November 26, 2011.

② President of Massive Dynamics Describes Company's Advances on Web 4.0 Products and Pro-
jects. PR Newswire US, 12/05/2012.

技术、服务以及理念上的变化。其发展核心主要是用户、数据、交互、开放；发展轨迹是降低用户使用互联网的门槛；发展趋势是共享性、参与性、智能化。当前的大数据、云计算以及物联网的发展又激发了对 Web5.0 和 Web6.0 概念的研究，依然是这个趋势的延伸。另外也要看到，Web1.0、Web2.0、Web3.0、Web4.0 等并没有一个截然分开的界限，而是一个交织和承继的过程，每个阶段相互衔接，逐步过渡，相关的技术、理念和服务模式往往融合在前后相连的阶段中。这势必影响和决定了新闻传播业的生态以及媒介融合的样态。①

第二节　媒介融合的发展阶段

互联网的进化是媒介融合发生的原因，也是媒介融合发展的动力。不同的互联网发展阶段决定了媒介融合表现为不同的形式，而且还将最终揭示媒介融合的发展趋向。

一、Web1.0 时代

Web1.0 时代，数字化和网络化使得此前具有截然界限的媒介同质化并且具有了共同的传输平台，文字、声音和图像可以聚合在一起进行信息传播。因此，媒介融合特别强调各个媒介之间的协作和整合，并为媒体集团化的发展提供了动力和机遇。

媒体集团加快了拥有和整合不同媒介形式的步伐。大型媒体企业通过实施组织兼并与联盟实现媒介的融合。在美国，1996 年推出电讯法之后，媒介融合进程大大加快。在位居世界前列的康卡斯特（Comcast Corporation）、迪斯尼（Walt Disney Company）、新闻集团（News Corp）、时代华纳（Time Warner）、维亚康姆（Viacom）大型媒介集团中，每个集团都包含了出版、广播、无线电视网、有线电视、网络等业务。康卡斯特旗下不但拥有包含 NBC 广播网络、多个大型有线电视频道以及环球电影公司的 NBC 环球公司，而且还是美国一家主要有线电视、宽频网络及 IP 电话服务供应商。康卡斯特为用户提供高清电视、有线电视、IP 电话、宽带网络等三网合一的业务服务。而时代华纳公司曾经拥有美国第二大的有线电视网——时代华纳有线（Time Warner Cable），该公司 2009

---

① 党东耀. 互联网进化路径与媒介融合模式的变迁［J］. 编辑之友，2015（11）.

年从母公司时代华纳公司正式拆分出来独立运作。

而其他的中小媒体则对自身的媒介资源进行整合。美国媒体综合集团的坦帕新闻中心将报纸、电视台和网站整合于一个编辑部，所有媒介形式的人员在这个编辑部里进行统一的报道部署，设立"多媒体编辑"统筹策划，将采集的新闻和信息用于集团所属的各个媒介，进而达到"媒介形态"的融合，发挥多种媒介的整体优势。

二、Web2.0 时代

Web2.0 时代，博客、微博、维客、播客等新型媒介使内容发布平台变得更易于使用，让使用者由单纯的受众变为信息的参与者，由单纯的信息消费者变为生产者。人们可以随时将自己在事件现场所获取的新闻传播出去，从而可以生产、分配、采集和再利用信息，打破了只有专业人员才能进行新闻传播的传统格局。

社会化媒体随着无线网络及在线沟通服务得到了快速的发展。"美国传播学者霍华德·莱茵高德（Howard Rheingold）确定了社会化媒体的三大核心特点。首先，社会化媒体有可能使每个人在网络中同时作为内容的生产商、经销商，以及消费者。其次，社会化媒体的力量来自它的用户之间的连接。最后，社会化媒体可以让用户自行协调他们之间活动的规模和速度是以前所不可能的。"①这表明，社会化媒体的重要特征是用户创建内容和塑造传播社群。在社群里，受众可以发布信息和发表意见，通过互动和交流进行相互印证和意见交换，进行新闻的挖掘和后续报道，实现了不同媒介的融合。在国外，YouTube、Twitter、Facebook 等社会化媒体实现相互分享。在国内，新浪、搜狐等微博；腾讯好友、QQ 与微信；百度云收藏、贴吧、相册等都可以实现分享。

传统媒体更加感受到了非专业新闻传播者的能量，探索将传统媒体和新媒体紧密结合。2005 年 7 月，英国广播公司（BBC）新闻网站使用了大量遭受伦敦爆炸案袭击的公民发来的图片，同年 10 月，美国有线新闻网（CNN）网站开设"公民记者"栏目，刊登了大量普通网民发出的有关"卡特里娜"飓风袭击的文字和图片，都真实地记录了这些灾难的全过程。在国内，很多主流媒体都开设官方博客、微博、微信，以至于二维码，充分发挥并引导非专业新闻传播

---

① Kaplan Andreas M., Haenlein Michael. Users of the world, unite! The challenges and opportunities of social media, Business Horizons53 (1), 2010. p61.

者的积极性。

三、Web3.0 时代

Web3.0 时代，不同媒介上的网络数据信息可以整合，能通过第三方信息平台同时对多家网站的信息进行聚合使用。用户在互联网上拥有自己的数据，虽然分布在不同媒介上，但都可以进行收集和整合，由此媒体可以利用获得的受众的数据进行分析和挖掘，针对受众的阅读和消费行为进行针对性的一体化聚合服务。让用户轻松地在一个融合平台上获取自己需要的信息和服务，而无须在不同的媒介上登录，在不同的网站之间穿梭，打破媒介之间的壁垒。

登录 Facebook 账号的用户可以利用关系（Connection）功能登录其他站点，无须在其他站点上反复输入相同的身份信息。而当用户将 Facebook、Twitter、Google Reader、Flickr 等账号互相绑定时，用户在这些媒体中任何一家上的发言、动态都可以分享和推送。

2012 年 8 月，移动客户端"今日头条"上线。它是针对媒体、国家机构、企业以及自媒体推出的专业信息发布平台，与包括新华社、人民网在内的主流媒体开展版权合作。截至 2015 年 5 月，"头条号"平台的账号数量已超过两万家。通过"推荐"的形式，针对不同地域不同偏好的受众进行精准化的新闻推送。让受众不再需要花费更多的浏览和搜寻的时间。

四、Web4.0 时代

对 Web4.0 及以后的研究和探索表明，智能化、多渠道、终端兼容的网络服务将成为互联网发展的方向。建立在标准数据格式上的网站可以方便地在数据、功能上充分实现彼此的互通、互动。

这预示着新闻将以"众包"的形式进行创作和发布。在美国《连线》杂志 2006 年 6 月刊上，记者 Jeff Howe 首次推出了"众包（Crowdsourcing）"的概念，指的是一个公司或机构把过去由员工执行的工作任务，以自由自愿的形式外包给非特定的大众网络的做法。这本是一种商务模式，通过这种方式不仅有助于企业利用集体智慧提高执行任务的效率，而且也可以帮助用户实现自己的创意或才能的价值。它对新闻传播的启示就是新闻媒体可以在一条或一个专题的新闻报道中将众多的受众（也是生产者）纳入进来，共同进行新闻创作。这样的新闻方式类似于电视现场新闻中的连线报道，但是并不完全是由媒体工作者自身完成，而可能是由分散在各地，使用不同媒介形式的事件参与者和评论者共同完成。①

第三节　媒介融合的模式变迁

从互联网的进化路径可以看出，互联网已经并且不断地重塑传者与传者之间、传者与受者之间、传者与第三方相关者之间的关系。随着传统的大众传播的单向传播模式被打破，受众和第三方相关者在信息传播中的重要作用凸显。媒介融合实质上是对这种新型关系的应对和反映。总体上看，媒介融合经历并持续着以下融合模式。

一、以传者为核心的融合模式

美国新闻学会媒介研究中心主任 Andrew Nachison 将"融合媒介"定义为"印刷的、音频的、视频的、互动性数字媒体组织之间的战略的、操作的、文化的联盟"。② 美国西北大学教授戈登指出了所有权融合、策略融合、结构融合、信息采集融合、新闻表达融合五种"媒介融合"的类型。可见，这个阶段的媒介融合主要是从媒介组织整合新闻业务来进行的。无论是从宏观的媒介组织行为还是从微观的媒介人员行为上看，媒介融合的主体是新闻传播业的传者。

这意味着 Web1.0 时代的媒介融合是一种典型的传者与传者之间的融合，这包含媒介之间和媒介内的融合。在这个阶段，媒介融合的内涵是通过传者与传者的融合，媒介组织进一步走向联合与合作，为提供多元化和多样性的服务提供了可能性，媒介能为"碎片化"的用户提供量身订制的差异化服务，满足从大众时代过渡为分众时代的要求，而消费者则可以用多平台、多终端获取各自所需要的服务。

二、以个体为主导的媒介模式

随着 Web2.0 的崛起，个人传播技术的进步与普及为"公民新闻"提供了平台和渠道。在这个阶段，突出的表现是受众不仅仅是消费者、用户，还是信

---

① 党东耀. 互联网进化路径与媒介融合模式的变迁［J］. 编辑之友，2015（11）.

② Andrew Nachison. Good business or good journalism? Lessons from the bleeding edge, A presentation to the World Editors, Forum, Hong Kong, June 5, 200.

息的采集者、提供者和发布者，并且受众与受众之间也可以通过互动实现信息和意见融合。

社会化媒体是融合媒体的一个新的驱动者，也是一种媒介融合的形式。社会化媒体具有强大的连通性，通过不同媒体之间的链接和分享，将多种媒体融合到一起。在社会化媒体中，人们可以很快形成一个社区，并以共同感兴趣的内容为话题，进行充分的交流，然后通过推荐和分享，将网站、博客、微博、博客以及移动客户端等媒体形式链接在一起。这是一种受者与受者之间的融合，是一种以个体为主导的融合式传播方式。传统媒体通过发展新媒介形式或者在这些媒体上开设账户融入受众之中，也是对这种媒介融合形式的一种承认。

三、以数据为核心的融合模式

Web3.0 所追求的聚合需要大数据和云计算的支持。通过对有意义的大数据进行专业化分析和处理，为传者了解受众行为提供了有力的支撑，从而使传播具有了针对性。而云计算传播模式为传受双方提供了无限的空间。一方面，为传者提供了支撑大数据的平台；另一方面，为受众创建个人"私有云"提供了空间。从而将媒体"公有云"和个人"私有云"有机地结合起来，通过互授信息的访问权限，就可以实现信息的共享。这需要媒体和具有云计算和大数据处理能力的计算机公司等第三方相关者实现数据平台的有机融合。2014 年 3 月，光明网与微软中国依托微软基于云计算的操作系统 Windows Azure 开展合作，共同打造中国首个"媒体云"平台，就是一个有益的尝试。

四、以传者与受者双主体的融合模式

Web4.0 之后，互联网总体的发展趋势是智能化、数据化、用户化。核心是以用户为重，以受众为核心，体现了一个对用户的追逐。未来的互联网将是资源互补、互促的互联网，通过网络的互联互通和数据的共用分享，变"分享统一资源"为"分享各自资源"，体现受众的参与和劳动价值，达到合作共赢。传受融合已经并且继续成为最重要的媒介融合形式。

Web2.0 时代是传受融合的第一个阶段，传受融合的表现形式是协作平台的建设。传统媒体通过构建协作平台实现了专业新闻和公民新闻的结合。以发挥公民新闻的优势，弥补自身信息来源的不足，从而提高新闻的时效性。而协作新闻的参与者把自己的工作当作对主流媒体的补充。

Web4.0 时代是传受融合的第二个阶段。传授融合的表现形式是嵌入平台的

构造。在这个阶段，传者已经将受者定位为信息的生产者，并直接嵌入自己的新闻报道进程中，实现无缝对接。在整个的新闻报道策划和设计中，采用"众包"的形式进行新闻信息报道的分配和装配，更加接近现场、接近时效、接近受众。①

"以用户为中心，媒体整合资源、拓展渠道、丰富形式、优化流程，必将充分释放'融合红利'"。②

---

① 党东耀. 互联网进化路径与媒介融合模式的变迁［J］. 编辑之友，2015（11）.
② 媒体融合一年 细数五大亮点［N］. 人民日报，2015 – 08 – 13.

结　语

当下，面对新媒体的冲击和挑战，传统媒体虽然身处"阵痛时刻"，但面临重塑的一个"机遇期"。在这种背景下，"媒介融合"不仅日益成为学术界讨论的话题，也成为新闻界实现变革的途径。为改变传统媒体"断崖式"下滑的窘境，传统媒体必须"革新图存"，强化互联网思维，走融合变革之路，从而提升主流媒体的竞争能力，保持主流媒体的主导位置。

媒介融合是随着信息技术的快速发展而出现的传媒业态，对媒介融合的认知经历了四个阶段。

一、提出阶段

1978年，美国的尼葛洛庞帝提出的观点：计算机工业、印刷出版业和广播电视业将在数字化浪潮下呈现交叠重合的发展趋势。他用三个重叠的圆圈来描述计算机工业、印刷出版业和广播电视业三者的技术边界，认为三个圆圈的交叉处将成为成长最快、创新最多的领域，并且这三个圆圈呈现出叠加和重合的发展趋势。

媒介融合作为一个学理概念，最早由美国马萨诸塞州理工大学的伊契尔·索勒·浦尔提出。1983年，他在《自由的科技》一书中提出了"形态融合"，认为数码电子科技的发展是导致历来泾渭分明的传播形态聚合的原因。他作出了一个新的预测：历来泾渭分明的传播形态界限趋于模糊。

2003年，美国西北大学教授戈登归纳了美国当时存在的五种"媒介融合"（"新闻业融合"）的类型：所有权融合、策略性融合、结构性融合、信息采集融合、新闻表达融合。前三种是从"媒介组织行为"来划分的，后两种则是以从业人员的角度进行划分的。

这个阶段实际上是学术界对数字化时代已经出现的传媒实践的总结与概括，

也是对新闻传播业生态变化的一个敏感意识和把握。预示着随着数字化时代的到来，新媒体将不断出现，传统媒体的变革时代已经到来。

二、质疑阶段

这个阶段尽管在实践中开展了"全媒体"的探索，但也是一个学术的争鸣、研究深入与拓展的阶段，学者和业者对以下问题进行了思考。

（一）报网互动、台网互动 = 媒介融合？

报社、电台、电视台为了应对新媒体的挑战，纷纷开设网站，进行报网互动、台网互动，走媒介融合之路。但有学者指出，这并非媒介融合，只不过是报纸、广电内容多了一种传播渠道而已，由经营一种媒体扩展到经营两种媒体，内容上可以有互动，但并非融合。

（二）手机、网络等新兴媒体 = 融合媒介？

由于手机与网络能传递文字、声音、图片、视频等多种符号信息，因此，把手机、网络等新兴媒体认定为融合媒介有失偏颇。对于传统媒体来说，网络或手机不过是一个新的接受终端，对传播内容而言，只不过是一种新的传播平台，而非融合媒介。

（三）媒体合并、多媒体经营 = 媒介融合？

进入 21 世纪以来，国外不断出现媒体并购事件，其中最有名的是美国在线并购时代华纳，然而从现实发展来看，这次"世纪并购"并不理想。我国通过行政手段组建了数十家报业集团和广电集团，出现一个集团经营多种媒体的情况，但组建后媒体界限仍然分明，无法融合。

这个阶段以追求"全媒体"为特征，在实践上，是一个媒体不断扩张的阶段，更加重视对新媒体的运用阶段；而学术上，实际上则是对媒介融合的一个反思，媒介融合不仅仅是扩张，更是相加和相融。

三、转型阶段

"互联网 +"时代，国家和党的领导人准确地把握了互联网对新闻宣传带来的巨大影响，高度重视传统媒体和新媒体的媒介融合。

2013 年 8 月 19 日，在全国宣传思想工作会议上，习近平总书记首次公开谈及关于媒体融合的想法与概念。他强调，"要适应社会信息化持续推进的新情况，加快传统媒体和新兴媒体融合发展，充分运用新技术、新应用创新媒体传播方式，占领信息传播制高点。"①

　　2014 年 2 月 27 日，习近平总书记主持召开中央网络安全和信息化领导小组第一次会议，并提出："做好网上舆论工作是一项长期任务，要创新改进网上宣传，运用网络传播规律，弘扬主旋律，激发正能量，大力培育和践行社会主义核心价值观，把握好网上舆论引导的时、度、效，使网络空间清朗起来。"②

　　2014 年 8 月 18 日，习近平总书记主持召开中央全面深化改革小组第四次会议，明确提出传统媒体和新兴媒体融合发展问题。他说："推动传统媒体和新兴媒体融合发展，要遵循新闻传播规律和新兴媒体发展规律，强化互联网思维，坚持传统媒体和新兴媒体优势互补、一体发展，坚持先进技术为支撑、内容建设为根本，推动传统媒体和新兴媒体在内容、渠道、平台、经营、管理等方面的深度融合，着力打造一批形态多样、手段先进、具有竞争力的新型主流媒体，建成几家拥有强大实力和传播力、公信力、影响力的新型媒体集团，形成立体多样、融合发展的现代传播体系。要一手抓融合，一手抓管理，确保融合发展沿着正确方向推进。"③

　　2014 年 10 月，国家互联网信息办公室和国家新闻出版广电总局联合下发了《关于在新闻网站核发新闻记者证的通知》，赋予新兴媒体和传统媒体采编人员"相同的身份"。自 2014 年以来，国家网信办还出台了《即时通信工具公众信息服务发展管理暂行规定》《互联网新闻信息服务管理规定》等相关规定。多内容、多层次的文件出台，切实从政策规范、法治环境、社会氛围上为媒体融合的进一步发展扫清了道路。

　　2014 年被称为"中国媒体融合元年"。在习近平总书记讲话的指导下，各级主流媒体都加快了媒介融合的步伐，加快了从组织体制到新闻生产的改革，取得了一系列的成果。

　　这个阶段是一个媒介融合的相加阶段，并逐渐整合成为一个信息采编和分发平台，在一个指挥中心的调度下，实现了信息一次采集，多屏多端分发的功能。

----

① 习近平. 胸怀大局把握大势着眼大事努力把宣传思想工作做得更好 ［N］. 人民日报，2013 - 08 - 21.

② 习近平主持召开中央网络安全和信息化领导小组第一次会议 ［EB/OL］. http：//cpc. people. com. cn/n/2014/0227/c64094 - 24486402. html.

③ 习近平. 推动媒体融合发展要遵循新闻传播规律 ［EB/OL］. http：//media. people. com. cn/n/2014/0818/c120837 - 25489622. html.

四、深入阶段

2016 年，中共中央总书记习近平到人民日报社、新华社、中央电视台调研。在人民日报社，习近平总书记来到新媒体中心，调研微博、微信、客户端等新媒体运营情况，并亲手敲击键盘，在人民日报"两微一端"发布了问候语音。在新华社，习近平总书记观看了新华社客户端"现场新闻"业务，并打开"为全国新闻工作者点赞"页面。

2017 年 1 月 5 日，时任中共中央政治局委员、中央书记处书记、中宣部部长刘奇葆出席推进媒体深度融合工作座谈会，强调要深入贯彻落实习近平总书记系列重要讲话精神，坚定不移推进传统媒体和新兴媒体深度融合，尽快从相"加"阶段迈向相"融"阶段，实现融为一体、合而为一，不断提高新闻舆论传播力、引导力、影响力、公信力。刘奇葆强调，推进媒体深度融合，要重点突破采编发流程再造这个关键环节，以"中央厨房"即融媒体中心建设为龙头，创新媒体内部组织结构，构建新型采编发网络。要确立移动优先战略，创新移动新闻产品，打造移动传播矩阵。要加强全媒人才培养，加强媒体融合政策保障，推动形成中央媒体为引领、省级媒体为骨干的融合传播布局。①

2017 年 3 月 22 日，刘云山在人民日报社调研时强调："媒体融合发展是大势所趋，要以更加积极的态度、更加有力的措施推进媒体融合发展，形成融合传播优势，拓展新闻舆论工作的广阔空间。……要遵循新闻传播规律和新兴媒体发展规律，以改革创新精神推进媒体融合发展，尽快从相'加'阶段迈向相'融'阶段。"②

这个阶段的重点是打造"中央厨房"，同时大数据和媒体云也成为未来发展的方向，在此基础上，媒体不仅可以实现信息的融合，更能实现跨界融合，将信息、政务和服务融合在一起，不仅拓展了媒体融合的外延，更为解决融合平台的盈利提供了道路，使得媒介融合可以持续发展，从而无论在概念上还是实践上都能找到着力点。

无论从技术的角度、理念的角度，还是从服务的角度，WEBN.0 已经成为互联网发展的标尺和衡量指标，实践中也基本上按照每十年一个周期进行变革

---

① 刘奇葆．坚定不移推进媒体深度融合 [EB/OL]．http：//politics. people. com. cn/n1/2017/0105/c1001 - 29002234. html.
② 推进媒体融合发展打造新型主流媒体 为党的十九大召开营造良好舆论氛围 [N]．人民日报，2017 - 03 - 23.

和转型。纵观这个进化路径，互联网的发展过程就是一个追逐用户，赋权用户、激发用户的过程，目的是达到网站和用户，也即传者和受众共同参与、良好互动，最终达到物网合一、人机合一、人网合一。

从传播模式上看，互联网的传播始终是传者的"推送"信息和受众的"拉出"信息的辩证过程。Web1.0 时代，网站将信息"推"向受众，搜索引擎使受众初步具有了"拉"新闻的能力；Web2.0 时代，受众开始"播"出自己生产的信息；Web3.0 时代，表面上是媒体的精准"推送"信息，实质上却是依据和满足受众个性化的要求，是受众从多样化信息渠道中"拉出"自己需要的信息；Web4.0 时代以后，传者和受众将融合在一起，参与对信息的生产和发布。总之，它是一个由"推（Push）"到"拉（Pull）"到"播（Broadcast）"，最后到"融（convergence）"的螺旋上升的过程。

从媒介融合的样态上看，从传者与传者之间的融合，受者与受者之间的融合，走向传者与受者之间的融合。这是媒介融合的必然发展趋势。这实质上是传统媒体和不断发展新媒体形式的融合，是大众传播和个体传播的从"面"到"点"的融合。传受双方共同参与信息的打造，实现议程的融合和信息的融合。因此，传受融合是媒介融合模式的最终追求，是媒介融合的本质内涵。

新闻从可读到可视，从静态到动态，从一维到多维，只是新闻的呈现方式，背后是新传播技术所带来介质互通以及由此形成的及时、多元、立体传播的媒体竞争。在这一方面，传统媒体与新媒体各有所长。传统媒体的优势，是内容、品牌和公信力；新媒体的优势，是渠道、受传互动和推广运营。传统媒体可以利用新媒体技术和平台，在原有的内容和品牌优势基础上提升传播优势和公信力，在未来媒体融合"一体化"背景下，无须刻意去区分传统媒体与新媒体新闻样式的界限，而是应该从受众需求出发，满足其不同时间、不同地点的不同需求。媒体的运作思维应该由"引导思维"转变成为"服务思维"，充分尊重受众对新闻样式的选择权。①

"互联网＋"时代，指的是利用信息通信技术以及互联网平台，把互联网与传统行业结合起来，创造新的发展生态。在这个时代，互联网已经融入社会生活的方方面面，深刻改变了人们的生产和生活方式，国家和党的领导人准确地把握了互联网对新闻宣传带来的巨大影响，高度重视传统媒体和新媒体的媒介

---

① 媒体融合重构内容生产模式，"内容为王"向三方向转变［N］．人民日报，2014 - 07 - 16.

融合。在习近平总书记讲话的指导下，各级主流媒体都加快了媒介融合的步伐，加快了从组织体制到新闻生产的改革，取得了一系列的成果。新华社、人民日报移动客户端上线，目前其传播方式已扩展到了报、网、微博、微信、二维码、电子阅报栏、手机报、手机网、移动客户端、网络电视 10 种载体。中央电视台全力推进新兴媒体与传统媒体优势互补、一体化发展，初步实现内容、渠道、平台、经营、管理等方面的深度融合。光明日报、经济日报、中国日报等也立足各自优势，大力推进融合发展，取得了显著成效。上海报业集团、浙江日报报业集团、深圳报业集团等一批地方主流媒体也进行了各种有益的探索。

从"单一媒体"到"全媒体"，再到"中央厨房"，再到"媒体云"，媒体集团选择了不同的发展路径，但是一些规律性的思路仍然依稀可辨。不论是中央级报社凭借影响力抢占舆论阵地，还是省域报业集团发挥强势内容优势做强媒体主业，抑或是地市级报业集团认清环境，选择重点突破。报刊传媒集团的全媒体布局之道，在于顺应潮流，结合自身的集团实际，选择适合的媒介融合模式。

媒介融合时代，区域性省级媒介集团呈现出前所未有的危机，融合提供了区域性主流媒体转型的一个方向和路径，融合变革为其可持续发展指明了方向。当前，不同区域的省级媒体在党和国家政策的引领和导向下，以创新为根本，做了大量的探索和实践，融合变革总体势头良好，基本走向不错。但应清醒地看到，融合变革在互联网思维、内容生产、研发技术、盈利模式方面存在问题和障碍，突出表明了对一系列体制模式设计的需求，即需要以宏观体制和微观模式为核心的媒介融合的制度体系架构。媒介集团融合变革应把握互联网发展的趋势和方向，应注重在政府宏观顶层设计和媒体微观设计，探索建立融合集聚平台、强化内容融通生产、探索一体化盈利模式、打造全媒体人力资源、实施价值链战略管理的媒介融合模式，走出一条最适合其自身发展的媒介变革路径。

广西地处西部地区，但是报纸、广电和出版单位都对媒介融合有着清醒的认识，有着强烈的危机感和紧迫的行动感。广西日报集团在新媒体的建设和媒介融合上不甘落后；广西网络广播电视台的成立必将加快广西电视台和广西人民广播电台的媒介融合的步伐；广西广电网络公司已经完成上市工作，互联网业务稳步推进；而广西师范大学出版社和接力出版社都已经实现异地发展，走出广西，更加面向数字出版的前沿。因此，在党和国家政策的指导下，在区委和区政府及宣传部、网信办的指导下，在国家和自治区主管业务部门项目和资金的支持下，更加能够探讨新媒体的传播特点和演进道路，更加准确地把握传统媒体和新媒体的接口，依托自身的信息资源优势，融入世界的信息技术平台，推进广西媒介融合向更深层次发展。

2017年2月21日，广西全区推进媒体深度融合工作座谈会召开。会议强调，推动媒体融合发展是党中央巩固宣传思想文化阵地、壮大主流思想舆论的重大战略部署，自治区党委政府高度重视，自治区第十一次党代会对媒体融合发展、打造新型主流媒体作出部署，各地各部门要增强使命感、紧迫感，加快广西媒体深度融合发展步伐。①

由广西报业集团牵头承建的"广西云"和广西广电牵头承担的"广电云"作为重要的融合平台被视为构建广西融媒体生态系统的重要支点。例如，"广西云"是一个将广西传统媒体和新兴媒体深度融合的新型媒体生态系统，可以概括为"一个系统，三个平台，四种形态，五类产品"，包括新闻舆论引导与意识形态管理、政务信息公开、智慧民生服务的"新闻+政务+服务"三个平台；对自治区、市、县三级媒体的"报、网、端、微"四种形态进行汇聚、管控、服务；建设并形成"PC网站+手机网站+手机客户端+微博+微信"的五类产品矩阵。②

随着这些项目加快推进和建设，必将壮大广西主流舆论阵地，将全区的省、市、县的主流媒体整合起来，打造新型主流媒体，从而提升全区新闻传播产业实力，服务全区经济社会发展。而对于已经转企改制接受国资委监管的国有出版集团，也必须强调社会效益和媒体属性，充分利用政府的文化产业发展基金，以项目带动的方式，大力探索数字出版和媒介融合，致力于出版界的媒体云的建设。

机制的建立一靠体制，二靠制度。也就是说，只有通过建立适当的体制和制度，才可以形成相应的机制。制度可以规范体制的运行，体制可以保证制度落实。2014年8月18日，中央全面深化改革领导小组第四次会议审议通过了《关于推动传统媒体和新兴媒体融合发展的指导意见》，这标志着传统媒体和新兴媒体融合发展已经成为国家战略，对于全面深化改革、推进宣传文化领域改革创新具有重要指导意义。这在体制上为主流媒体建构媒介融合的机制提供了

---

① 广西加快推进媒体融合发展步伐 打造新型主流媒体 [EB/OL]. http：// www. gxnews. com. cn/staticpages/20170222/newgx58acbffa – 15961568. shtml.

② "广西云"融媒体生态系统重磅登场 [EB/OL]. http：//www. gxnews. com. cn/staticpag- es/20170222/newgx58adad84 – 15965065. shtml.

保障。让互联网思维成为推进媒体融合的核心思想，主流媒体也在内容、传播、营销、服务方面做了多种尝试，中国将步入"媒体融合"时代。

当前，信息技术的发展带来的新变化，云计算、大数据、移动性和社交化是技术领域出现的四大趋势，从中也透射出当今媒体传播方式的变革。只有把握和顺应这个发展方式的变革，才能建立起科学的和合适的媒介融合模式。主流媒体只有从媒介生态系统上整体把握全局，建立科学有效的机制，才能组织好传统媒介和新媒介之间的媒介文化的融合，创新媒介融合的多元模式，为媒介集团实施规模经济和范围经济，延伸价值链条，建构核心竞争力奠定坚实的基础，从而推动媒介融合的健康发展。

致　谢

本书是广西社科规划课题《基于广西新媒体实践的媒介融合模式研究》（11BXW003）和广西高校科研项目《广西媒介融合机制研究》（200103YB001）的研究成果。课题历经多年的研究，终于可以呈现出研究的结论了。课题的立项充分体现了对新闻传媒业发展趋势的预先把握，但是传媒业的生态变化，有一个漫长的转型期和探索期，所以本书也是在追踪业界实践的基础上不断地进行调整、充实和完善的。只有在业界经过徘徊、迟疑而转入实践和探索阶段，本课题才有了现实的支撑，才能获得科学的结论。

因此本课题的研究过程，也是一个向实践学习，向学界学习，向业界学习，不断提升自己科研水平的过程。通过本书的研究，加深了对媒介融合的认识，也加深了对中央领导把握新闻传播全局，提出新闻传播业战略性发展的理解。

在课题研究过程中，得到了很多领导、专家和同事的帮助，谨向他们表示感谢。

首先，感谢本课题组的成员，他们积极参加课题的调查与研究，提出建设性的意见，并发表了相关的研究论文。

其次，向接受访谈和调研的相关单位及人员表示感谢。利用学院研究生答辩的机会与广西日报原社长、广西日报传媒集团党委书记李启瑞、总编辑于起翔、广西新闻出版局原副局长黄健以及在广西地方媒体媒介融合研讨会现场，与时任自治区新闻出版广电局数字出版处处长唐小新等领导就相关的学术和实践进行了交流，获得了很多有益的启示。

在调研期间，感谢广西人民广播电台副台长郑奎，广西电视台总编室主任徐磊、副主任覃水生、新媒体部主任韦克宁、卫星频道宣传推广部主管邱航、新闻频道新媒体部主管裴兰的情况介绍和指导。感谢广西日报集团新媒体部宋春风主任、广西师范大学出版社集团贝贝特电子音像出版社的赖志文主任接受专访，他们就新媒体发展，数字出版做了很好的阐释。感谢广西人民广播电台黄春平、王莉娟，广西电视台周跃的帮助。

第三，向学校有关部门和领导表示感谢。时任广西大学副校长商娜红就课题做了不少指导，广西大学社科处徐莉莉科长和陆毅青老师做了大量的指导和服务工作。广西大学新闻传播学院刘洪常务副院长、李庆利原副院长也为课题开展提供了必要的支持，谨向他们表示感谢。

第四，向"全区媒体融合业务培训班""广西'地方媒体媒介融合'研讨会"的领导、专家和学者表示感谢。通过培训班和研讨会，开阔了眼界，对全国的媒介融合发展有了更准确的把握。同时与参会的宣传部门领导、媒体单位领导、各高校的专家学者交流了思想，获得了不少真知灼见，对于全面课题研究有重要的促进作用。

第五，向参与课题研究的研究生郭鸽、谭畅、李重桃、陈洋、曹晓敏、青淳和曾彦铭等表示感谢。他们积极参加调研工作，整理相关材料并对课题报告和该著作进行了校对。

第六，向时任广西大学副校长商娜红和教育部新闻学学科教学指导委员会原委员、郑州大学新闻与传播学院二级教授董广安表达诚挚的感谢，她们在百忙之中仔细阅读了该稿件，在肯定本书研究价值的同时也提出了中肯的修改意见，使得该作品得以完善。

最后，向人民日报出版社的编辑们表示感谢，尤其是本书的责任编辑梁雪云。他们认真的编校与指导，使该书得以严谨和准确。

党东耀于郑州

2018 年 10 月